GUÉRIS TES RELATIONS

Tous les noms et détails personnels de toutes les personnes mentionnées dans cet ouvrage ont été changés ou dans certains cas sont modifiés.

Titre original : *How to Be the Love You Seek*

Publié avec l'accord de Folio Literary Management, LLC
Première publication aux États-Unis par Harper Wave, une marque de HarperCollins Publishers, New York.

Correction : Agnès de Livron Duhamel
Maquette : Fabrice Del Rio Ruiz
Design original de couverture : Joanne O'Neill
Illustration de couverture : © Sai Tha/Shutterstock
Adaptation de couverture : Constance Clavel

76, boulevard Pasteur
75015 Paris – France
ISBN 979-10-285-3335-9

Dr Nicole LePera

GUÉRIS TES RELATIONS

Stop aux schémas dysfonctionnels ! ROMPRE LES CYCLES DU PASSÉ ET CRÉER DES LIENS AUTHENTIQUES

Traduit de l'américain
par Julie Blanc

LEDUC

À ma mère et à tous ceux qui sont partis avant elle,
qu'ils reposent dans la paix infinie de l'amour.

À tous ceux qui sont encore là, que vous métamorphosiez
votre douleur et guérissiez vos cœurs.

Sommaire

Introduction : Vous êtes l'artisan de votre changement.. 11

1. Le pouvoir de vos relations....................................23
2. Explorer l'incarnation de votre soi 63
3. Comprendre la neurobiologie des liens traumatiques.. 103
4. Observez votre conditionnement............................ 149
5. Exploitez la connaissance de votre corps 191
6. Créez du changement grâce à la conscience mentale 237
7. Débloquez le pouvoir de votre cœur.......................265
8. Devenez l'amour auquel vous aspirez.....................307
9. Redonnez du pouvoir à vos relations..................... 341
10. Se reconnecter aux autres....................................... 379

Épilogue : La vérité inattendue de mon cœur 405

Remerciements.. 415

Notes.. 419

À propos de l'auteure 427

Introduction

Vous êtes l'artisan de votre changement

Vous êtes probablement en train de lire ce livre parce qu'il y a dans votre vie une relation qui est source de stress. Qu'il s'agisse d'un partenaire amoureux, d'un parent, d'un frère ou d'une sœur, d'un enfant, d'un ami ou d'un collègue de travail, vous aimeriez que la dynamique change entre cette personne et vous, et si vous êtes comme la plupart des gens, vous aimeriez que cette évolution se produise aussi rapidement que possible. Certains d'entre vous sont peut-être même indécis à l'idée de poursuivre leurs efforts dans une relation en particulier, car vous n'êtes pas certains que cela en vaut la peine, voire qu'une réparation soit envisageable. Pour d'autres, trouver ou entretenir des relations est tout simplement compliqué, et la perspective d'un futur isolé et solitaire les effraie.

Je vous comprends. Pendant près d'une décennie où j'ai travaillé comme psychologue clinicienne, j'ai rencontré beaucoup de patients qui avaient le désir profond de trouver un amour durable, de réparer des conflits ou de rompre avec des habitudes qui ne fonctionnaient plus. Au cours de mes sessions avec des personnes célibataires, des couples ou des familles, j'ai pu observer un schéma récurrent : malgré toutes leurs bonnes intentions et leurs efforts, la plupart étaient incapables de créer ou d'entretenir les relations qu'ils souhaitaient, et ce faisant, la frustration et l'amertume s'étaient emparées de plusieurs d'entre eux.

La majorité de mes patients avaient lu des livres sur les relations et avaient, au fil du temps, essayé toutes les dernières stratégies et les derniers outils, dans l'espoir que quelque chose, quoi que ce soit, puisse les aider. Nombre d'entre eux avaient entendu parler du concept du « langage amoureux », rendu célèbre par le livre du Dr Gary Chapman *Les 5 Langages pour trouver l'amour : le secret qui va révolutionner vos relations,* datant de 1992. La théorie de l'auteur est qu'en demandant à notre partenaire de prouver son amour de différentes manières : par le toucher, de bons moments passés ensemble, des cadeaux, des mots d'encouragement, ou des services rendus (tels que faire le lit ou préparer le dîner), on approfondit le lien qui nous unit.

Cette approche plus large qui consiste à mettre en place des changements externes, c'est-à-dire attendre des autres qu'ils adaptent leurs comportements afin de répondre à nos besoins, est un fil conducteur assez répandu dans la plupart des thérapies relationnelles. Bien que les pratiques et les outils diffèrent d'un spécialiste, d'un livre ou d'une idéologie à l'autre, en règle générale, le message principal est globalement le même : nous devons changer certaines choses chez nous afin de pouvoir mieux répondre aux besoins des autres et vice versa.

En théorie, si vous ne vous sentez pas soutenu ou connecté dans une relation, demander à l'autre de modifier son comportement peut sembler être une bonne solution. Pourtant, si l'on applique cette approche à la vraie vie, cela peut souvent se retourner contre vous. Nous ne pouvons pas changer les autres et attendre qu'ils modifient les schémas relationnels qui sont enracinés en eux, car cela ne fonctionne généralement pas, du moins jamais très longtemps. En effet, rechercher des évolutions externes fait souvent augmenter les tensions entre les gens, ce qui provoque de la réactivité ou du mécontentement, et entretient le conflit ou la déconnexion. Cela peut véritablement devenir la recette pour une vie de rancœur et de mépris.

Vous devez peut-être, et à juste titre, vous demander, *Alors, qu'est-ce que je suis censé faire ?* Si attendre que les autres changent qu'ils s'adaptent mieux à la personne que je suis ne fonctionne pas, qu'elle est la solution ? Moi aussi, je me suis posé cette question pendant des années.

Très tôt dans ma vie d'adulte, j'ai rencontré des difficultés à créer les liens que je désirais ardemment. Bien que j'aie à ma disposition de très nombreux outils thérapeutiques, la plupart de mes relations ne cessaient de me donner un sentiment d'insatisfaction, et ce, malgré tous mes efforts pour améliorer mon introspection, la conscience de moi-même ainsi que ma communication. Je me sentais constamment seule, même lorsque j'étais entouré de personnes, qu'il s'agisse de ma famille pendant les vacances, d'un groupe d'amis qui s'étaient rassemblés pour fêter mon anniversaire, ou d'une partenaire au cours d'un voyage romantique. Dans ces moments, lorsque je voulais (ou même m'attendais à) ressentir une connexion profonde, je me surprenais souvent à me sentir seule et mal aimée. Quoique je disais, la façon dont je le disais, ou quoi que les autres faisaient ou essayaient de faire pour moi, je me sentais malgré tout déconnectée et seule. Plus j'essayais désespérément de me rapprocher des autres, plus je me sentais loin et plus ma douleur devenait profonde.

Lors d'un Noël, bloquée dans ces cycles non épanouissants et pourtant très familiers, mes schémas relationnels m'ont paru tout à coup très évidents. À cette époque, j'étais en couple avec Sara, une relation que je décrirai plus amplement dans le chapitre 1. Nous étions ensemble depuis plusieurs années et nous partagions un appartement dans le quartier de l'*Est Village* à New York. Comme nous retournions chacune dans nos familles pour le jour de Noël, nous avions pris l'habitude de le fêter ensemble quelques jours plus tôt. Cette année-là, Sara m'avait demandé si nous pouvions passer du temps en couple, simplement elle et moi. C'était un changement assez important dans notre dynamique habituelle. Sara était une personne très sociable, et pendant des années notre relation avait toujours tourné autour de soirées et de dîners à plusieurs. Le fait qu'elle veuille passer la journée avec moi me touchait, et j'avais l'espoir que ce geste spécial nous aiderait à approfondir notre lien.

Ce matin-là, nous nous sommes réveillées dans notre appartement bien décoré, puis je lui ai cuisiné un petit déjeuner élaboré avant d'échanger nos cadeaux. J'étais tout excitée lorsque j'ai ouvert une enveloppe dans laquelle Sara avait glissé deux tickets pour aller voir, un peu plus tard ce jour-là, le spectacle du Cirque du Soleil, mon préféré ! *Elle avait envie de passer plus de temps seule avec moi ! Elle se rappelait à quel point j'aimais le Cirque du Soleil ! Elle m'aimait !* Ai-je songé. C'était le geste romantique suprême. Pourtant, pendant que nous nous préparions à partir, j'ai commencé à me sentir de nouveau rongée par ce sentiment de déconnexion.

Plusieurs heures plus tard, alors que j'étais assise à côté d'elle dans le noir, au milieu de la foule du théâtre, rien n'avait changé ; je me sentais même encore plus seule qu'auparavant. Nous ne nous parlions ou ne nous regardions pas, et au lieu de me sentir reliée à elle par un ruban d'amour invisible qui, je pensais, allait circuler entre nous deux, j'avais l'impression d'être assise à côté d'une inconnue. Afin de gérer cet inconfort, j'ai commandé une bière et je n'ai cessé de boire pendant tout le spectacle, dans l'espoir que je parviendrais à briser le mur qui s'était dressé entre nous.

À cette époque, j'étais en deuxième année de psychologie clinique et j'étais suivie par mon propre thérapeute. J'effectuais un travail sur moi, j'étais d'ailleurs de plus en plus consciente de moi-même du moins, c'est ce que je croyais et je partageais avec les autres ce que je découvrais. Cela n'a fait qu'aggraver ma croyance que le problème dans ma relation avec Sara était dû forcément à *sa* réticence ou *son* incapacité à créer un lien.

À force de mijoter dans la solitude et des sentiments croissants de déconnexion que je connaissais que trop bien, j'ai fini par me dire que c'était peut-être moi qui étais responsable de mon malheur. Comme cela avait été le cas de nombreuses fois dans mes autres relations, peut-être que je me sentais seule avec Sara parce que j'étais émotionnellement seule. Bien qu'il fût douloureux d'admettre que j'étais sans doute, et à mon insu, l'artisan de ma souffrance la plus profonde, cela fit également naître la lueur d'espoir qu'étant l'unique responsable, j'avais aussi peut-être le pouvoir de rompre ces cycles récurrents.

Comme un grand nombre des schémas relationnels que nous répétons dans notre vie d'adulte, ma solitude émotionnelle avait commencé pendant ma jeunesse, en raison de mes toutes premières relations familiales. Dans mon enfance, je n'ai jamais appris à créer de liens émotionnels avec qui que ce soit, parce que personne autour de moi ne l'avait appris non plus. Comme je l'ai découvert bien des années plus tard, pour créer un lien émotionnel avec une autre personne, il faut tout d'abord en avoir un avec soi-même. Pour ce faire, vous devez être capable de pouvoir éprouver et exprimer de manière authentique vos sentiments. Ce qui en retour nous permet de nous sentir véritablement vus, connus et soutenus par les autres : des besoins émotionnels profonds que nous partageons tous.

Étant donné que je ne cessais de rendre les autres responsables de mes problèmes relationnels et que j'attendais d'eux qu'ils changent pour moi, je ne pouvais pas saisir le rôle que je jouais dans mon propre malheur. J'étais incapable de percevoir à quel point j'étais déconnectée de mon Soi ainsi que de mes attentes et de mes besoins. Même si je travaillais pour mieux me comprendre, je n'étais pas pleinement consciente de mon attitude au sein de mes relations. Comme un grand nombre de mes patients, j'attendais que ce soit les autres qui s'occupent de mes émotions ou qui m'aident à me sentir mieux, sans savoir comment le faire moi-même. Convaincue que la « bonne » personne « saurait tout simplement » comment apaiser ou faire disparaître mon sentiment de solitude le plus profond, j'étais déçue lorsque celle-ci n'y parvenait pas, quoi qu'elle fasse ou qui qu'elle soit. En comptant sur les autres pour qu'ils répondent à mes besoins, je sabotais la satisfaction que ma relation m'apportait ; mais je continuais malgré tout de reproduire les mêmes comportements, non seulement avec mes partenaires, mais également dans tous mes autres rapports humains.

J'ai commencé lentement à m'apercevoir que j'étais chaque fois la seule constante, et j'ai fini par me rendre compte que je ne pourrais jamais vraiment contrôler ce que les autres font ou non, et encore moins la rapidité, l'efficacité et l'exhaustivité avec lesquelles ils peuvent ou souhaitent répondre à mes besoins. J'ai enfin compris qu'attendre ou demander à une autre personne qu'elle change ce qu'elle est ou sa manière authentique de s'exprimer pouvait uniquement conduire à ce que nous nous sentions toutes deux mal aimées. Être appréciés pour ce que nous sommes est un besoin humain universel, que je ne souhaitais certainement pas refuser à mes proches.

Ma famille ou ma formation clinique ne m'avaient pas appris que pour changer notre manière à créer des liens avec les autres et de vivre nos relations, nous devons tout d'abord modifier la façon dont nous créons des liens et nous vivons notre relation avec nous-mêmes. En tant qu'adultes, ceci est directement influencé par la manière dont les liens et les sentiments des autres ont été exprimés dans nos toutes premières relations. Pendant notre jeunesse, chaque fois que l'attention que l'on nous apportait était imprévisible, incohérente ou négligente, nous développions la croyance profonde que nous ne méritions pas que l'on s'occupe de nous ou que l'on réponde à nos besoins. En nous sentant intrinsèquement indignes d'une telle attention, nous avons commencé à modifier notre façon de nous exprimer et de créer des liens avec les autres. Au fil du temps, nous avons fini par montrer uniquement à autrui nos aspects « acceptables » en jouant des rôles, que j'appelle dans ce livre les *soi conditionnés,* afin de nous protéger et nous fondre dans les divers contextes de notre enfance. Une fois adultes, nous sommes toujours gouvernés par notre peur profondément enracinée de ne pas avoir de valeur et nous continuons de répéter ces schémas habituels dans toutes nos relations. En jouant ces rôles familiers qui entretiennent notre déconnexion avec l'essence qui nous est propre, ou avec notre façon unique de nous comporter avec les autres, nous finissons inévitablement par nous sentir sous-estimés au sein de nos relations. Afin de nous exprimer avec authenticité, nous avons besoin d'être suffisamment en sécurité. Or, pour cela, nous devons tout d'abord nous sentir véritablement sereins dans notre corps. Toutefois, un grand nombre d'entre nous ne sont pas en mesure d'avoir accès à ce sentiment, parce que leur organisme n'y parvient pas non plus. Si nos besoins sont systématiquement ignorés, notre système nerveux est chroniquement stressé. Nous nous retrouvons bloqués en mode survie, psychologiquement incapables de nous *sentir* en sécurité en présence des autres.

Cette prise de conscience m'a ouvert les yeux. Si je ne me sens jamais entièrement saine et sauve dans mon propre corps, comment puis-je me sentir suffisamment en sécurité pour vivre les moments de joie, de soulagement et de connexion qu'offre un amour authentique ? Si je me concentre uniquement sur ma capacité à être à la hauteur des autres ou des standards de la société, en refoulant, au passage, mes besoins et mes désirs authentiques, comment les personnes qui m'entourent peuvent avoir la possibilité de créer un lien avec celle que *je suis* véritablement ? Si je ne connais et n'aime pas *tout* de moi, comment puis-je envisager d'accepter qu'une autre personne me connaisse et m'aime pleinement ?

Je partage ici mon histoire parce qu'elle est courante. Quelles que soient les particularités de votre vie, nous sommes peu nombreux à n'avoir besoin de personne pour avoir le sentiment d'avoir de la valeur et d'être aimés, sans attendre une validation ou une approbation extérieure. Comme nous le faisions dans notre enfance, nous comptons sans cesse sur les autres pour qu'ils nous aident à nous sentir en sécurité. Nous continuons de refouler les aspects de notre personnalité jugés comme honteux, ce qui confirme ainsi notre peur profondément ancrée que ces facettes ont aussi peu de valeur qu'on nous l'a fait croire à l'origine. Notre niveau de stress augmente, en même temps que celui de notre rancœur envers les autres, au fur et à mesure que nous évitons, nions ou modifions notre expression authentique. Comme nous nous sentons submergés, nous finissons souvent par crier après nos proches lorsqu'ils ne nous demandent pas comment s'est passée notre journée, par éviter les conversations difficiles, néanmoins importantes avec notre famille, ou par nous replier sur nous-mêmes lorsque nos amis essaient de nous aider ; une habitude fréquente que nous sommes nombreux à adopter lorsque nous rejouons sans cesse les stratégies de défense de notre enfance, même si aujourd'hui celles-ci sont uniquement source de douleur et de souffrance.

En commençant à recréer un lien avec la personne que nous sommes véritablement et avec notre valeur intrinsèque, quelque chose de magnifique se produit, et pas uniquement pour nous. Plus nous nous sentons en sécurité avec notre expression de soi, plus nous pouvons rapidement créer de la sérénité pour que les autres puissent également s'exprimer avec toute leur vulnérabilité et leur authenticité. C'est uniquement lorsque j'ai créé une meilleure connexion avec mes propres désirs et besoins, que j'ai été en mesure *d'être* véritablement mon Soi authentique avec les autres, ce qui m'a permis d'offrir l'amour que j'avais toujours cru leur donner. Afin de comprendre ce dont j'avais besoin et ce que je voulais, j'ai dû recréer un lien avec mon corps, en explorant ce qu'il ressentait à cet instant précis.

Lorsque j'ai commencé à retrouver ce contact et à me sentir plus à l'aise dans l'exploration de ses sensations, j'ai été mieux à même de gérer les expériences stressantes ou bouleversantes, et d'exprimer mes sentiments au lieu de fuir ou de me replier sur moi-même, comme je le faisais depuis des années. En étant plus à l'aise avec mes émotions et en ayant plus confiance dans mes capacités croissantes à m'exprimer, je me suis aperçue que je tolérais bien mieux l'inconfort que j'éprouvais lorsque je me sentais émotionnellement vulnérable. Au fil du temps, je me suis surprise à communiquer de manière bien plus honnête en présence des autres, même avec des personnes que je venais de rencontrer. M'ouvrir à mes propres expériences émotionnelles dans mes relations m'a également permis d'être, par la suite, plus présente ou de mieux compatir avec les expériences émotionnelles des autres.

La vérité est que j'ai dû m'apprendre à me sentir suffisamment en sécurité dans mon propre corps, afin d'ouvrir mon cœur pour qu'il donne et reçoive l'amour que je recherchais si ardemment. Embarquant ainsi dans un voyage qui allait changer ma vie, qui m'a montré à quel point l'amour peut être profond, épanouissant et vaste, et qui m'a appris que le but n'est pas seulement de trouver l'amour, mais également de détecter et de retirer toutes les barrières protectrices que j'ai construites contre celui-ci. L'amour, comme je l'ai appris, ne consiste pas à se montrer d'une certaine manière, mais à incarner le sentiment, en offrant aux autres le soutien et la possibilité d'*être* tout simplement eux-mêmes.

Je partage dans ce livre les informations et les outils que j'ai découverts afin de vous guider dans votre propre voyage de retour vers votre cœur. Vous découvrirez dans ces pages comment vous reconnecter à l'ensemble de votre personne : corps, esprit et âme. Vous apprendrez à reconnaître les différents Soi conditionnés que vous endossez dans vos relations, à identifier et satisfaire vos besoins, à apaiser des émotions bouleversantes et, pour terminer, à recréer un lien avec la capacité innée et infinie de votre cœur à aimer. Votre voyage ainsi que ce livre ont non seulement pour objectif de guérir le lien et la relation que vous avez avec votre cœur, mais également avec celui de ceux qui vous entourent. Comme vous allez aussi le découvrir, c'est uniquement lorsque nous sommes connectés et que nous prenons soin de notre cœur, que nous pouvons véritablement en faire de même avec celui des autres.

Recréer le contact avec la connaissance intuitive infinie qui réside dans votre cœur vous aidera à faire des choix qui vous apporteront de la joie et de l'épanouissement, à l'intérieur et à l'extérieur de vos relations. Votre voyage vous permettra de répandre de l'amour dans les espaces qui se trouvent entre et autour de vous, vous garantissant ainsi d'accéder, en tant qu'individu, partenaire ou membre d'une famille à un potentiel plus profond, ce qui profitera en fin de compte à l'ensemble de nos communautés. Guérir nos relations est le cadeau le plus grand et le plus curatif que nous pouvons nous faire à nous-mêmes, à ceux qui nous entourent ainsi qu'au monde que nous partageons tous.

Dans nos cœurs réside le pouvoir de changer nos relations et nos environnements. C'est l'amour qui vit en chacun de nous qui est la véritable source de notre guérison.

1

Le pouvoir de vos relations

Nous envisageons majoritairement nos relations comme quelque chose qui *nous* arrive, plutôt que quelque chose qui se produit *avec* ou *à cause de nous*. Nous « tombons amoureux », emportés par la passion ou le pouvoir d'un autre. Nous choisissons sans cesse la mauvaise personne, systématiquement aveugles aux « signaux d'alerte », même si nous pensons faire preuve de discernement. Lorsqu'une relation se fracture ou se termine, nous accusons généralement l'autre, convaincus qu'il ou elle n'était pas disposé ou capable de nous rendre heureux.

Il est souvent difficile d'admettre le rôle actif que nous jouons dans une relation, y compris le fait que nous choisissions peut-être instinctivement certaines personnes pour des raisons spécifiques. Nous sommes nombreux à tomber amoureux de quelqu'un, non parce qu'il a éveillé le désir dans notre cœur, mais plutôt parce qu'il répond à des besoins inconscients. La plupart d'entre nous choisissent d'ailleurs involontairement de nous entourer de personnes qui nous permettent de reconstituer les habitudes et les schémas interpersonnels familiers de nos toutes premières relations.

Nous nous sentons souvent impuissants au sein de nos rapports humains parce que nous passons l'essentiel de notre temps et de notre énergie à nous concentrer sur des choses que nous ne pouvons pas contrôler : l'autre personne. Même si pour le moment, vous vous sentez peut-être désespéré et que vous avez le sentiment d'être incapable de pouvoir faire évoluer vos relations, prendre conscience du contraire vous redonnera la force. Car nous le pouvons tous. Nous sommes tous capables de trouver et de créer des relations saines et heureuses. Nous pouvons tous incarner l'amour auquel nous aspirons, quoi que les autres fassent ou quoi qu'il se produise autour de nous.

Mon rôle au sein de mes relations

Avant mes trente ans, j'avais souvent le sentiment d'être impuissante et passive dans mes relations amoureuses. Je passais de partenaire en partenaire, leur reprochant à chacune l'insatisfaction que j'éprouvais inévitablement et convaincue que j'étais capable de remédier à la situation en rencontrant quelqu'un qui me « correspondrait mieux ». Ce schéma a débuté lorsque j'avais seize ans et que je suis sortie avec Billy. Il était mon premier petit copain et j'étais amoureuse ; du moins, c'est ce que je croyais.

Comme dans toute histoire d'amour d'adolescents, nous passions l'essentiel de nos week-ends ensemble à regarder la télévision, à traîner avec nos amis ou à aller au cinéma. Ma famille était au courant pour Billy et elle m'encourageait à passer du temps avec lui. Malgré tout, je ne leur parlais jamais de lui, grommelant seulement de courtes réponses si ma mère ou ma sœur me posaient des questions ou se plaignaient s'il avait récemment fait quelque chose qui m'avait contrariée. Je ne discutais pas non plus en détail de ma relation avec mes amies, non parce que je ne l'aimais pas ou parce que je n'avais pas de sentiments forts pour lui ; bien au contraire, je pensais être *amoureuse.* Mais dans ma famille, nous ne partagions pas ce que nous ressentions, à moins que nous soyons contrariés ou inquiets à propos de quelque chose. J'ai donc perpétué ce schéma, en me sentant mal à l'aise à l'idée de parler (ou de véritablement me plaindre) de Billy en dehors des moments où il m'avait blessée ou agacée.

Après an un et demi de relation, Billy et moi avons fini par rompre. L'une des raisons de notre séparation était qu'à l'automne suivant nous allions dans deux universités différentes, deux campus qui se trouvaient à treize heures de route l'un de l'autre. Mais ma seconde raison était, selon les termes de Billy, que je n'étais « émotionnellement pas disponible », une description qui m'a collé à la peau jusqu'à aujourd'hui. À l'époque, cela m'a choquée : je n'avais pas l'impression d'être émotionnellement indisponible. J'avais le sentiment d'être très affectueuse avec lui. Depuis mon plus jeune âge, j'avais toujours été fière de me soucier des autres et d'être une personne bonne et attentionnée.

Après ma première année d'université, je me suis aperçue avec surprise que j'étais attirée par l'idée de sortir avec des femmes. J'ai donc tout à coup envisagé l'incident avec Billy sous un tout nouveau jour. *Évidemment que j'étais émotionnellement indisponible !* Me suis-je dit. *Je suis lesbienne !* J'ai rencontré ma première petite copine, Katie, pendant mes cours de sport.

Nous avions les mêmes amis et les mêmes centres d'intérêt, nous passions beaucoup de temps ensemble aux entraînements, lors des voyages pour nous rendre aux matchs ou de sorties avec nos coéquipières. Telles étaient les bases de notre relation : proximité et ressemblance. Nous passions l'essentiel de notre temps l'une avec l'autre à faire des activités diverses, mais j'avais le sentiment tenace qu'il manquait quelque chose. Je désirais avoir un lien plus profond ; pourtant, je ne partageais avec elle, ou avec quiconque, qu'une très petite partie de mon univers émotionnel. À dire vrai, je n'étais pas véritablement ouverte ou disponible pour créer des liens affectifs. Incapable de prendre conscience de mon rôle dans notre manque de connexion et ne ressentant pas les étincelles que je recherchais, nous avons finalement rompu après avoir passé un an et demi ensemble, et j'ai alors commencé à fréquenter Sofia.

Jusqu'à la fin de mes années universitaires, Sofia et moi n'avons cessé de rompre et de nous remettre ensemble, pour finalement choisir toutes les deux de déménager dans la même ville après notre diplôme. Par bien des aspects, elle était différente de Katie, pourtant la dynamique que nous avions créée ensemble me permettait toujours de rester à une certaine distance émotionnelle, afin d'éviter tout lien profond et authentique. Je le savais aussi. Ou du moins, mon inconscient, cette partie de notre cerveau qui gère toutes les pensées, sentiments et réactions instinctives et automatiques, le savait. Cette partie intimement enfouie de notre psychisme est l'endroit où nous rassemblons tous nos souvenirs, même ceux dont nous ne pouvons pas explicitement nous souvenir, ainsi que les sentiments que nous avons refoulés, les douleurs de l'enfance et les croyances profondes.

Sofia avait été élevée par une mère émotionnellement réactive qui avait fréquemment eu des comportements explosifs envers sa toute jeune fille, criant et hurlant après elle ou bien en la critiquant et la rabaissant. Très rapidement, Sofia a commencé à me traiter de la même façon, en criant lorsqu'elle n'était pas d'accord avec ce que je disais ou faisais et en m'insultant ou me jugeant lorsqu'elle n'aimait pas mon apparence. Sachant ce qu'elle avait vécu dans son enfance, je justifiais son comportement en lui disant qu'elle ne pensait pas ce qu'elle disait ou n'avait pas eu l'intention de me traiter de cette façon, et qu'elle ne faisait que reproduire les anciennes blessures de son enfance. Bien que cela soit vrai, j'avais énormément de mal à maintenir des barrières ou des limites autour de ce que j'étais en mesure de tolérer avec elle. Incapable de camper sur mes positions ou de lui dire qu'elle me blessait ou me contrariait, je commençais à percevoir un sentiment de rancœur croissant envers elle.

J'ai continué de reprocher à Sofia mon malheur, sans me rendre compte du véritable problème, à savoir que j'étais profondément en colère contre moi-même parce que je justifiais ma douleur ou bien je trouvais des excuses à son comportement blessant.

Après avoir définitivement rompu avec Sofia, j'ai rencontré une femme du nom de Sara, avec qui je suis restée pendant les quatre années suivantes. Elle était une personne insouciante, qui aimait faire la fête et passer du bon temps. Ce qui m'a inconsciemment attirée : il y avait, avec Sara, toujours beaucoup d'événements et d'expériences pour distraire mon attention de mes sentiments négatifs. Comme elle semblait ne jamais se soucier de rien, j'avais honte lorsque je ressentais autre chose que de la décontraction et de la sérénité. Je me suis mise à faire la fête avec elle et à suivre son emploi du temps, presque uniquement composé de sorties en groupe. Pour tenter d'apaiser la douleur croissante et le vide que je ressentais en l'absence d'un lien émotionnel plus profond, mon inconscient continuait de se fier à ses vieilles habitudes tenaces, en étant constamment occupé et en consommant certaines substances pour me distraire et me détendre. Bien que Sara ne montrât aucun signe de mécontentement envers notre relation, elle était souvent méchante avec moi lorsqu'elle buvait, ce qui arrivait souvent. Cependant, tout comme je l'avais fait avec Sofia, j'ai justifié son comportement en me disant qu'elle avait tout simplement trop bu ou qu'elle n'avait pas vraiment eu l'intention de dire ou faire ces choses. Dans ces moments, je continuais de refouler mes émotions pour essayer de la calmer ou de lui faire plaisir, en faisant passer ses sentiments avant les miens. Alors que les mois se transformaient en années, j'ai commencé à éprouver la même rancœur que j'avais eue envers Sofia. Une fois de plus, je reprochais à Sara de ne pas me donner suffisamment d'attention et de se moquer de mes sentiments. La relation s'est finalement terminée.

Après avoir rompu avec Sara, j'ai emménagé dans un appartement de trois chambres avec une colocataire du nom de Vivienne, qui était plus âgée que moi. Elle m'a tout de suite semblé plus mature que les autres femmes que j'avais rencontrées et nous sommes rapidement devenues amies, puis amantes. Son indépendance et son autosuffisance émotionnelles m'ont attirée, nous nous sommes rapidement rapprochées car nous avions les mêmes goûts et des centres d'intérêt communs. Au fil du temps, nous avons commencé à partager l'une avec l'autre nos inquiétudes et nos peurs, ce qui nous a permis d'approfondir le lien qui nous unissait.

Tout comme Sofia, Vivienne avait grandi dans un foyer stressant et instable, elle avait quitté sa maison pour vivre seule alors qu'elle était encore une adolescente. Fière de n'avoir jamais besoin de personne, dès le début de notre relation, elle avait insisté sur le fait qu'elle n'était pas du « genre à se marier ».

C'est pourquoi, quelques années plus tard, lorsqu'elle a évoqué l'idée de m'épouser, je me suis sentie particulièrement unique : *elle ne veut pas se marier, mais elle veut m'épouser !* Intérieurement, je bouillonnais. Nous avons sauté dans un avion en direction du Connecticut, là où à l'époque, notre union du même sexe était légale, et un an plus tard, nous sommes retournées vivre dans ma ville natale, en tant que couple marié.

Peu de temps après notre déménagement, ma vision des relations amoureuses a commencé à changer. Je venais d'obtenir mon doctorat en psychologie à la *New School for Social Research*, et je commençais à étudier pour obtenir mon accréditation, la formation pratique que tout psychologue doit effectuer avant d'avoir le droit d'exercer. Cet apprentissage était à temps plein et intense. Pendant deux années, j'ai participé à des séances de psychanalyse individuelle et en groupe, une branche de la psychologie qui examine les différentes manières dont notre inconscient gouverne nos pensées, nos sentiments, nos comportements et la dynamique de nos relations.

Je me suis tout à coup retrouvée plongée dans un percolateur d'autoanalyse et d'autoévaluation. Pendant les séances individuelles, j'ai exploré mes pensées et mes sentiments inconscients, ce que je n'avais encore jamais fait, et je passais les séances de groupe à évaluer la manière dont j'interagissais dans la classe avec les autres élèves. Au bout de quelques semaines, je me suis aperçue qu'il y avait un gouffre émotionnel immense entre Vivienne et moi ; nous ne parlions jamais de nos sentiments les plus profonds ou de la dynamique de notre relation, et pourtant me voilà en train d'aborder ces deux sujets avec de parfaits inconnus. J'ai commencé à songer que mon mariage ne me rendait pas heureuse et que cette relation ne m'apportait pas le lien émotionnel que je recherchais si ardemment.

Dans notre nouvelle ville, nous n'avions pas un cercle d'amis très large, comme c'était le cas auparavant, ce qui réduisait notre univers simplement à nous deux. Sans la distraction de nos proches ou des sorties de groupe, la dynamique de notre relation devenait beaucoup plus évidente, remontant à la surface telle des bulles d'air s'échappant d'une personne sous l'eau et qui retient sa respiration depuis bien trop longtemps.

J'ai régulièrement commencé à me plaindre auprès de Vivienne, en lui disant que je ne me sentais pas connectée et que je pensais que notre relation ne possédait pas la profondeur émotionnelle que je désirais et dont j'avais besoin. Je lui ai reproché d'être indépendante et je lui ai dit que c'était à cause d'elle si nous ne parvenions pas à créer des liens plus forts, ce qui a provoqué des cycles de conflits animés. Lorsque j'y repense aujourd'hui, je me sens gênée. Tout comme dans mes relations précédentes, je ne suis pas parvenue à admettre le rôle que je jouais dans le fait que notre relation n'allait pas plus loin qu'un niveau insatisfaisant de superficialité. Étant si largement détachée de mes émotions, j'étais incapable de leur faire honneur. Je ne savais même pas ce que je ressentais.

Alors que j'étais de plus en plus malheureuse, Vivienne s'est mise à se battre de plus en plus pour notre mariage. Sa détermination m'a fait peur, et lorsque je me suis rendu compte que je voulais divorcer, j'ai été pétrifiée : pour la première fois de ma vie, je ressentais un puissant désir qui allait directement à l'encontre d'une personne à qui je tenais profondément. Pendant des mois, je me suis efforcée de trouver un moyen de lui demander le divorce, essayant à la place, de la repousser par mes actes. Lorsque j'ai finalement exprimé ce que je ressentais véritablement, je me suis sentie à la fois terrifiée et forte : parmi toutes mes relations, c'était la première fois que je donnais la priorité à mes propres désirs et non à ceux d'une autre.

Grâce à mon divorce, j'ai pour la première fois pu percevoir le rôle actif que je jouais dans la création d'une dynamique relationnelle qui ne rendait service ni à moi ni à ceux qui m'entouraient. De l'extérieur, mon habitude inconsciente d'ignorer mes besoins, de refouler mes sentiments et de faire passer les exigences et les désirs des autres avant les miens, m'avait conduite à croire que j'étais une personne « bonne » et « altruiste ». Pourtant, ces habitudes ne rendaient ni les autres ni moi heureux. En réalité, comme je n'exprimais quasiment jamais mes véritables sentiments que d'ailleurs je ne m'autorisais pas, pour la plupart, à ressentir, je ne faisais qu'augmenter la distance émotionnelle avec les autres. Les faire passer avant moi n'était pas une preuve d'altruisme ; c'était de l'abandon de soi. Étant profondément insatisfaite, je me sentais souvent agitée ou contrariée et recherchais alors les disputes ou bien provoquais des querelles sur des problématiques quotidiennes, ce qui avait accru le sentiment de rancœur qui existait entre Vivienne et moi.

À cette époque, j'étais incapable de voir le rôle que je jouais dans la répétition de ces conflits, parce que mes habitudes relationnelles étaient ancrées dans mon inconscient depuis l'enfance ; elles faisaient partie de ma manière instinctive de me rapprocher, d'interagir et de créer des liens avec les autres. J'avais développé et utilisé ces habitudes dans mes toutes premières relations : celles que j'avais avec ma famille.

Vos toutes premières relations façonnent votre avenir

De l'extérieur, vous devez croire que j'ai grandi dans une famille heureuse et intime. Je vous aurais dit la même chose lorsque j'étais enfant, ainsi que pendant la majeure partie de ma vie d'adulte. J'ai toujours mangé à ma faim ; on m'a encouragée à bien travailler à l'école et lors de mes entraînements de sport ; et je n'ai connu aucune maltraitance physique ou sexuelle. Pourtant, j'ai appris, depuis, que l'absence de maltraitance évidente ne remet pas en cause la possibilité d'une négligence émotionnelle et du traumatisme de l'attachement qui y serait lié.

Pendant mon enfance, j'étais entourée par le stress et la maladie. Lorsqu'elle était petite, ma sœur aînée a eu de graves problèmes de santé qui ont mis son pronostic vital en péril, et pendant des années ma mère a souffert de problèmes de santé et de douleurs chroniques, qui n'étaient jamais ouvertement évoqués au sein de la famille. De la même manière, nous ne parlions pas de nos sentiments, que nous soyons heureux ou tristes, et ne nous abordions jamais directement si nous étions blessés ou en colère. Après tout, n'étions-nous pas relativement heureux ? Pour quelle raison aurions-nous eu le besoin de discuter ou d'affronter quoi que ce soit ?

Au lieu de me connecter avec mes parents et ma sœur à un niveau émotionnel, j'ai créé avec eux des liens de stress et d'anxiété. Comme toujours, chaque fois qu'un nouveau problème de santé ou un stress du quotidien faisait son apparition, toute notre attention familiale s'alignait dans une inquiétude partagée, jusqu'à ce que la situation se résolve. Chacun accourait pour s'occuper « urgemment » du membre de la famille qui était stressé, malade ou tout simplement contrarié, et négligeait ainsi régulièrement ses propres besoins.

Avec le temps, exposée à la répétition incessante de ces schémas, j'ai appris que mes besoins et mes sentiments n'étaient pas aussi importants que ceux des personnes qui m'entouraient. Bien que je *sache* que ma famille m'aimait et s'inquiétait pour moi, je n'ai jamais véritablement *ressenti* cet amour ou cette considération de manière affective. Lorsque j'étais contrariée, comme le font tous les enfants, j'avais besoin d'être écoutée et émotionnellement apaisée ou réconfortée. Comme l'attention de mes parents était généralement indisponible et consumée par la crise du moment, j'ai commencé à partager de moins en moins avec eux, par peur d'ajouter du stress à la famille qui était déjà écrasée par celui-ci. J'ai finalement appris à accepter que je n'avais absolument aucun besoin, du moins j'essayais de ne laisser transparaître aucun signe de vulnérabilité afin d'éviter la possibilité d'être déçue si personne n'était là pour me soutenir. Pour être en sécurité, je me suis détachée, j'ai refoulé mes sentiments et j'ai dressé un mur entre le monde des émotions et moi. Ces stratégies de défenses devinrent mes boucliers, et pendant les années suivantes, j'allais les utiliser de manière intensive pour essayer de ne pas être blessée dans mes relations.

Cette histoire n'est bien évidemment que la mienne, et les vôtres seront différentes. Quels que soient les voyages uniques de chacun, nos tout premiers liens affectifs ont des répercussions sur les habitudes que nous adoptons dans les relations d'adultes, en particulier dans nos relations amoureuses. Bien que ces habitudes servent rarement nos intérêts actuels, elles nous sont familières, confortables et donc sécurisantes. Comme elles sont stockées dans notre inconscient et qu'elles se reproduisent de manière automatique et quotidienne, il est souvent difficile de les examiner et nous avons ainsi du mal à voir de manière consciente le rôle actif que nous jouons dans nos relations.

Nous pouvons, toutefois, apprendre à observer ce conditionnement et à créer de nouvelles habitudes qui répondront mieux aux besoins que nous avons aujourd'hui. En parvenant à voir et à comprendre que notre conditionnement est un vestige de nos expériences passées, nous pouvons nous libérer de la honte que nous ressentions peut-être et qui est le résultat de nos habitudes relationnelles dysfonctionnelles. En organisant et en acceptant le rôle actif que nous jouons, nous pouvons exploiter notre capacité et notre pouvoir pour changer la dynamique de nos rapports. En fin de compte, nous aurons besoin de modifier la manière dont nous nous comportons dans ces relations si nous voulons que ceux-ci évoluent.

Après avoir pris conscience que le fil conducteur des schémas dysfonctionnels de mes relations était *moi*, je me suis donné les moyens de changer la dynamique que j'avais instaurée avec les autres. J'ai commencé par comprendre pourquoi je me sentais uniquement à l'aise lorsque je sacrifiais mes besoins afin d'éviter l'inconfort que je ressentais lorsque je décevais mon entourage. Je n'avais pas établi de limites claires, voire aucune. Ayant perdu tout contact avec mes besoins et mes désirs authentiques, outrepassant sans cesse mes frontières, je finissais par être émotionnellement distante et amère au sein de mes relations, tout en continuant de tenir les autres pour responsables, et en mettant un terme à une relation pour partir à la recherche d'une partenaire un peu plus « parfaite ». N'ayant pas perçu ces habitudes inconscientes, je reprochais aux autres les problèmes que l'on rencontrait et attendais d'eux qu'ils changent sans aborder mon propre rôle dans la création de ces situations incessantes.

C'est uniquement lorsque j'ai commencé à m'observer avec plus d'honnêteté que mes relations ont évolué. J'ai réalisé que trouver ou maintenir des relations saines signifiait que je devais être moi aussi émotionnellement saine. Je devais tout d'abord faire quelque chose qui me mettait très mal à l'aise, j'allais devoir apprendre à honorer mes propres besoins et désirs, en instaurant des limites avec les autres et en apprenant en même temps à être patiente et compatissante avec moi-même.

Comprendre comment les premiers traumatismes de l'enfance vous affectent

À vrai dire, quand il s'agit de nos relations, nous répétons ce que nous avons vécu et appris. C'est pourquoi, si nous avons grandi dans un environnement stressant et chaotique, que nous n'avons pas été les témoins d'habitudes saines ou que nous avons été émotionnellement négligés ou ignorés, une fois adultes nous répétons les mêmes dynamiques dans les relations que nous avons avec les autres. Bien que nous n'en soyons probablement pas conscients, notre passé, notamment notre affection envers nos figures parentales, est connecté à notre esprit et notre corps, ce qui nous pousse à rechercher et à recréer instinctivement le même genre de relations, une fois adultes. Ce sont nos *liens traumatiques*, des schémas conditionnés pour créer des liens avec les autres et qui reflètent ou reproduisent les tout premiers attachements que nous avons formés envers nos figures parentales.

Avant d'aller plus loin, il est nécessaire de définir quelques concepts que nous allons explorer tout au long de ce livre.

Commençons par le terme *traumatisme*. La majorité des gens, lorsqu'ils entendent ce mot, pensent souvent immédiatement à la souffrance qu'une personne peut ressentir à la suite d'un drame ou d'un évènement violent, tel qu'une catastrophe naturelle, une guerre, un viol, un inceste ou de la maltraitance.

Bien que tous ces incidents puissent certainement provoquer un traumatisme, celui-ci peut également être la conséquence de tout stress qui surpasse notre capacité émotionnelle à y faire face, ce qui provoque des dérégulations continues dans le système nerveux de notre corps. Cela comprend également un stress bouleversant qui se produit lorsque nous n'avons pas ce qu'il faut pour nous sentir en sécurité, y compris du soutien émotionnel. Si nous ne nous sentons pas régulièrement sains et saufs ou si nous avons peur que les personnes dont notre survie dépend ne soient pas systématiquement disponibles pour nous, alors nous éprouvons un manque de certitude et de contrôle. Cela active le circuit du stress de notre corps, également connu sous le nom d'axe hypothalamo-hypophyso-surrénalien (HHS) (que nous évoquerons plus en détail à la page 118)[1], et qui nous empêche de gérer les circonstances présentes.

Une humiliation incessante de nos émotions, la dénégation de nos expériences ou de notre réalité, l'abandon ou la négligence émotionnelle, peuvent activer le circuit du stress de notre corps et créer des bouleversements émotionnels traumatiques. Cette conséquence peut se produire en un seul instant (ce qui se produit généralement dans le cas de certains événements cités ci-dessus), ou s'accumuler lentement au fil du temps, se construire à l'intérieur de nous, le plus souvent sans que nous en ayons conscience. Lorsque nous sommes incapables de gérer nos réactions émotionnelles, alors elles s'imprègnent dans notre esprit et notre corps et restent en nous, pour finalement influencer nos pensées, nos sentiments et nos actes pour les années à venir.

En plus des expériences stressantes au sein de nos foyers, un stress environnemental ou des traumatismes systémiques, culturels ou collectifs touchent une grande partie d'entre nous, et nous empêchent de créer un lien avec les personnes qui sont source de soutien et dont nous avons besoin pour nous sentir émotionnellement en sécurité. Le traumatisme collectif se produit lorsqu'un ou plusieurs événements, tel qu'une catastrophe naturelle, une récession ou une insécurité financière, une guerre, une colonisation ou une iniquité systémique, une oppression liée à la culture ou au genre, ou encore une pandémie, engendrent un manque de sentiment de sécurité au sein d'un groupe, d'une communauté, d'un pays ou du monde au sens large. Ceci a des effets sur la manière dont les gens créent des liens avec eux-mêmes et avec les autres, des conséquences qui varient selon les personnes, en fonction de leur conditionnement et des capacités d'adaptation qui ont été modelées à un niveau intergénérationnel.

Tout comme nous avons tous des expériences émotionnelles uniques, nous avons également tous des schémas de réactions différents et des stratégies de défense qui sont basées sur un conditionnement spécifique à notre enfance, même si nous ne sommes pas consciemment capables de nous souvenir de ce qui nous est arrivé lorsque nous étions tout jeunes. Si vous avez déjà participé à une thérapie classique ou que vous avez lu des ouvrages sur les sciences comportementales, vous devez probablement connaître le concept du *conditionnement*. Il s'agit du processus par lequel nous avons appris, par la répétition des expériences, certaines croyances, certains comportements et habitudes et qui sont stockés dans notre inconscient, d'où ils pilotent nos réactions, nos impulsions et nos motivations automatiques.

Bien qu'une fois adultes, nous puissions très certainement créer de nouvelles habitudes en faisant de nouveaux choix et en ayant de nouvelles expériences, l'essentiel de notre conditionnement intervient lorsque nous sommes de jeunes enfants, et que nous dépendons de la relation avec nos figures parentales. Cette expression, « figures parentales », que vous rencontrerez tout au long de cet ouvrage, fait référence aux adultes qui étaient principalement responsables de la satisfaction de vos besoins physiques et émotionnels lorsque vous étiez enfant. Pour la majorité d'entre nous, ces personnes étaient nos mères et nos pères biologiques, bien que le terme puisse également inclure des grands-parents, des beaux-parents, des parents adoptifs, des frères ou sœurs, des infirmières, des soignants professionnels, ou autres premiers aidants de l'enfance.

Petits, c'est vers nos figures parentales que nous nous sommes instinctivement tournés pour nous orienter, et pour absorber des informations à propos de nous et de notre monde, qui que soient ces personnes ou si nous pensions avoir une « bonne » ou une « mauvaise » relation avec elles. Ce sont elles qui nous ont appris à exprimer (ou refouler) nos émotions, à regarder et traiter notre corps, à nous intégrer dans la société ou à y être acceptés (par exemple, quels comportements étaient bons ou mauvais), et à créer des liens ainsi qu'à interagir avec les autres. Nous avons appris ces habitudes et ces croyances en observant les personnes qui nous entouraient, et en reproduisant ce qu'elles faisaient.

Tous les jeunes enfants imitent leurs figures parentales. Vous avez probablement pu voir cela si vous avez déjà observé un nourrisson sourire ou tirer la langue pour répondre à sa mère ou à son père qui faisait la même chose. De la même façon, les jeunes enfants copient la plupart des choses que leurs figures parentales font. Si celles-ci avaient honte ou réprimaient leurs propres émotions, vous avez sans doute appris à en faire de même. Si elles émettaient des critiques sur leurs corps ou les caractéristiques physiques des autres, vous avez probablement appris à juger et à avoir honte de ces mêmes aspects chez vous. Si face à une situation stressante ou contrariante, elles réagissaient en criant et en hurlant, il est possible que vous fassiez pareil. Si elles géraient ces mêmes situations en se repliant sur elles-mêmes ou en ignorant quelqu'un, vous avez pu également apprendre à être émotionnellement détachés.

Pour savoir comment naviguer dans l'univers de nos émotions, nous devons tout d'abord nous sentir suffisamment en sécurité pour exprimer ce que nous pensons ou éprouvons vraiment avec les personnes qui nous entourent. Une fois adulte, notre capacité à agir ainsi est grandement influencée par ce que nous avons ressenti dans nos toutes premières relations. Le concept de *théorie de l'attachement*, qui a été initialement développé par le psychanalyste John Bowlby en 1952, explique que le sentiment de sécurité au sein de la relation avec nos figures parentales influence le genre de relations que nous recherchons et que nous forgeons avec les autres, pour le restant de nos jours[2]. Si l'attachement à nos figures parentales était principalement sûr lorsque nous étions enfants, et que nos besoins physiques et émotionnels étaient systématiquement comblés, une fois adultes, nous sommes plus susceptibles de donner la priorité à nos besoins et de les assouvir. Ces personnes ont plus de chances d'avoir confiance en elles ainsi que dans les autres, d'être émotionnellement résilientes, ou capables de tolérer et de rapidement rebondir face à des situations inconfortables. La confiance, cette croyance d'une force émotionnelle, se construit au fil de temps, grâce à des actes réguliers, dignes de foi et prévisibles. Dans une relation, il s'agit du sentiment que vous pouvez compter sur quelqu'un pour qu'il se comporte d'une certaine manière.

Nous sommes nombreux à ne pas avoir grandi avec des attachements sûrs, parce que nos figures parentales étaient elles-mêmes affectées par leurs tout premiers environnements relationnels, dans lesquels un grand nombre de leurs besoins n'ont pas été comblés. De ce fait, les attentes physiques et émotionnelles de notre petite enfance n'étaient pas systématiquement identifiées ou contentées. Aujourd'hui, il est possible que nous soyons incapables de reconnaître ou de satisfaire nos besoins d'adultes, parce que personne ne nous a appris à le faire lorsque nous étions enfants. Nous n'avons peut-être pas confiance en nous, ou dans les autres, nous réagissons souvent de manière impulsive parce que nous manquons de résilience émotionnelle pour faire face aux sentiments inconfortables, que ceux-ci soient spécifiques, tels que le stress, la tristesse ou la colère, ou bien qu'il s'agisse de tous les sentiments déplaisants en général. Nous pouvons continuer de nous abandonner ou de nous trahir, en donnant trop de temps, d'énergie et de ressources émotionnelles pour essayer de faire en sorte qu'une autre personne s'occupe de nous, ou alors nous décidons de nous fermer totalement au soutien que toute autre personne pourrait nous apporter.

Que nos tout premiers attachements aient été sûrs ou non, nos schémas habituels pour créer des liens ont été raccordés à notre inconscient et ils le sont toujours. Ce sont ces schémas qui continuent automatiquement et instinctivement de nous pousser vers des dynamiques relationnelles identiques jusqu'à l'âge adulte.

Les besoins inassouvis de votre enfance qui vous gouvernent

Avant de pouvoir déterminer quels sont nos schémas d'attachement, il est tout d'abord important de comprendre ce qu'est un besoin de l'enfance inassouvi. Celui-ci peut être physique ou émotionnel ; le premier est généralement plus facile à appréhender.

Physiologiquement, nos corps fonctionnent tous de la même manière. Nos poumons transmettent l'oxygène à notre sang grâce à l'air qui nous entoure, nos cellules fonctionnent en transformant les nutriments qui composent nos aliments, et nos muscles nous font bouger et nous aident à soulever et porter des choses lourdes. Ces ressemblances structurelles sont communes à tous les humains, par conséquent, nous partageons les mêmes besoins physiques essentiels : eau, oxygène, nutriments et équilibre entre repos ou sommeil régénérateur et activité.

Si dans l'enfance, vos besoins physiques n'étaient pas satisfaits, il est possible que vous n'ayez pas eu suffisamment de nourriture, de vêtements appropriés, de place pour bouger, ou de calme pour vous reposer. Ou alors, vous ne vous sentiez peut-être pas en sécurité dans votre environnement pour plusieurs autres raisons, y compris la stabilité financière et les discriminations raciales. Les besoins inassouvis de l'enfance peuvent aussi rassembler des manques plus subtils, tels que l'absence de contact ou d'apaisement physique, parce que vous étiez souvent seul ou bien parce que vous avez été élevé par des personnes qui n'étaient elles-mêmes pas à l'aise avec ce genre de rapports ; ou alors, vous ne dormiez pas assez parce que le foyer de votre enfance était trop bruyant et chaotique. Beaucoup d'entre nous, une fois adultes, continuent à rencontrer des difficultés avec leurs besoins physiques inassouvis, parce que nous n'avons pas accès aux ressources financières stables qui nous permettraient de prendre régulièrement soin de notre corps, ou de nous sentir en sécurité dans notre propre peau. Quelles que soient les causes, lorsque les besoins physiques ne sont pas systématiquement satisfaits, notre métabolisme active une réponse dans notre système nerveux qui nous fait basculer en mode survie, faisant ainsi passer nos besoins émotionnels au second plan.

Encore plus fréquent que les besoins physiques inassouvis, ce sont les besoins émotionnels inassouvis. La presque totalité des personnes que je connais, même celles qui ont eu des figures parentales bien intentionnées, a grandi avec des besoins émotionnels insatisfaits. C'est à prévoir, étant donné le nombre d'heures et de métiers que beaucoup de parents doivent faire pour subvenir à nos besoins financiers. Comment une personne qui fait des heures supplémentaires, qui ne dort, ne mange ou ne tolère pas bien son propre stress, peut prendre soin des émotions des autres ? Elle ne le peut pas.

Malgré ces iniquités et ces réalités sociétales, nous avons tous des besoins émotionnels profonds dont il faut prendre soin. Au sein de nos relations, le plus important d'entre eux, que l'on soit enfant ou adulte, est un sentiment de sécurité suffisant pour *être* nous-mêmes sans perdre le soutien et le lien avec les autres. Or, exprimer avec honnêteté notre avis et nos ressentis nous aide à créer une intimité affective. En étant capables d'être vulnérables et honnêtes, quels que soient nos sentiments, cela va permettre aux autres de nous observer et de mieux nous connaître. Lisez les questions ci-dessous et prenez le temps d'examiner si vous vous sentez émotionnellement en sécurité au sein de vos différentes relations :

- Est-ce que le lien physique et émotionnel qui existe entre nous me semble sûr ?
- Est-ce que j'ai le sentiment d'être ou que ma relation est importante pour toi ?
- Est-ce que j'ai le sentiment que tu m'aimes et que tu prends soin de moi, même dans les moments où nous sommes physiquement ou émotionnellement éloignés ?

Lorsque nous nous sentons émotionnellement en sécurité, nous pouvons avoir confiance dans l'autre pour qu'il voie, accepte et apprécie la personne que nous sommes, pour qu'il nous laisse de l'espace pour changer et évoluer, et pour qu'il ait notre intérêt à cœur. Si nous avions ce sentiment de sécurité au sein de nos tout premiers attachements, nous avons développé la capacité à avoir confiance dans notre rapport physique avec notre corps et l'aptitude à faire face au stress ou à toutes autres émotions bouleversantes. Lorsque le lien avec notre univers émotionnel nous semble sûr, alors nous sommes en mesure de partager notre Soi de manière authentique avec ceux qui nous entourent, et nous avons confiance dans nos relations, car nous savons que nous pourrons recréer ou réparer nos liens après des moments de conflits ou de déconnexion.

Pour qu'une figure parentale aide un enfant à se sentir en sécurité, valorisé (ou bien vu, entendu et apprécié), et aimé de manière systématique, elle doit-être elle-même apte à ressentir régulièrement la même chose. Cela n'a pourtant pas été le cas de la majorité d'entre elles, parce qu'elles n'étaient pas capables de réguler leurs émotions à cause de leurs propres traumatismes de l'enfance (et des dérégulations du système nerveux qui se sont ensuivies, un sujet que nous explorerons plus tard). Par conséquent, nous sommes majoritaires à ne pas avoir grandi dans la sécurité émotionnelle dont nous avions besoin pour nous exprimer de manière authentique, ce qui nous a poussés à nous sentir profondément sans valeur et émotionnellement seuls.

Si nos figures parentales n'ont pas été capables de se sentir elles-mêmes émotionnellement en sécurité, elles ne pouvaient pas créer l'environnement dont nous avions besoin pour explorer et exprimer notre Soi authentique. Par conséquent, nous avons fini par avoir le sentiment qu'elles nous ont émotionnellement abandonnés ou submergés, et que nous devions découvrir par nous-mêmes comment gérer nos émotions et nos expériences stressantes ou bouleversantes. Les sentiments associés, pendant l'enfance, à la négligence ou à l'abandon émotionnel, activent dans notre cerveau le même chemin que celui de la douleur physique, forçant notre esprit et notre corps à avoir une réponse continue au stress qui a engendré le traumatisme.

Un manque de sécurité émotionnelle chez l'enfant peut prendre la forme du mépris, de critiques ou de remontrances régulières de la part de sa figure parentale, pour avoir exprimé divers sentiments, ce qui instille la croyance profondément ancrée que vous en faites « trop », ainsi que les difficultés continues d'expression de soi qui vont avec. La figure parentale a pu aussi décourager ou empêcher l'enfant de poursuivre une passion ou un centre d'intérêt, ce qui une fois adulte le pousse à se poser des questions sur ce qu'il aime.

Vous trouverez ci-dessous d'autres signes, bien qu'il en existe beaucoup plus, indiquant que certains de vos besoins émotionnels n'ont pas été satisfaits dans votre enfance.

- Vos figures parentales ne vous voyaient pas, ou ne pouvaient pas vous voir comme une personne à part et unique. À la place, elles vous traitaient comme une extension d'elles-mêmes, qui devait suivre leurs traces ou adopter leurs croyances, leurs émotions, leurs apparences, voire leurs carrières. À l'âge adulte, il est possible que vous ne vous soyez jamais véritablement senti en sécurité pour être celui que vous êtes, ou que vous ne soyez pas vraiment certains de vos croyances, de vos sentiments ou de vos centres d'intérêt.
- Vos figures parentales ne vous prêtaient pas systématiquement attention ou ne pouvaient pas le faire, parce qu'elles étaient distraites par leur travail, des problèmes relationnels, des exigences financières ou des traumatismes non résolus. À l'âge adulte, il est possible que vous vous isoliez ou que vous soyez trop indépendant, dressant des murs entre vous et toutes formes de connexion ou de soutien venant des autres.
- Vos figures parentales prenaient souvent les choses de manière personnelle et étaient rapidement sur la défensive ou réagissaient vite avec émotion, en extériorisant ou en tenant les autres pour responsables, y compris vous, de problèmes divers ou de conflits. À l'âge adulte, il est possible que vous ayez souvent peur d'« avoir des ennuis », que vous vous tourniez vers les autres pour qu'ils vous aident à vous sentir mieux, ou que vous vous retrouviez à apaiser ou à faire plaisir aux autres afin d'éviter tout conflit.
- Vos figures parentales avaient deux facettes : une qu'elles montraient à la maison, où elles critiquaient,

humiliaient les autres, ou se repliaient sur elles-mêmes, et une autre qu'elles affichaient en public, où elles étaient chaleureuses, affectueuses et apparemment tendres avec vous. À l'âge adulte, il est possible que vous soyez régulièrement tendu, incertain ou confus face aux intentions ou aux actes des personnes qui vous entourent.

- Vos figures parentales mettaient en avant ou se vantaient souvent de vos réussites auprès des autres, alors que la plupart du temps elles vous ignoraient, à moins que vous parveniez à faire quelque chose ou que vous receviez une récompense pour votre performance. À l'âge adulte, en l'absence d'une approbation externe, il est possible que vous vous sentiez sans valeur, peu attachant ou brisé.
- Vos figures parentales rejetaient, invalidaient ou ignoraient systématiquement votre point de vue ou vos sentiments. À l'âge adulte, il est possible que vous vous retrouviez bloqué dans des réflexions binaires (« bien » ou « mal », « bon » ou « mauvais »), souvent incapable de voir ou d'approuver la vision d'un autre, en particulier lorsque vous êtes contrarié ou en conflit.
- Vos figures parentales se concentraient le plus souvent sur leurs propres besoins ou émotions, elles mettaient régulièrement en avant ou donnaient beaucoup d'importance au rôle qu'elles avaient joué dans votre éducation, peut-être en répétant ou vous rappelant toutes les choses ou les sacrifices qu'elles avait faits pour vous. À l'âge adulte, il est possible que vous vous sentiez chroniquement redevable envers les autres ou égoïste parce que vous avez tout simplement des besoins.

Mes besoins émotionnels inassouvis

Bien que je m'en sois seulement rendu compte lorsque j'ai entrepris mon propre travail intérieur, l'environnement de mon enfance ne m'avait pas permis de me sentir systématiquement en sécurité et aimée simplement pour moi-même. Lorsque j'étais très jeune, ainsi que pendant mon enfance, mon adolescence et ma vie d'adulte, ma mère restait émotionnellement distante, son attention était accaparée par des douleurs chroniques dans l'ensemble de son corps. Étant constamment distraite et enfermée dans un mode de survie, elle était incapable d'exprimer un peu d'émotion, excepté de l'inquiétude pour mon bien-être ou son approbation envers mes dernières réussites. Comme on me l'a expliqué plus tard, elle traitait mon frère, ma sœur et moi comme si elle était une « infirmière », en nous nourrissant et en prenant soin de nous sans être à notre écoute ou émotionnellement proche de nous. Mon père était une présence physique active dans ma vie, il jouait avec moi et divertissait ma nature agitée, mais lui aussi restait émotionnellement distant, il ne partageait presque jamais ses sentiments en dehors de son stress quotidien ou de son agacement envers les autres. Ma sœur, qui a quinze ans de plus que moi, a également joué un rôle actif dans mon éducation, elle a passé beaucoup de temps avec moi, notamment lorsque ma mère n'était pas capable de le faire. Mais, elle aussi, était émotionnellement fermée, étant donné que ses propres habitudes relationnelles, elles les avaient développées au contact de nos parents.

Tous les enfants ont un univers intérieur actif, qu'il soit mental ou émotionnel ; il en allait de même pour moi lorsque j'étais petite. Pourtant, chaque fois que j'essayais de partager mes expériences avec ma mère, elle exprimait souvent de l'inquiétude et essayait de rapidement résoudre ou écarter tout problème qui nous provoquait à toutes les deux des sentiments inconfortables. Elle a essayé, au fur et à mesure, de contrôler mon comportement afin de soulager sa propre souffrance, colère, tristesse ou déception, en disant des choses telles que : « Ah, s'il te plaît ne dit pas ou ne fait pas [insérer ici la phrase ou l'action non désirée], ou cela va me rendre triste », ou bien « Oh, tu ne voudrais pas [insérer ici la requête désirée] pour moi, pour que je ne m'inquiète pas. »

Effrayée à l'idée de perdre le lien que j'avais avec ma famille, j'ai commencé à régulièrement honorer leurs besoins ou leurs désirs à la place des miens. En apprenant cette dynamique de codépendance et en n'éprouvant aucune séparation entre mes émotions, ou points de vue, et celles des autres, j'ai aussi appris à assumer la responsabilité de leurs ressentis. Enfermée dans un cycle intérieur d'auto-accusation, j'ai pris l'habitude de justifier le comportement des gens, comme je l'ai fait plus tard avec Sofia ainsi que dans beaucoup de mes autres relations.

Il y avait au sein de mon foyer un manque considérable de limites, ce qui ajoutait encore plus de stress à un environnement déjà submergé. Chaque fois que je partageais une information personnelle avec l'un des membres de ma famille, elle était rapidement relayée aux autres sans ma permission, demande ou que je m'en aperçoive, pensant qu'en agissant ainsi ils montraient leur soutien. Ces transgressions de ma confiance m'ont poussée à être encore plus dans la rétention et à limiter encore davantage les détails intimes que je partageais. Au fil du temps, j'ai appris qu'il était plus facile d'ignorer et de réprimer toutes mes émotions. Je me suis finalement convaincue que je n'avais aucun sentiment, parce que cela me semblait plus sûr que d'accepter ceux dont l'expression me mettait mal à l'aise.

L'absence de limites au sein de ma famille a perpétué ma croyance que les relations humaines n'étaient émotionnellement pas sûres. Comme je me sentais éloignée des personnes dont j'étais censée me sentir le plus proche – ma famille – j'avais peur que quelque chose cloche chez moi, une crainte que ma mère a exacerbée en faisant systématiquement des commentaires sur ma nature « secrète ». Or, partager des détails de ma vie personnelle avec elle n'était pas une chose avec laquelle j'étais à l'aise, parce qu'elle n'était pas capable de créer de la protection émotionnelle ou le lien dont j'avais besoin pour m'exprimer avec elle de manière authentique. De ce fait, elle a fini par savoir très peu de choses sur ma vie, non parce que j'étais d'une nature secrète, comme elle me le disait, mais parce que je ne me suis jamais sentie assez en sécurité pour partager avec elle ce qu'il se passait véritablement dans mon existence.

En grandissant, j'ai instinctivement recherché et entretenu le même genre de distance émotionnelle que j'avais connue dans mon enfance, au sein de mes relations d'adulte. Profondément déconnectée de mes propres désirs et besoins, je me suis davantage concentrée sur ma manière d'être présente pour les autres, en évitant les problèmes et les conflits, sans cesse effrayée de perdre le lien ou d'être abandonnée. Parfois, j'avais même honte d'avoir des désirs ou des sentiments qui pouvaient décevoir ou contrarier une autre personne. J'ai emporté tous ces schémas d'habitudes dysfonctionnelles dans ma vie d'adulte, et j'ai continué à me servir des mêmes stratégies de défense inconscientes que j'avais adoptées et utilisées dans mon enfance, pour me protéger des émotions qui me submergeaient et qui n'étaient pas encouragées.

Les conséquences neurophysiologiques de votre enfance

Bien que d'autres relations dans notre petite enfance, y compris celles que l'on a avec nos frères et sœurs, nos grands-parents, les personnes qui prennent soin de nous, nos amis et nos professeurs, peuvent engendrer des liens traumatiques, rien n'a de conséquences plus importantes sur les relations que nous avons actuellement que nos tout premiers attachements à nos figures parentales. Pourquoi ? La réponse à cette question est la clé qui permet de comprendre et de débloquer le travail que nous pouvons mettre en place pour changer nos relations présentes, de manière efficace et durable.

L'attachement à nos figures parentales n'a pas uniquement conditionné notre comportement ; nos toutes premières relations ont également physiquement programmé notre système nerveux, définissant ainsi notre manière de penser, de ressentir et d'agir. C'est parce que notre système nerveux pilote nos réflexions, nos sentiments et nos comportements, en plus d'influencer un grand nombre de nos fonctions physiologiques.

Notre système nerveux est « profondément social », selon le neuroscientifique de l'université de Californie, le Dr Daniel Siegel, qui a participé à la création de l'étude de la neurobiologie interpersonnelle, une branche émergeante de la science qui explore les interactions fascinantes qui existent entre notre cerveau et nos relations. Comme il nous l'a montré, notre cerveau a *besoin* des autres pour fonctionner[3]. Depuis l'aube de l'humanité, nous dépendons du sentiment de protection que les familles et les groupes nous offrent. Or, lorsque nous sommes incapables de créer des liens avec les autres en toute sécurité, le sentiment de solitude qui en résulte peut avoir des conséquences négatives, à la fois sur notre bien-être, mais aussi notre sérénité physique[4].

De nos jours, notre corps et notre cerveau sont encore programmés pour avoir besoin des autres. Nous recherchons instinctivement des relations qui soient à la fois romantiques et platoniques, que nous sachions consciemment ou non que nous les désirions. Bien que la culture occidentale moderne encourage un solide individualisme, offrant ainsi l'idée d'un « soi solitaire », personne n'est ou ne peut être une île en soi ; avoir des relations tout au long de son existence est non seulement nécessaire à notre survie, mais également à notre développement. Nous existons tous en permanence dans une relation avec quelqu'un *et* quelque chose, y compris l'environnement qui nous entoure ainsi que la Terre sur laquelle nous vivons (nous reviendrons plus en détail sur ce sujet dans le chapitre 10).

Notre cerveau a non seulement besoin de relations pour physiquement survivre et fonctionner, mais nos liens avec les autres ont également des conséquences sur la manière dont notre système nerveux opère. Comme l'a expliqué Siegel : « les connexions humaines créent des connexions neuronales, » ce qui veut dire que nos relations avec les autres définissent la manière dont nos neurones ou nos cellules cérébrales se connectent ou communiquent les unes avec les autres[5]. Lorsque ces liaisons ou communications neurales sont sans cesse répétées, elles deviennent la base de notre monde intérieur, elles pilotent nos pensées, nos sentiments et nos comportements.

Bien que n'importe quelle relation puisse engendrer de nouvelles connexions neurales, ce sont toutefois nos tout premiers attachements avec nos figures parentales, qui bâtissent l'architecture principale de notre cerveau.

Les nourrissons humains naissent avec un système nerveux extrêmement sous-développé, c'est d'ailleurs la raison pour laquelle nous dépendons autant de nos figures parentales pendant les premières années de notre existence, en comparaison des quelques jours, semaines ou mois dont les autres mammifères ont besoin avant de pouvoir survivre seuls. Au cours des toutes premières années de la vie, notre système nerveux grandit et se développe rapidement, déclenchant et formant à chaque seconde des millions de connexions neurales[6]. Bien que plus tard dans l'enfance ces voies sont élaguées, nous créons l'essentiel de cette infrastructure lorsque nous sommes bébés ou de jeunes enfants.

Ce sont les personnes avec qui nous avons créé des liens en premier, c'est-à-dire nos figures parentales, qui sont à l'origine de certains déclenchements et programmations dans notre système nerveux. C'est ce que ces personnes font (ou ne font pas) lorsqu'elles interagissent avec nous et la manière dont nous répondons (les spécialistes du développement de l'enfant appellent cela le « service-retour ») qui façonne des schémas dans notre cerveau. Ces derniers pilotent notre système d'exploitation, qui active et contrôle nos pensées, nos sentiments et nos réactions automatiques ou instinctives tout au long de notre vie ; ou jusqu'à ce que nous exploitions la neuroplasticité de notre cerveau, c'est-à-dire sa capacité à changer.

Vos réponses conditionnées au stress

Notre système nerveux joue un rôle fondamental dans notre existence. Il se connecte à nos organes biologiques ainsi qu'à nos fonctions physiologiques et les contrôle. Il pilote nos pensées, nos sentiments et nos comportements habituels automatiques. De plus, il détermine le niveau de notre sécurité physique, mentale et émotionnelle, non seulement avec nous-mêmes, mais également avec les autres, en déclenchant des réponses au stress lorsque nous sommes confrontés à une menace, ce qui nous pousse à aller vers ou à fuir un rapport humain.

Il est probable que vous soyez déjà familier de la réaction « de lutte ou de fuite », contrôlée par notre système nerveux. Ce comportement se produit lorsque ce dernier amorce une certaine réponse physiologique, telle que la dilatation des pupilles et une augmentation du rythme cardiaque ainsi que de la fréquence respiratoire face à une menace, ce qui nous donne l'énergie d'affronter directement le danger (lutte) ou de s'y soustraire (fuite). Notre système nerveux est également capable d'activer une réaction « d'inhibition » ou de « repli sur soi », qui ralentit ou arrête les fonctions physiologiques du corps, en général lorsque la menace est écrasante ou constante. Par ailleurs, bien que cela se sache peu, nous avons même évolué pour adopter une réaction de « soumission » face au stress, lorsque notre système nerveux se maintient en alerte maximale et que nous scrutons sans cesse notre environnement afin d'identifier, d'éliminer ou de désamorcer les menaces éventuelles qui apparaîtraient.

Ces réactions se produisent de manière automatique, le plus souvent sans que l'on s'en aperçoive. Elles sont normales, naturelles et même saines ; nous avons besoin d'elles pour affronter une menace (lutte), nous y soustraire (fuite), faire le mort ou préserver nos ressources physiques (inhibition ou repli sur soi), ou encore entretenir des liens lors de certaines crises communes (soumission). Si notre système nerveux n'activait jamais de réponse au stress, nous ne serions pas capables d'apprendre à réguler nos émotions ou à développer la résilience émotionnelle dont nous avons besoin pour faire face à une tension et rapidement retrouver un état d'apaisement ainsi qu'un bien-être physiologique et émotionnel.

Pour beaucoup d'entre nous, le problème réside cependant dans le fait que notre système nerveux ne retrouve jamais cet état d'apaisement. Au lieu de cela, il se retrouve bloqué dans une réponse au stress, et pas nécessairement parce que nous sommes confrontés toute la journée à celui-ci. Bien que nous soyons nombreux à avoir des vies stressantes et bien remplies, si notre système nerveux est régulé, nous pouvons quotidiennement alterner entre une réaction face à une tension et un fonctionnement apaisé. Pourtant, pour beaucoup, cette alternance est impossible, car leur corps n'en a pas développé la capacité lorsqu'ils étaient enfants.

Si nous avons grandi dans un environnement soumis à un stress constant ou avec des figures parentales qui ne parvenaient pas à répondre de manière régulière à nos besoins physiques et émotionnels, il est possible que notre système nerveux ait continué à informer notre cerveau qu'il y avait un feu autour de nous, longtemps après que les braises s'étaient éteintes. Or, comme notre cerveau était encore en cours de développement, ces réactions au stress se sont programmées dans le mode de fonctionnement standard de notre système nerveux.

À présent, ce dernier a plus de risques de continuer à se déclencher comme il le faisait dans notre enfance, voire à être bloqué dans des réponses aux stress même lorsqu'il n'y a aucune menace active autour de nous. Ce conditionnement est familier ainsi que corporellement et émotionnellement confortable pour notre cerveau, comme le serait une vieille couverture de bébé pour un grand enfant. D'un point de vue biologique, notre système nerveux peut rencontrer des difficultés pour faire physiologiquement machine arrière après une réponse au stress, même si vivre dans un tel état constant n'est pas optimal pour notre corps. D'un point de vue émotionnel, il est possible que nous nous ennuyions ou bien que nous nous sentions mal à l'aise, agités ou gênés lorsque nous ne vivons pas un cycle de stress familier. Pour certains, si la seule chose que nous avons connue dans l'enfance c'est du stress, du chaos et de l'abandon, nous risquons de ne jamais être capables d'éprouver des sentiments de paix et de connexion, à moins que nous fassions le choix conscient de changer nos branchements neurobiologiques.

Les réponses conditionnées au stress nous enferment, d'un point de vue physiologique, dans les liens traumatiques que nous avons avec les autres, même une fois adultes. Lorsque dans l'enfance notre système nerveux est raccordé à une tension dans des circonstances spécifiques, cela nous conduit à être instinctivement attirés par certaines personnes pour se retrouver finalement piégés avec celles-ci dans des cycles de réactivité (nous aborderons ce sujet plus en détail un peu plus tard). Notre système nerveux dérégulé nous pousse à voir ou à recréer avec les autres les situations qui déclenchent notre état prévisible de stress, ce qui nous donne un sentiment physiologique de sécurité et de contrôle, alors qu'en réalité rien de tout cela n'existe. Que nous éprouvions un faux sentiment de sérénité lorsque nous provoquons des disputes (*lutte*), que nous sommes froids avec les autres (*fuite*), que nous construisons des murs autour de nous (*inhibition* ou *repli sur soi*), ou que nous faisons passer les besoins des autres avant les nôtres (*soumission*), nous sommes amenés à répéter ces habitudes, même si celles-ci ne sont pas utiles à notre relation ou qu'elles vont à l'encontre de nos intentions ou désirs conscients.

En d'autres termes, on ne peut pas s'en empêcher : notre cerveau est branché pour ressentir du stress, lorsque nous sommes seuls et entourés par d'autres personnes. Dans le chapitre 3, nous aborderons plus en détail comment discerner lorsque nous sommes dans une réponse au stress et ce que nous pouvons faire pour en sortir.

Changer votre cerveau pour faire évoluer vos relations

Bien que nos habitudes relationnelles soient implantées dans notre cerveau, nous pouvons les modifier, et même s'il existe encore des choses que nous ne connaissons pas sur le corps humain, la science a très récemment découvert que notre cerveau est incroyablement malléable. Il peut changer au fil du temps, quel que soit notre âge, le niveau de stress ou de traumatisme que nous avons vécu.

Le terme *neuroplasticité* fait référence à la capacité de notre cerveau à former, tout au long de notre vie, de nouvelles connexions neurales. Chaque fois que nous donnons à notre système nerveux la possibilité de créer de nouvelles pensées, sentiments et comportements instinctifs et automatiques ; en résumé, nous pouvons changer le mode de fonctionnement standard de notre cerveau. Chaque expérience inédite que nous vivons et chaque nouvelle personne que nous rencontrons peuvent permettre de créer des connexions neurales différentes. Toutefois, la nouveauté n'est pas une réponse en soi ; si nous envisageons les expériences inédites et les nouvelles rencontres avec les mêmes pensées, habitudes et sentiments conditionnés que nous avons depuis l'enfance, notre système nerveux déclenchera toujours les mêmes connexions neurales, et produira les mêmes schémas et dynamiques relationnelles. Si nous désirons véritablement faire évoluer nos relations, nous devons changer notre inconscient, ce qui veut dire modifier notre manière instinctive de penser, de ressentir et d'agir, que ce soit avec de nouvelles personnes ou avec celles que nous connaissons déjà.

Changer nos habitudes instinctives n'est pas facile ; au départ, cela va provoquer des sensations inconnues et inconfortables. Mais c'est possible. La première étape est d'apprendre à prendre conscience ou à observer les habitudes conditionnées qui résident dans notre inconscient, et qui créent et entretiennent nos liens traumatiques avec les autres. Nous pouvons ensuite commencer le travail pour développer des manières plus adaptées et résilientes de faire face au stress et de créer des liens avec les autres, qui nous seront plus utiles ainsi qu'à nos relations.

Je l'espère, vous commencez à constater que vous n'êtes le spectateur passif d'aucune de vos relations. Demander aux autres de changer ce qu'ils sont ou ce qu'ils font pour nous aider à nous sentir mieux ne résout en réalité pas les problèmes de notre relation. En revanche, en exploitant les nouvelles avancées de la science, que nous allons explorer ensemble ici, c'est vous qui avez le pouvoir de faire évoluer vos relations, quoi que les autres fassent ou ne fassent pas. Vous allez enfin pouvoir arrêter d'attendre ou de dépendre de qui que ce soit. Vous pouvez et pourrez changer. Et ce changement commence maintenant.

Pour transformer notre façon d'interagir avec les autres (et par ricochet la manière dont ils interagissent avec nous), nous aurons besoin d'élargir notre conscience au-delà de notre cerveau, afin d'englober l'incarnation de notre Soi. Il s'agit de l'interconnexion entre notre corps, notre esprit et notre âme, que nous explorerons plus en détail dans le prochain chapitre.

Liste de vérification de votre sécurité émotionnelle

Prenez le temps d'observer vos relations avec vos figures parentales ou les toutes premières personnes qui ont pris soin de vous. Examinez les déclarations suivantes et cochez celles qui décrivent le mieux les expériences les plus fréquentes que vous avez vécues dans votre enfance.

_______ *Lorsque j'étais contrarié, des adultes émotionnellement présents m'offraient leur réconfort et leur soutien.*

______ *On m'a montré ce qu'étaient des limites et j'ai vu des adultes les exprimer de manière respectueuse et sans faire usage d'une discipline violente ou de menaces effrayantes.*

______ *On m'a laissé de la place pour explorer des comportements appropriés à mon développement et je n'ai pas été parentifié par des adultes, contraint de les conseiller dans leurs émotions, de m'occuper de frères ou de sœurs plus jeunes, ou encore d'être utilisé comme un pion pour manipuler ou contrôler les autres.*

______ *Des adultes qui ne gouvernaient pas le climat émotionnel du foyer en fonction de leurs propres sentiments et qui me demandaient régulièrement ce que je ressentais et validaient les expériences émotionnelles que je partageais m'ont montré comment exprimer mes émotions en toute sécurité.*

_______ *Des adultes qui recherchaient du soutien sans faire usage de techniques de manipulation émotionnelles, comme ignorer les autres, se mettre en colère, les faire culpabiliser, les humilier ou leur faire des reproches, m'ont montré comment exprimer directement mes besoins émotionnels.*

_______ *J'ai observé des adultes qui prenaient systématiquement la responsabilité de leurs actes et s'excusaient du rôle qu'ils avaient joué dans un conflit et des contrariétés.*

_______ *Des adultes qui m'ont permis d'explorer mes propres pensées et idées, et qui ne faisaient peser aucune pression sur moi afin que je me conforme aux croyances des autres (ou à la pensée collective), m'ont laissé de la place pour que je puisse explorer ma propre individualité.*

_______ *Des adultes qui me posaient des questions et exprimaient le désir de me connaître moi ainsi que mes centres d'intérêt, et qui ont eu le temps de jouer ou de faire des activités spontanées et libres, m'ont encouragé à explorer ma curiosité et mes passions.*

Plus vous cochez de cases, plus vous avez de chances d'avoir eu des relations sûres en grandissant. En revanche, si, comme moi, vous ne parvenez pas à vous retrouver dans quelques-unes voire aucune de ces expériences de l'enfance, il est probable que vos toutes premières relations ne vous aient pas offert le sentiment de sécurité dont vous aviez besoin pour explorer votre propre expression émotionnelle. La bonne nouvelle est que les outils présents dans cet ouvrage vous offriront la possibilité de créer, pour vous-même, cette sécurité, quelles que soient vos expériences passées.

Vos expériences relationnelles et l'exploration de vos croyances

Prenez le temps d'examiner les différentes relations présentes dans votre vie, en commençant par celles avec vos toutes premières figures parentales ou personnes ayant pris soin de vous. Lisez les questions suivantes et notez vos réflexions dans les espaces prévus à cet effet ou bien dans un carnet ou votre journal.

Dans l'enfance, à quelle fréquence (et à quel moment) vos besoins (physiques et émotionnels) étaient-ils satisfaits ?

____

____

Dans l'enfance, à quelle fréquence (et à quel moment) vous retrouviez-vous avec des besoins (physiques et émotionnels) non satisfaits ?

____

____

Dans l'enfance, à quelle fréquence (et à quel moment) deviez-vous surveiller ou satisfaire les besoins (physiques et émotionnels) des autres, y compris ceux de vos figures parentales ?

____

____

Dans l'enfance, à quelle fréquence (et à quel moment) vous tourniez-vous vers vos parents ou toute personne prenant soin de vous, pour rechercher un sentiment de sécurité, de protection ou de réconfort, apprenant ainsi à faire confiance aux autres ou au monde qui vous entoure ?

Dans l'enfance, à quelle fréquence (et à quel moment) ressentiez-vous le besoin de fuir vos figures parentales afin de trouver un sentiment de sécurité, de protection et de réconfort par vous-même, apprenant ainsi à craindre les autres et le monde qui vous entoure ?

Dans l'enfance, à quelle fréquence (et à quel moment) éprouviez-vous du plaisir ou de la joie ?

Dans l'enfance, à quelle fréquence (et à quel moment) éprouviez-vous de la gaieté et de la spontanéité ?

Dans l'enfance, à quelle fréquence (et à quel moment) vos parents ou toute personne qui prenait soin de vous, vous ont-ils montré comment résoudre des problèmes par la négociation et la collaboration ?

À présent, prenez le temps d'examiner vos relations d'adulte. Lisez les questions suivantes et notez vos réflexions dans les espaces prévus à cet effet ou bien dans un carnet ou votre journal si cela vous aide.

Les relations me font penser à ...

___

___

L'amour me fait penser à ...

___

___

2

Explorer l'incarnation de votre soi

Il y a dix ans, si quelqu'un m'avait posé des questions sur ma relation avec mon âme, j'aurais ri. *Mon âme ?* À cette époque, je ne savais pas ce qu'était mon âme, ni si elle existait, et encore moins comment créer un lien avec elle. Après huit années d'études pour obtenir mon doctorat en psychologie clinique, je m'étais forgé une vision du monde très scolaire et mécanique. Je pensais que tout pouvait et devait être expliqué par les faits incontestables de la science ; et s'il ne pouvait l'être, alors c'est que cela n'était pas vrai ou pas légitime.

J'étais jeune la première fois que j'ai entendu parler de mon « âme ». Élevée dans le catholicisme, je suis allée dans des écoles primaires et secondaires paroissiales, et j'étais censée me rendre à la messe tous les dimanches, ce contre quoi je protestais souvent. À l'église, j'ai d'ailleurs appris la vision chrétienne de l'âme, qui me semblait surnaturelle ou mystique – un concept que je n'ai jamais objectivement compris. Plus je m'intéressais aux sciences et à la psychologie, plus le concept chrétien de l'âme me paraissait illusoire, voire superstitieux.

Mon point de vue changea après avoir traversé une crise émotionnelle que j'appelle aujourd'hui ma « nuit obscure de l'âme ». Sans surprise, celle-ci a commencé lorsque je suis arrivée au terme de la liste des objectifs que je m'étais fixés dans la vie, obtenir mon doctorat, entretenir une relation sérieuse et avoir des revenus stables en ouvrant un cabinet prospère. Malgré tout ce que j'avais accompli, je me sentais toujours insatisfaite, je pris donc de plus en plus conscience à quel point j'étais déconnectée et peu sûre de ce que je ressentais envers moi-même, de la personne que j'étais et de ce que je voulais, autant de choses que j'éprouvais depuis des années voire des décennies, bien que j'aie du mal à l'admettre. Je présume que certains d'entre vous ressentent en ce moment la même chose, et même si cela ne semble pas être le cas, ces sentiments sont souvent le début d'une prise de conscience vers une meilleure compréhension de vous-même. Bien que je ne fusse pas en mesure de le voir à cette époque, ma propre prise de conscience a débuté après avoir touché un fond émotionnel alors que j'étais en vacances avec ma partenaire, Lolly.

Ceux d'entre vous qui ont lu mon premier livre, *Guéris tes blessures*, se souviennent probablement de cette histoire : j'étais assise dans un rocking-chair en train de manger des flocons d'avoine et de lire un ouvrage sur les mères émotionnellement absentes, lorsque je me suis effondrée et mise à pleurer sans pouvoir me contrôler. Même si à cette époque je ne comprenais pas totalement ce qui était en train de se passer, je m'étais finalement autorisée à consciemment comprendre que je n'avais aucun lien émotionnel avec ma famille, notamment avec ma mère. Grâce à ce livre, j'étais en train de voir tout ce que j'avais mis en place pour compenser le manque de connexion, en mettant de côté ou en ignorant sans cesse mes propres besoins et désirs, afin de me « lier » à elle et à ce que j'aimais le plus. Pendant des années, j'étais capable de tout laisser tomber afin d'être disponible pour presque toutes les personnes qui faisaient partie de ma vie, sans m'assurer auparavant que je prenais également soin de moi. Si un ami m'invitait au cinéma, à manger au restaurant ou à faire une randonnée, je répondais immédiatement oui, même si je n'en avais pas l'envie ou si les ressources énergétiques pour y aller me manquaient. Si un proche avait besoin de soutien affectif, je faisais tout mon possible pour tenter de le réconforter, même si cela signifiait que je mettais en péril une partie de mon bien-être physique ou émotionnel. Je craignais constamment que les autres pensent que j'étais égoïste ou qu'ils soient déçus si je satisfaisais mes propres besoins avant les leurs.

Bien entendu, l'ironie dans tout cela, c'est qu'en donnant la priorité aux besoins des autres et mettant de côté ou en ignorant les miens, cela ne m'a pas aidée à me sentir en sécurité, valorisée, ou aimée dans aucune de mes relations. Au contraire, en agissant ainsi je me sentais tout simplement intérieurement vide, seule et insatisfaite, c'est-à-dire l'ensemble des sentiments qui m'ont frappée de plein fouet alors que j'étais assise dans un rocking-chair en train de lire pendant mes vacances. Avec des besoins chroniquement inassouvis, mon corps ne se sentait jamais suffisamment protégé pour quitter son mode de survie et me donner la possibilité d'explorer les centres d'intérêt et les désirs les plus profonds de mon Soi authentique.

C'est à cet instant que j'ai commencé à ouvrir les yeux et à voir tout ce que j'avais mis en place pour gérer ces sentiments désagréables, principalement en me tournant vers les autres pour qu'ils les fassent disparaître ou qu'ils m'aident à me sentir mieux. Lorsque les efforts de ma famille, de mes amis ou de mes partenaires amoureuses ne parvenaient pas à me réconforter, je me sentais encore plus vide et triste intérieurement. J'ai finalement commencé à éprouver encore plus de frustration et de rancœur envers ceux qui ne parvenaient pas à me « sauver » ou à combler le gouffre croissant qui se formait dans mon cœur.

Contrairement aux messages qu'un grand nombre d'entre nous ont reçus dans leur famille ou à travers les médias (petit clin d'œil à Disney et aux comédies romantiques), le partenaire ou la relation parfaite n'existe tout simplement pas, et même si c'était le cas, ils ne pourraient pas faire disparaître notre douleur. Ce n'est le travail de personne de nous sauver ou de nous « compléter », parce que nous sommes capables et complets exactement tels que nous sommes. C'est-à-dire des êtres humains qui tentent de faire du mieux qu'ils peuvent, et avoir une vision romancée des relations est uniquement source de déception. Par ailleurs, nous avons besoin d'apprendre à gérer la déception que nous causons aux autres. Nous sommes nombreux à avoir été élevés avec certaines notions idéalisées de la morale ou de ce qui fait de nous une « bonne personne », motivés par des messages familiaux, culturels, religieux ou sociétaux qui donnaient en règle générale la priorité au confort des autres, activant ainsi un sentiment interne de culpabilité et des habitudes de négligence de soi.

L'un des souvenirs les plus clairs de mon enfance est celui de ma mère en train de me faire apprendre une liste d'excuses, après lui avoir dit que je n'avais pas envie d'aller à la fête d'une amie. Pour tenter de m'aider à décliner l'invitation, elle m'a montré comment inventer un prétexte sur la raison pour laquelle je ne pouvais pas y aller, et nous nous sommes entraînées ensemble.

Puis, tandis que la peur s'écoulait dans tout mon corps de petite fille de dix ans, j'ai appelé mon amie et j'ai récité l'excuse que nous avions concoctée. Ma mère avait bien entendu de bonnes intentions ; elle ne voulait pas que je paraisse impolie. Elle avait été conditionnée de la même manière pendant sa propre enfance. C'est pourtant ce conditionnement qui a jeté les bases inconscientes de mes croyances d'une « bonne personne », et qui, je le sais, existent encore aujourd'hui au fond de moi. Notamment lorsque j'ai du mal à refuser une invitation, à moins d'avoir une raison « acceptable » en me répandant souvent en détail et en excuses lorsque c'est le cas. En étant poussée à faire plaisir aux autres pour être appréciée, je me suis retrouvée à constamment craindre de décevoir ou de contrarier mon entourage.

En réalité, plus vite nous nous libérons de toute illusion de perfection personnelle ou relationnelle, plus vite nous pourrons nous lancer dans le voyage complexe et fragile que nous appelons l'amour. Nous pourrons cesser de croire que les autres nous quitteront si nous refusons ou ne sommes pas capables de faire quelque chose ou de dire non, parce que ce n'est pas vrai, même si notre esprit pense le contraire. Une relation véritablement saine nécessite d'accepter d'apprendre de ces moments de divergences et de désaccord, en se servant de la régulation émotionnelle, d'une communication active, de la résolution ou de la réparation du conflit (un sujet que j'aborderai plus en détail dans les chapitres suivants), et de compromis.

Ces prises de conscience peuvent paraître troublantes, elles l'ont assurément été pour moi à l'époque, pourtant la connaissance que j'ai acquise au cours de ma « nuit obscure de l'âme », fut le plus grand cadeau que j'ai jamais reçu. Cette clairvoyance a conduit à l'amorce de mon voyage de *SelfHealing*, lorsque j'ai commencé à prendre mes responsabilités afin de me redonner le pouvoir d'être une participante active en créant le changement dont j'avais si profondément besoin. J'ai mis cette responsabilisation en application dans mes relations avec les autres : j'étais la seule à pouvoir, de manière réaliste, garantir que tous mes besoins soient assouvis. C'est d'ailleurs uniquement lorsque ceux-ci ont été comblés que je me suis sentie suffisamment en sécurité pour partager mes compétences et mes talents naturels avec mon entourage.

Pour la première fois de ma vie, j'ai commencé à comprendre pourquoi ma relation la plus importante était celle que j'avais avec moi-même. Je me suis aperçue que si je n'étais pas capable d'être honnête avec moi-même à propos de mes besoins et de mes désirs les plus profonds, je ne serais jamais véritablement ou authentiquement en mesure de créer un lien avec qui que ce soit d'autre. Cette sincérité fut le premier pas que j'ai franchi pour m'ouvrir aux autres de façon plus vraie. Afin de commencer à rompre certaines habitudes conditionnées, chaque fois que je me surprenais à me demander ce que je « devrais » (ou « ne devrais pas ») faire ou bien comment je « devrais » (ou « ne devrais pas ») réagir, ce qui m'arrivait souvent, je faisais une pause (en me servant de la pause pour reprendre le pouvoir, ce que vous découvrirez à la page 187) afin de vérifier à l'intérieur de moi. Ce temps me donnait la possibilité d'examiner s'il y avait quelque chose d'autre dont j'avais envie ou besoin.

Au cours des années qui ont suivi, je me suis concentrée sur l'exploration de mes propres désirs et attentes. Au fur et à mesure que je voyais les choses avec plus de clarté, j'ai pris de la distance et je me suis même extraite de certaines relations avec lesquelles je n'étais plus en adéquation. Cela a créé la place dont j'avais besoin pour me concentrer sur l'acceptation et le soin de mon être dans sa globalité et pas simplement sur les facettes qui étaient approuvées par les autres. Il n'a pas été facile d'identifier mes besoins authentiques ; j'ai dû retirer les différentes pellicules de mon conditionnement de l'enfance, qui m'avaient conduite à croire, ressentir et agir d'une manière qui ne servait plus de façon optimale mes intérêts. Plus j'enlevais ces couches fortement incrustées, plus je parvenais à recréer un lien clair avec mon Soi authentique, ou celle que je suis au plus profond de moi. Or ce n'était pas uniquement une seule facette de moi-même ; mais un *tout*. Ma façon d'être était unique : une essence qui faisait de moi celle que j'étais.

J'ai finalement pris conscience qu'il s'agissait de mon âme, qui est mon essence, et fait de moi une personne spéciale. Elle est l'énergie qui m'est propre, tourbillonnant et bougeant sans cesse au gré des gens et des choses qui l'entourent, créant ainsi une expression unique que personne d'autre dans l'univers ne peut posséder.

Alors que mon éveil progressait, je me suis mise à lire plus d'ouvrages sur le lien entre le corps et l'esprit, notamment des recherches sur la mécanique quantique, où je suis tombée sur des preuves scientifiques de notre « âme ». Cette discipline est l'étude de notre monde à un niveau subatomique, « la théorie de la réalité la plus précise et la plus puissante de la science, » comme John Horgan l'a décrit dans *Scientific American*[7]. Elle explique tout ce qu'il y a dans notre univers, y compris vous et moi, et qui se compose à la fois d'énergie et de matière. Bien que nous soyons majoritairement capables de nous identifier à l'existence matérielle de notre corps, nous avons aussi une énergie invisible qui contribue et anime toutes nos expériences physiques. Cela crée au plus profond de nous une vibration énergétique unique, que nous pouvons appeler notre âme, et qui interagit avec le monde qui nous entoure.

Comprendre le concept de l'âme grâce à la science a été pour moi un moment charnière. À cette époque, j'avais le sentiment d'avoir besoin d'une validation scientifique pour reconnaître et accepter les aspects les plus vitaux de mon être. Pourtant, dès que j'en ai eu la preuve, j'ai su que, si je voulais pouvoir combler tous mes besoins et me guérir totalement (y compris mes relations avec les autres), je devais apprendre à créer un lien avec ces facettes les plus intimes de moi-même.

Peut-être que, comme moi auparavant, vous ne croyez pas au concept de l'âme, ou bien il est possible que vous pensiez qu'elle peut exister quelque part, mais sans avoir aucune idée de l'endroit où la trouver. Quoi que vous ressentiez ou pensiez à ce sujet, le livre ici présent vous aidera à vous connecter à la personne que vous êtes au plus profond de vous ; telle est la prochaine étape de votre voyage et celle qui vous permettra de guérir vos relations.

Cependant, avant de pouvoir retrouver le contact avec notre âme, il est important d'apprendre à nous reconnecter à notre corps et à examiner notre inconscient. C'est ainsi que nous comprendrons l'incarnation de notre Soi et que nous pourrons guérir l'incarnation de l'ensemble de nos relations avec les autres.

Comprendre l'incarnation de votre soi

Nous sommes ce que nous pensons. Du moins, tel est ce que beaucoup d'entre nous croient, notamment grâce au célèbre philosophe français René Descartes, tout particulièrement connu pour son dicton : « Je pense donc je suis. » Nous sommes pourtant bien plus complexes que les pensées qui courent dans notre esprit. Lorsque nous nous impliquons dans nos rapports humains, nous le faisons pleinement : corps, esprit et âme. C'est pour cette raison que nous avons souvent du mal à soulager nos souffrances ou à changer nos relations en faisant simplement évoluer les pensées de notre esprit conscient.

Pour véritablement guérir, nous avons besoin de comprendre l'incarnation de notre Soi. Il s'agit de l'expression entrelacée de notre corps, notre esprit (conscient et inconscient) et notre âme ou Soi authentique. Ces deux derniers éléments sont des entités identiques, elles représentent toutes deux notre essence unique et la personne que nous sommes au plus profond de nous, vous verrez donc ces termes être utilisés de manière interchangeable tout au long du livre.

Nous pouvons commencer à incarner notre Soi authentique en nous assurant de répondre à nos besoins. Il en existe trois différents :

- **Besoins physiques :** aliments riches en nutriments, oxygène et eau, repos adéquat et mouvements bénéfiques.
- **Besoins émotionnels :** afin de se sentir suffisamment en sécurité pour s'exprimer de manière authentique, créer des liens avec les autres et être soutenus par eux.
- **Besoins spirituels :** pour exprimer et se connecter à nos passions, nos objectifs, notre créativité et notre imagination intrinsèques.

Veiller à ce que l'ensemble de ces besoins soit systématiquement comblé nous permet d'avoir le sentiment que notre réponse au monde qui nous entoure est intentionnelle et se fait en toute sécurité. Nous sommes ainsi suffisamment sereins pour *être* la version authentique de nous-mêmes au sein de nos relations, ce qui nous permet de créer des liens authentiques avec les autres.

Nous aurions tous potentiellement dû avoir appris, grâce à nos interactions avec les personnes qui ont pris soin de nous dans notre enfance, à répondre à ces besoins par nous-mêmes. En effet, comme un grand nombre de parents en sont parfaitement conscients, leurs bébés dépendent totalement d'eux et ils doivent en permanence combler leurs besoins à leur place. Prendre soin d'une autre personne étant une énorme responsabilité, il est toujours très important de veiller à ce que vos propres attentes soient satisfaites. Comme vous l'apprendrez tout au long de cet ouvrage, c'est uniquement lorsque notre corps obtient ce qu'il lui faut pour fonctionner que nous sommes capables de surmonter les multiples moments de stress que nous devons affronter pendant que nous prendrons soin d'une autre personne. Beaucoup de parents qui sont en train de lire ceci, en particulier ceux qui ont des bébés ou plusieurs enfants, doivent naturellement manquer de temps, d'énergie ou des ressources financières que demande la prise en charge d'un enfant. La majorité des parents d'aujourd'hui n'ont aucun lien avec leurs voisins et leurs communautés locales, ce qui les empêche d'avoir accès à un soutien pratique et émotionnel extérieur encore disponible dans certaines sociétés villageoises. De nos jours, les parents sont souvent surchargés de travail et manquent d'aide, parvenant à peine à répondre à leurs propres besoins et ils sont, par conséquent, physiologiquement incapables de prendre soin de ceux d'une autre personne.

J'encourage tous les parents à régulièrement s'accorder de la compassion, notamment si vous remarquez un sentiment de honte ou tout autre sentiment au cours de votre lecture et que vous découvrez les conséquences des besoins non comblés sur un enfant. Selon moi, aucun rôle n'a plus de répercussions sur la société que celui de la parentalité, et il est nécessaire qu'en tant qu'êtres humains, que nous continuions de nous rassembler pour honorer, soutenir et donner la priorité à l'acte sacré de la parentalité.

En vous réservant régulièrement des petits moments pour prendre soin de vous, vous pouvez rester calme et ancré face aux expériences stressantes de l'éducation. Cette pratique peut changer votre façon de vous impliquer auprès de vos enfants, tout en leur offrant un modèle sain de l'importance et du soin que l'on s'accorde à soi-même.

En tant qu'adultes, pour la plupart, nous avons appris à faire attention à nos besoins physiques en écoutant notre corps. Nous pouvons commencer à surveiller nos sensations physiques, qui sont les origines réelles de nos pensées et de nos sentiments (soyez patient, je reviendrai sur cette surprenante information dans un instant). Nous pouvons avoir une meilleure connaissance et lucidité sur notre esprit inconscient, ainsi que les pensées, les sentiments et les habitudes conditionnées qui résident à l'intérieur de celui-ci, qui pilote l'essentiel de nos actes et de nos réactions quotidiennes. Enfin, nous avons besoin d'apprendre à puiser dans notre intuition et à avoir confiance en notre instinct, afin que chacun d'entre nous puisse incarner et exprimer l'essence unique qui fait de lui ce qu'il est.

Que veut donc dire incarner quelque chose ? Cela signifie entrer dans l'ensemble de notre être : corps, esprit et âme. Ces éléments ne sont pas trois entités séparées mais un tout. Cette intégration se produit lorsque toutes les parties se rassemblent pour ne former qu'un seul ensemble unifié. Vous pouvez envisager l'intégration comme une salade de fruits plutôt qu'un jus : chaque morceau conserve les qualités qui lui sont propres tandis qu'ils s'unissent pour créer quelque chose d'encore plus délicieux que chaque élément pris séparément[8]. (Merci Dr Daniel Siegel pour cette analogie.)

Lorsque nous assimilons l'incarnation de notre Soi ou que nous alignons nos désirs, nos intentions et nos actes, nous sommes en mesure de montrer un sentiment de sécurité et d'entièreté dans nos relations. Lorsque tel est le cas, nous sommes capables, en tant qu'individus, d'être curieux, de faire preuve d'empathie et d'être réceptifs aux autres. C'est uniquement à ce moment-là que nous créons la même sécurité dont notre entourage a besoin pour être à son tour authentique.

Lorsque nous sommes connectés à notre corps et à l'écoute de nos émotions, alors nous pouvons commencer à créer des liens en toute sécurité avec les autres, de manière plus profonde et authentique. Partager ce genre de connexion avec quelqu'un nous permet d'être à son écoute, ou de sentir et d'éprouver ce qu'il est peut-être en train de vivre. Nous sommes ouverts, réceptifs et réactifs aux variations et aux changements de ses états affectifs, et nous sommes capables de remarquer et de répondre aux signaux émotionnels des autres, y compris ceux qui ne sont pas verbalisés. Cela ne veut pas dire que nous avons besoin d'être en permanence en harmonie parfaite avec les autres ; ce n'est pas possible, même pour les personnes les mieux intentionnées. À tous les aidants qui sont en train de lire ces lignes et qui ont durement jugé une partie (voire l'ensemble) de leur manque d'écoute passé, j'espère que vous allez pouvoir commencer à faire preuve de pardon et de compassion envers vous-même pour ces moments compréhensibles de déconnexion ou de réactivité qui vous ont submergés. Nous pouvons tous nous féliciter, et en tirer bénéfice, chaque fois que nous prenons la décision de nous tourner vers nos proches à la suite de ces instants de manque d'écoute, afin de reconstruire un sentiment de sécurité au sein de nos relations.

Lorsque l'on partage au moins de temps en temps ce genre de lien profond et sûr, nous bâtissons les fondations d'une connexion émotionnelle authentique ou vraie. Lorsque deux personnes se sentent suffisamment en sécurité pour *être* elles-mêmes, elles peuvent exister dans une relation interdépendante, permettre des dissemblances tout en restant reliées et en travaillant de concert l'une avec l'autre. Chaque individu est capable d'exprimer son énergie et les talents qui lui sont propres tout en permettant à l'autre d'en faire autant. Nous pourrions envisager l'interdépendance comme le contraire de la codépendance, où des personnes sont mutuellement et complètement dépendantes pour assouvir leurs besoins, souvent au détriment des leurs. Cette trahison chronique conduit les individus à s'adapter ou à se changer afin de satisfaire leur entourage. Dans une relation interdépendante, chacun cherche réciproquement à répondre aux besoins de l'autre tout en laissant chaque individu incarner ou célébrer sa véritable diversité en pensant, en éprouvant et en agissant d'une manière différente des personnes qui l'entourent.

Dans ce genre de dynamique, nous créons un lien qui nous permet de mieux réussir ensemble ce que nous ne ferions pas seul. Chacun apporte ses forces et ses talents naturels au collectif, et permet ainsi au groupe d'accomplir de grandes choses (nous aborderons plus en détail ce phénomène puissant, que l'on nomme la cohérence sociale, au chapitre 10). On peut comparer cela à une équipe sportive : chaque joueur est peut-être individuellement un athlète exceptionnel, mais lorsque tous les membres se rassemblent, laissent chacun remplir son rôle, et participent avec ses propres compétences, ils deviennent encore meilleurs que chaque joueur prit séparément, et deviennent l'équipe gagnante.

Nous allons poursuivre l'exploration du processus en trois étapes qui permet d'incarner votre Soi authentique. La première est la même pour chacun d'entre nous : nous devons recréer un lien avec notre corps. Bien que nous ayons tous nos propres expériences, je vais continuer de partager mon histoire dans l'espoir qu'elle pourra servir à certains d'entre vous dans votre voyage personnel.

Répondre à mes besoins physiques

Avant ma « nuit obscure de l'âme », je me sentais de plus en plus déconnectée de mon entourage, par conséquent, j'éprouvais une solitude croissante. Pour toute personne extérieure, ce sentiment aurait semblé paradoxal. Monogame invétérée pendant l'essentiel de ma vie d'adulte, au total j'avais seulement passé quelques mois sans aucune partenaire amoureuse. J'avais beaucoup d'amis, un emploi du temps social bien rempli ainsi qu'une famille qui demandait et même s'attendait à me voir aussi souvent que possible.

Malgré toutes ces personnes présentes dans ma vie, j'avais l'impression d'être l'incarnation d'un cliché, celui d'être « seule au milieu d'une foule ». Au plus profond de moi, je ne me sentais pas connectée, soutenue ou même véritablement connue de quiconque. Par conséquent, je pensais souvent que mes relations ne me suffisaient pas. Je ne cessais de vouloir un lien émotionnel plus intense avec les gens que j'aimais ; or, lorsque cela ne se produisait pas, j'étais déçue, désabusée et au fil du temps, amère. J'étais heureuse à l'idée d'avoir la possibilité de partir pour un week-end avec ma partenaire, espérant que nous parviendrions enfin à créer un lien plus profond ; mais lorsque cela n'arrivait pas, j'étais déçue et je le lui reprochais. Il m'arrivait aussi d'avoir de grands espoirs pour un dîner spécial avec des amis, mais lorsque le soir venait, l'amour ou la connexion que je désirais restaient hors de portée, ce qui me blessait ou me donnait le sentiment d'être sans importance, alors je me renfermais ou me déconnectais complètement émotionnellement. Avec le temps, ma rancœur ne faisait que croître jusqu'à ce que je passe à autre chose, ou dans le cas d'une relation amoureuse, jusqu'à ce que nous nous séparions.

Lorsque j'avais une vingtaine d'années, je justifiais cette absence constante de bonheur en pensant : « Tu es jeune, tu vis à New York, c'est normal de se sentir désabusée ! » Or, après être partie et avoir emménagé dans une nouvelle ville, où je n'avais pas de nombreux amis ou un flux constant de sorties pour me distraire, j'ai commencé à être encore plus insatisfaite. J'observais chez un grand nombre de mes collègues de mon programme de formation clinique, un type de comportement que je n'avais pas souvent vu ailleurs : ils avaient un contact profond avec leurs émotions et étaient capables de les partager plus facilement et ouvertement que moi.

Je me suis donc mise à examiner mes émotions et la façon dont je les avais refoulées pendant des années. Petit à petit, j'ai perçu le rôle que j'avais joué dans toutes mes relations. En paraissant déconnectée, je façonnais le vide, la solitude et la tristesse que j'éprouvais à l'intérieur ; ces sentiments n'étaient créés ou provoqués par personne d'autre. Je n'avais plus aucun contact avec moi-même et pourtant j'attendais toujours des autres qu'ils devinent et me soulagent de mes souffrances émotionnelles en m'aidant à ressentir les choses différemment. Je continuais d'attendre que les gens me « connaissent », alors que je ne me connaissais pas suffisamment moi-même pour m'exprimer. La réalité était que si je n'étais pas en contact avec la totalité de mon être (corps, esprit et âme), comment pouvais-je songer à créer un lien avec qui que ce soit autour de moi ?

Instinctivement, le voyage de ma guérison a débuté avec mon corps, après que je fus davantage consciente de mon stress chronique et du dérèglement de mon état physique. Je ne répondais pas systématiquement aux besoins de mon corps, même si j'avais assez à manger et un endroit où dormir. Je consommais régulièrement tout ce qui était rapidement disponible, y compris des aliments chargés en produits chimiques, des sucres transformés, du gluten et de l'alcool, qui participaient tous à l'inflammation de mon corps ainsi que de mon cerveau et je ne m'aidais pas à me sentir bien. Mon sommeil était erratique : je me couchais parfois tôt, alors que d'autres soirs je restais éveillée tard ; la plupart des matins, je me levais fatiguée, même si j'avais dormi pendant huit heures. Ma respiration était le reflet de mon état de stress chronique, elle était agitée et superficielle et non calme, profonde et régénératrice. Pendant des décennies, j'ai eu des problèmes intestinaux persistants et un brouillard cérébral si épais que je traversais parfois soudainement des périodes de vide mental, lorsque mon esprit se vidait complètement de manière imprévue.

Lorsque j'ai commencé à recréer un lien avec mon corps et mes besoins physiques, j'ai pu me rendre compte que j'étais sous-alimentée, surmenée et constamment affaiblie et exténuée. Au fil du temps, j'ai pu constater que je considérais généralement mes soins physiques quotidiens uniquement comme une tâche ou une obligation parmi d'autres, qui se situaient entre moi et la nécessité de me « détendre » ; alors qu'ironiquement, s'occuper de moi était la seule chose dont mon corps avait besoin pour y parvenir. En l'absence de toute motivation ou approbation extérieure, le soutien de quelqu'un ou de changements visibles dans mon apparence physique par exemple, je n'avais tout simplement pas l'envie nécessaire pour prendre soin de moi. Ainsi, comme je continuais de me négliger, mon dérèglement physique s'est poursuivi mais je n'étais pas la seule à en être affectée. En effet, il avait des répercussions sur ma façon de m'impliquer dans mes relations, qui étaient devenues un reflet de ma détresse physique. Un seul mot, ou un seul regard de travers, ou ma mauvaise interprétation de l'un des deux, et j'étais sur les nerfs, inquiète à l'idée que l'autre ne m'aime plus ou qu'il soit en colère contre moi.

Vous connaissez ce sentiment lorsque vous avez extrêmement faim ou de la fièvre et que vous n'avez pas la capacité de gérer quoi que ce soit en dehors de vos besoins en apparence dévorants ? Il en va de même si vous ne mangez pas régulièrement des aliments riches en nutriments, si vous ne dormez pas assez ou de manière erratique, si vous ne bougez pas suffisamment ou si vous affrontez régulièrement plus de stress physique ou émotionnel que votre corps peut en gérer. Ces besoins physiologiques non assouvis ne se manifestent pas forcément sous la forme de symptômes aigus ; en revanche, au fil du temps, le flot constant de ces attentes sans réponse peut aboutir à un dérèglement chronique. Notre corps ne se sent plus en sécurité et par conséquent, notre système nerveux n'est plus en mesure de se réguler, ce qui nous pousse à faire preuve de colère, d'anxiété, de déconnexion et d'hypervigilance en présence des autres.

Aujourd'hui, je continue de prendre chaque jour des décisions pour réguler mon système nerveux en m'engageant systématiquement à assouvir les besoins de mon corps. Bien que les vôtres puissent être différents des miens, voici certains changements auxquels j'ai procédé pour commencer à façonner de nouvelles habitudes, afin de mieux répondre à mes besoins physiques. Nous explorerons ceux-ci plus en détail dans le chapitre 5.

- Diminuer la consommation de gluten, d'alcool ainsi que des aliments et des sucres transformés chaque fois que possible, afin d'éviter une inflammation chronique systémique que toutes ces substances provoquent.
- Préférer des aliments complets aussi souvent que possible afin de maximiser la nutrition que je donnais aux cellules de mon corps.
- Me coucher à la même heure tous les soirs chaque fois que possible, afin de synchroniser mon cycle de sommeil et de limiter les pics de cortisol qu'une heure de coucher irrégulière peut provoquer.
- Préférer le soleil du matin pour m'aider à réguler mon horloge circadienne, augmentant ainsi la probabilité de dormir au moins huit à neuf heures chaque fois que possible, afin de permettre à mon corps de se reposer et de se réparer.
- Pratiquer quotidiennement une respiration ventrale profonde et lente, afin de nourrir mon corps avec de l'oxygène et d'aider mon système nerveux à réguler ma réponse au stress.

Après avoir écouté mon corps pendant plusieurs mois, afin de répondre à mes besoins physiques, j'ai commencé à me sentir reposée, plus énergique, paisible et finalement connectée avec plus de force et aux commandes de mon propre vaisseau corporel.

Observer mon inconscient

Lorsque j'ai commencé à avoir la certitude que je satisfaisais mieux mes besoins physiques, j'ai tourné mon attention vers mes besoins émotionnels. Je me suis donc mise à explorer mon esprit inconscient, la partie la plus profonde de notre psychisme qui conserve l'ensemble de nos conditionnements de l'enfance, ainsi que nos souvenirs, nos croyances, nos centres d'intérêt et nos passions.

Pendant l'essentiel de ma vie, j'ai toujours cru que j'avais conscience de mes pensées et de ce que je ressentais. Je ne cessais de retourner mes réflexions dans ma tête et de m'apitoyer sur mes sentiments. Après tout, j'avais choisi de devenir psychologue ! Pourtant, au fil du temps, j'ai réalisé que les pensées et les émotions dont j'avais conscience ne représentaient qu'une fraction de ce que je pensais et éprouvais véritablement. L'essentiel de mon univers mental était hors d'atteinte de ma connaissance et il était piloté par mon esprit inconscient, qui est 95 % du temps aux commandes de nos pensées, émotions et réactions habituelles. Pour identifier et comprendre mes besoins émotionnels, j'allais devoir apprendre à m'éveiller à mon inconscient, un exploit qui s'est avéré impossible.

Inspirée à la fois par ma formation psychoanalytique et ce que j'avais appris sur le pouvoir de la conscience, j'ai commencé à scruter attentivement mon esprit inconscient en observant les habitudes automatiques et conditionnées qui en étaient quotidiennement à l'origine. J'ai fini par découvrir qu'il existait une différence entre développer ma conscience, ou prendre conscience de mes pensées et sentiments, et être coincée dans une boucle de surenchères d'analyses, de réflexions et d'inquiétudes sans fin, dans laquelle je me trouvais depuis des décennies. Être consciente signifiait simplement remarquer ou observer, et non penser. À travers la pratique d'une observation de soi éveillée, ou en étant l'examinatrice neutre de mon esprit, je suis parvenue à me dissocier des pensées habituelles qui me consumaient depuis de longues années, ainsi que de tous les sentiments et les comportements habituels qui les accompagnaient souvent. Assez rapidement, j'ai découvert avec étonnement que ma façon de fonctionner dans le monde, c'est-à-dire ma façon d'être, était largement basée sur mes anciennes blessures de l'enfance et des stratégies de défense apprises.

Après avoir fait plus consciemment attention à la façon dont je traitais mon corps, j'ai réalisé qu'en règle générale, je mangeais uniquement aux horaires traditionnels : petit-déjeuner, déjeuner ou dîner, ou bien lorsque les personnes qui m'entouraient mangeaient aussi. Si j'étais affamée et qu'il n'était pas l'heure « normale » du repas ou bien que personne autour de moi ne mangeait, je ne le faisais pas non plus, même si ce faisant, je me sentais déséquilibrée et agitée, parfois même amère ou en colère contre mon entourage. À d'autres moments, je dévorais rapidement mon repas, souvent en consommant quelque chose de moins nutritif ou nourrissant. Ce choix n'était pas conscient et ce n'était pas non plus parce que je ne pouvais pas cuisiner ou m'offrir de la nourriture. Il s'agissait plutôt d'un conditionnement que j'avais développé dans mon enfance en voyant et en participant aux habitudes alimentaires de ma famille, en apprenant que je « devais » uniquement manger à certains moments ou en même temps et la même chose que les autres.

Alors que le temps passait, j'ai commencé à comprendre que mes croyances rigides sur mon éthique professionnelle ne servaient pas non plus les intérêts de mon corps. Lorsque j'étais enfant, ma mère faisait plus souvent attention à moi lorsque je réussissais, quand j'avais de bonnes notes à l'école ou que je gagnais un match de softball ; en tant que lanceuse vedette de l'équipe. Grâce à l'approbation systématique que je recevais lorsque je réalisais ces performances, j'ai appris à être une élève brillante, l'un des sept archétypes de l'enfant intérieur (que nous aborderons plus en détail dans le chapitre 4), que vous devez connaître si vous avez lu *Guéris tes blessures*. Le premier de la classe apprend à réussir pour obtenir de l'attention, des liens et des sentiments, persuadé que les autres l'apprécient ou l'aiment *uniquement* lorsqu'il gagne, réussit ou bien s'il répond ou surpasse leurs attentes.

En étant l'élève brillante, j'ai eu beaucoup de mal à m'accorder des instants de répit ou du temps libre pour jouer, à moins que les personnes autour de moi fassent également une pause ou s'amusent. Peu importait la durée ou l'intensité de mon travail, ce que j'avais accompli, si j'avais encore les ressources suffisantes pour continuer ou un besoin désespéré de prendre une pause. Lorsque je travaillais, je me permettais rarement de commettre des erreurs, de faire des ratures ou de commencer de nouvelles pages dans mon cahier ou mon journal pour éviter de me souvenir de mes imperfections passées. À présent, malgré ce que j'ai accompli, après avoir écrit trois livres, je continue à rechercher sans cesse la « perfection » et je me surprends à me critiquer et à revoir méticuleusement mon travail jusqu'au dernier moment.

Plus je scrute attentivement mon inconscient, plus je me rends compte de la régularité avec laquelle je cherche des réponses en dehors de moi-même et auprès des autres, filtrant ainsi mes réflexions, mes ressentis et mes actes à travers la perception de ce que mon entourage pense ou attend de moi. Ce n'était ni mon intention ni ma faute ; me soucier de l'avis des autres et faire passer leurs besoins avant les miens est une stratégie de défense que j'ai apprise et développée au cours de mon enfance, afin de me protéger de toute négligence et manque de considération, mais aussi pour éviter de blesser mes proches. Je me suis également clairement rendu compte que ce conditionnement ne servait plus mes intérêts et ne m'aidait pas dans mes relations. En basant l'essentiel de mes choix sur ce que j'imaginais que les autres voulaient ou percevaient de moi, j'ignorais non seulement mes propres besoins, mais je ne faisais pas non plus autant preuve de soutien envers les autres que je l'ai longtemps cru. En réalité, j'essayais sans cesse de maîtriser la perception que mon entourage avait de *moi*. Or, si j'avais le sentiment de ne pas avoir suffisamment de valeur pour prendre ma place dans le monde, comment pouvais-je continuer à attendre des autres qu'ils me soutiennent ou soutiennent l'expression de mon Soi.

Tandis que j'apprenais à avoir une meilleure connaissance de mon inconscient, j'ai progressivement fait évoluer le conditionnement qui ne servait plus mes intérêts. Bien que créer de nouvelles habitudes ne soit un processus facile pour personne, je profitais de diverses pauses au cours de ma journée pour vérifier consciemment en moi-même et observer les différentes pensées, sentiments et comportements que je parvenais à percevoir à cet instant. Ces contrôles ne me prenaient jamais plus d'une minute, mais ils me donnaient la possibilité de décider si je voulais continuer de penser, éprouver et agir de la même façon, ou si je préférais me servir de ce moment pour créer une nouvelle façon d'être. Lorsque je m'apercevais que j'attendais des autres qu'ils m'incitent à bouger mon corps, je pouvais faire le choix conscient d'écouter mes propres besoins physiques et faire par moi-même quelque chose d'actif. Ou bien, si je laissais les autres décider ce que nous allions manger pour le repas, je pouvais m'interroger sur ce dont mon corps avait besoin et quel plat me conviendrait.

Recréer un lien avec mon âme

Rester impliquée chaque jour dans le soin de mes besoins physiques et émotionnels m'a permis de m'ouvrir les portes d'un tout nouveau monde. Au lieu de chercher des réponses auprès des autres, j'ai compris que je pouvais trouver encore plus de choses à l'intérieur de moi et me faire plus confiance qu'à n'importe quelle autre source externe. J'ai découvert au plus profond de mon être un lieu d'intuition, un compas interne sur lequel je pouvais compter pour déterminer ce qu'il y avait de mieux pour moi et mes relations.

Avoir accès à cette aide intérieure m'a permis d'identifier ce dont *j'*avais vraiment besoin, ce que *je* voulais et ce que *je* croyais. J'ai ainsi pu recréer un lien avec mon Soi authentique ou mon âme, cette partie qui ne vivait pas seulement en moi, mais générait aussi une énergie vibratoire externe qui interagissait avec l'ensemble du monde qui m'entourait.

Tout comme notre corps et nos émotions, notre âme a des besoins qui sont eux spirituels. Ils incluent :

- **Accepter l'identité et la signification unique que nous avons dans le monde.** Nous sommes capables de nous réjouir des choses pour lesquelles nous sommes douées, sans avoir de regret pour ce qui ne nous vient pas naturellement.
- **Se sentir véritablement connectés.** Nous sommes capables de faire preuve de vulnérabilité en présence

des autres afin qu'ils puissent ressentir notre Soi authentique unique autant que nous puissions éprouver le leur.

- **Choisir sans pression, force ou coercition ce qu'il y a de mieux pour nous.** Nous sommes capables d'honorer avec respect nos propres besoins et désirs tout en laissant aux autres de la place pour faire de même.
- **Apprendre, voir et vivre de nouvelles choses.** Nous sommes capables de cultiver une curiosité unique, ainsi que des centres d'intérêt et des désirs qui nous sont propres, pour contribuer à notre évolution et à celle de notre entourage.
- **Nous exprimer pleinement, avoir confiance dans la sûreté de nos liens et de nos relations.** Nous sommes capables de nous sentir connectés aux autres et à terme à toute forme de création (poursuivez votre lecture pour de plus amples informations sur notre lien puissant avec la Terre elle-même).

Afin de mieux satisfaire mes besoins spirituels, j'ai passé de plus en plus de temps à regarder à l'intérieur de moi, à créer des moments de vérification et de reconnexion avec moi-même. Je me suis mise à réserver tout au long de la journée des moments où j'éteignais les réseaux sociaux et où je cherchais à surmonter l'inconfort d'apprendre à profiter de temps libres pour me détendre et *être* avec moi-même sans aucune distraction. Au fur et à mesure, j'ai passé de plus en plus de moments avec moi-même, en m'organisant des petits rendez-vous et en explorant diverses activités que j'aimais faire uniquement pour moi, tels que découvrir de nouvelles recettes, visiter de nouveaux endroits et me promener en pleine nature.

Une carte routière pour recréer un lien avec votre soi authentique

Le voyage de retour vers votre soi authentique sera différent du mien. Vous avez vécu votre propre conditionnement de l'enfance et par conséquent développé des stratégies de défenses spécifiques, qui ont été façonnées par les événements et les relations que vous avez connus depuis que vous êtes jeune. Vous possédez une énergie vibratoire distincte qui interagit avec le monde qui vous entoure, et qui crée une essence, votre âme, qui est propre à vous-même.

Bien que votre voyage soit unique en son genre, les arrêts que vous allez faire en cours de route seront les mêmes que les miens et toutes les personnes qui lisent ce livre. Parce que nous sommes tous des êtres humains, nous avons tous les mêmes besoins fondamentaux, et nous avons tous la nécessité de les satisfaire dans le même ordre, en les traitant de manière successive.

1. Nous pouvons apprendre à écouter notre corps et à combler nos besoins physiques.
2. Nous pouvons apprendre à avoir véritablement conscience de nos pensées, émotions et comportements, conditionnés et habituels, afin de pouvoir prendre de nouvelles décisions qui conviendront mieux à notre Soi authentique.
3. Pour finir, nous pouvons être attentifs à notre intuition et apprendre à lui faire confiance, à nous reconnecter à notre âme et à extérioriser notre essence ou notre énergie unique au reste du monde.

Satisfaire vos besoins authentiques

Pourquoi le déroulement de votre voyage de guérison est-il aussi important ? Parce que nous ne pouvons pas véritablement soigner nos relations et évoluer en tant qu'êtres humains tant que nos corps ne se sentent pas suffisamment en sécurité, physiquement et émotionnellement. Si vous êtes sans cesse déshydraté, en manque de sommeil et mal nourri, ou bien que vos besoins physiques ne sont pas satisfaits, alors vous n'aurez pas l'énergie ou la capacité de travailler sur vous ou vos relations. Si vous ne vous sentez pas assez protégé pour exprimer vos émotions, vous ne serez pas en mesure d'être facilement vous-même et de librement éprouver de la joie dans le jeu, puiser pleinement dans votre créativité inhérente, trouver l'objectif de votre existence ou vous sentir véritablement épanoui.

Je fais ici référence à notre *hiérarchie des besoins*, un concept introduit en 1943 par un psychologue, le Dr Abraham Maslow, et qui nous a permis de comprendre ce qu'est la motivation. Bien que la pyramide de Maslow comprenne cinq niveaux de besoins : physiologiques (physique), sécurité (personnel, santé, emploi), amour et appartenance (amis, famille, intimité), estime (respect de soi, statut) et ce qu'il a appelé l'« accomplissement de soi » (atteindre notre plein potentiel) ; je l'ai simplifiée en trois catégories fondamentales, dans ce que j'ai nommé la « pyramide des besoins authentiques », dont vous devez vous souvenir si vous avez lu mon ouvrage *Pars à ta rencontre*.

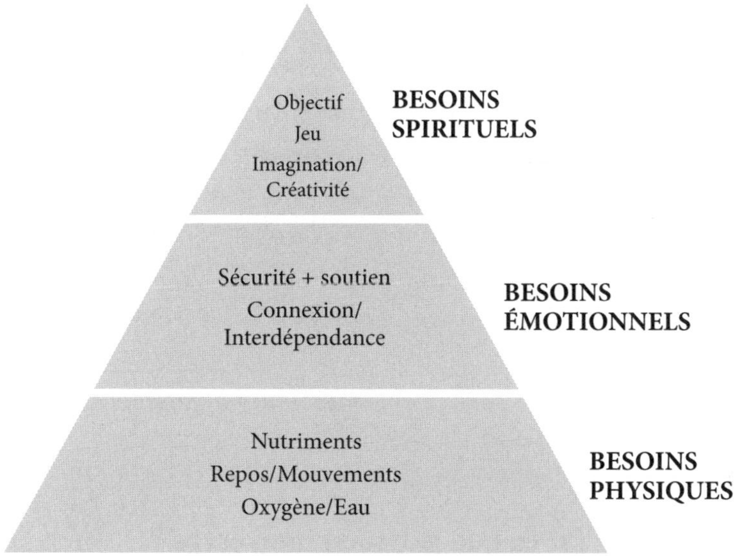

Liste de vérification des besoins authentiques

Nous sommes une majorité à être déconnectés de nos besoins physiques, émotionnels et spirituels à cause du conditionnement de notre enfance. C'est pourquoi il est important de remarquer quels besoins ne sont actuellement pas comblés.

Prenez quelques instants pour explorer la liste de contrôle ci-après, en étant autant que possible honnête et objectif avec vous-même lorsque vous étudierez les questions suivantes et que vous noterez la ou les réponse(s) qui reflètent le mieux votre expérience actuelle :

Est-ce que je donne à mon corps les nutriments dont il a besoin ?

_______ *J'écoute mon corps en mangeant lorsque j'ai faim et en arrêtant lorsque je suis rassasié.*
_______ *Je choisis les aliments qui me donnent un sentiment de satiété et d'énergie chaque fois que possible.*
_______ *Je suis conscient des aliments qui me rendent léthargique, nerveux ou malade et je les évite autant que possible.*
_______ *Je me sens habituellement mentalement vigilant et vif.*

Est-ce que je bouge mon corps ?

_______ *Je trouve le moyen de bouger un peu tous les jours mon corps.*
_______ *Je sais lorsque mon corps a besoin de repos ou de faire une pause, et je m'autorise ce moment de détente.*
_______ *Je sens mes muscles qui se contractent et qui s'étirent.*
_______ *Je remarque des changements dans mon corps et son taux d'énergie lorsque je bouge ou lorsque je suis au repos.*

Est-ce que je donne suffisamment de repos à mon corps ?

_______ *Je m'endors rapidement après m'être mis au lit.*
_______ *Je suis capable de dormir toute la nuit sans me réveiller (ou lorsque c'est le cas, je parviens facilement à me rendormir).*
_______ *Je me réveille le matin revigoré et régénéré.*

_______ *Je me rends compte que le manque de sommeil affecte mon humeur et mon comportement.*

Suis-je capable de gérer le stress ?

_______ *J'ai conscience de la façon dont mon entourage affecte mon niveau de stress.*

_______ *J'ai conscience de la façon dont le contenu des informations que je consomme (réseaux sociaux, informations, divertissement) affecte mon niveau de stress.*

_______ *Je sais quand je suis stressé, et chaque fois que possible, je trouve des moments pour m'apaiser.*

_______ *J'ai tous les jours des moments de solitude, d'immobilité, de calme ou dans la nature.*

Est-ce que je me sens émotionnellement en sécurité ?

_______ *Je me sens en sécurité et libre d'exprimer de façon authentique mes sentiments au sein de mes relations.*

_______ *J'ai conscience de ce qui m'intéresse ou me passionne.*

_______ *Je suis ouvert à de nouvelles expériences et à prendre le temps d'explorer ma créativité.*

_______ *Je laisse de la place, tout au long de ma journée, pour des moments de spontanéité, de gaieté et de liberté.*

Si vous n'êtes pas encore en mesure de répondre à ces questions, soyez doux et compatissant avec vous-même. Les prochains chapitres vous permettront de découvrir comment satisfaire des besoins fondamentaux et guérir la relation que vous avez avec votre corps.

Guérir votre corps

Il est facile de partir du principe de combler systématiquement vos besoins si vous avez la chance d'avoir assez de nourriture, un lieu sûr où dormir et accès à de l'eau, des vêtements propres et des soins médicaux. Même avec ces privilèges, la réalité est que nous ne répondons majoritairement pas à nos besoins physiologiques fondamentaux, parce que nous mangeons des aliments qui enflamment notre corps, nos vies exigeantes stressent notre système nerveux, ou bien nous n'avons pas la possibilité d'avoir le repos dont notre corps a besoin pour réguler notre humeur et nos émotions. Un grand nombre d'entre nous (75 % de la population américaine[9]) sont chroniquement déshydratés et nous sommes peu, étant donné nos modes de vie moderne, à trouver le temps de prendre soin de nous, y compris nous accorder le repos dont nous avons tous besoin. Lorsque ces besoins, en apparence, mineurs ne sont pas satisfaits, ils peuvent s'accumuler et devenir des problèmes majeurs, qui sabotent nos relations en nous obligeant à paraître fatigués, stressés, apathiques ou sous-alimentés, quel que soit le nombre de thérapies que nous avons suivies, la façon dont nous communiquons nos sentiments, ou ce que nos partenaires font ou non pour nous.

Notre sécurité physique étant fondamentale, nous allons commencer ce voyage d'incarnation de notre Soi authentique en donnant la priorité à nos besoins corporels. Pour ce faire, j'ai inventé un exercice appelé *la conscience corporelle* qui vous aidera à avoir une meilleure connaissance de vos besoins physiologiques et de vos sensations physiques quotidiennes, tels que votre rythme cardiaque, vos schémas respiratoires et vos tensions musculaires. Ce sont les indicateurs clés de la satisfaction ou non de nos besoins physiques et ils peuvent nous aider à apprendre et à interpréter les différents signaux de notre corps : une douleur dans notre estomac peut vouloir dire que nous avons faim, une tension dans nos muscles que notre énergie est restreinte et de la fatigue en général peut indiquer que nous utilisons d'une manière ou d'une autre notre corps de manière excessive. Il se trouve que ces sensations jouent un rôle étonnant dans la formation de nos pensées et de nos sentiments. Je vous explique.

Bien que la plupart des gens estiment que ce que nous pensons et ressentons prend sa source dans notre cerveau, nos sensations physiques participent à la création de nos pensées et de nos émotions. Notre inconscient se sert des sensations de notre corps pour interpréter ce que nous éprouvons, en nous souvenant des expériences émotionnelles qui par le passé ont accompagné des impressions physiques semblables. Ce postulat est connu sous le nom de théorie des émotions construites, et il a été formulé par une neuroscientifique, la Dre Lisa Feldman Barrett, professeure de psychologie à l'université Northeastern[10]. J'aborderai plus en détail ce concept dans le chapitre 5, mais pour expliquer les choses simplement, afin de ne pas rester enfermés dans les expériences de notre passé, nous pouvons nous entraîner à identifier et à modifier les sensations physiques qui provoquent ces pensées et ces sentiments répétitifs. La mise en pratique de *la conscience corporelle* nous permet d'apprendre à être à l'écoute de nos sensations physiques et à les gérer dans une certaine mesure, afin de nous aider à modifier nos réflexions et nos émotions. Nous allons ainsi pouvoir transformer notre manière de penser et de ressentir, et en fin de compte, faire évoluer notre attitude au sein de nos relations.

Vérification de la conscience corporelle

Pour mettre en place cette pratique, vous pouvez commencer par faire, tout au long de la journée, des pauses conscience corporelle. Si celles-ci sont régulières, elles vous aideront à éloigner votre attention de vos réflexions hyperactives afin que vous puissiez vous entraîner à être en harmonie avec vous-même, ou à réorienter votre concentration vers les sensations de votre corps à l'instant présent. Avant de prendre la décision de vous lancer dans un soin physique (tel que manger, se reposer ou bouger), cette vérification intérieure fera croître la connexion entre votre corps et ses divers besoins. Si vous le désirez, vous pouvez mettre une alarme trois fois par jour pour vous rappeler de faire une pause et le point. Dans ces moments de détente, vous devez complètement tourner votre attention vers ce que ressent votre corps pendant que vous en explorez ses différentes sensations.

Sur les lignes ci-dessous, notez et soyez attentif à ce que vous ressentez lorsque vous commencez. Si vous trouvez cela utile, vous pouvez recopier cette liste dans un carnet ou un journal (ou sur n'importe quel autre support auquel vous avez accès tout au long de la journée), pour vous rappeler de faire une pause et de vous connecter avec les sensations physiques de votre corps.

Vérifications quotidiennes de la conscience

Pause corporelle : [heure]
Sensations physiques présentes :

____

____

____

Guérir votre esprit

Après avoir mis en place une pratique régulière de la conscience corporelle, vous pourrez commencer à travailler sur la *conscience mentale.* Il s'agit de s'entraîner à s'éveiller aux pensées, aux sentiments et aux réactions que vous avez ou que vous adoptez de manière automatique ou répétitive. Ils sont le reflet de notre inconscient en action ; ils sont nos attitudes instinctives et conditionnées qui ont été programmées dans notre cerveau lorsque nous étions enfants, et nous comptions souvent sur elles pour nous sentir en sécurité, valorisés et aimés par nos figures parentales. À présent que nous sommes adultes, très peu de ces habitudes répétées nous permettent de nous sentir bien dans notre peau. Elles ne nous permettent pas d'être notre Soi authentique et sabotent souvent ce que nous pensons, éprouvons ou faisons avec et pour les autres. Ce conditionnement peut même nous donner le sentiment de ne pas être physiquement et émotionnellement en sécurité ou régulé.

Au fur et à mesure que nous continuerons notre exploration, nous pourrons apprendre à identifier ces habitudes automatiques et répétitives qui n'ont plus d'intérêt pour nous et nos relations. Lorsque nous sommes contrariés, nous pouvons trouver et choisir de nouvelles façons de nous apaiser sans retomber dans nos anciens cycles conditionnés. Être conscient de notre *Soi conditionné*, ou du rôle que nous jouons dans nos rapports d'adultes, qui nous emprisonne dans des schémas relationnels dysfonctionnels (j'aborderai plus en détail ce sujet dans le chapitre 4), nous permet de volontairement honorer nos propres besoins afin de créer la sécurité nécessaire pour être notre Soi authentique avec les autres.

Vérification de la conscience

Je présume que vous commencez à comprendre que la conscience joue un rôle fondamentalement puissant dans votre voyage vers l'incarnation de votre Soi authentique. Afin de développer ma conscience mentale, ou ma capacité à observer ma condition inconsciente, j'ai inventé un exercice appelé la vérification de la conscience quotidienne. Cette pratique vous aidera à ouvrir les yeux sur le pilote automatique qui guide votre vie. Soyez patient avec vous-même ; parce que votre cerveau préfère psychologiquement fonctionner sur pilote automatique afin de conserver de l'énergie. En effet, au début, cette recherche d'un état de conscience peut être physiquement épuisante.

Les étapes qui composent une vérification de la conscience sont semblables à ceux de la pause conscience corporelle. Vous pouvez commencer par choisir de prendre ce temps pour vous, trois fois par jour, afin d'observer ou de remarquer deux choses : ce que vous êtes en train de faire et où se trouve votre attention à cet instant précis.

Voici deux moyens utiles pour créer de nouvelles habitudes de vérifications quotidiennes. Vous pouvez choisir l'une ou l'autre de ces approches au fur et à mesure de votre pratique, et conserver ces intentions tous les jours jusqu'à ce qu'elles deviennent routinières ou que vous vous souveniez de faire une pause sans aide extérieure, afin d'avoir des moments de conscience tout au long de la journée.

- Choisissez de faire une vérification à trois moments différents de la journée, par exemple à onze heures, quatorze heures et vingt et une heure. Vous pouvez mettre une alarme ou un rappel pour vous aider.

- Choisissez de faire une vérification pendant trois activités que vous faites tous les jours, par exemple pendant que vous buvez votre café du matin, pendant que vous préparez le dîner et lorsque vous êtes en train de vous préparer à aller au lit.

Pour réaliser ces vérifications, posez-vous ces deux questions :

1. Que suis-je en train de faire à cet instant précis (laver la vaisselle, regarder la télévision, discuter avec un proche) ?
2. À quoi suis-je en train de prêter attention ? Suis-je pleinement concentré sur ce que je suis en train de faire ou avec la personne avec qui j'interagis ? Ou bien suis-je perdu dans des pensées sur un autre sujet ? Si tel est le cas, à quoi suis-je en train de songer (par exemple, une conversation que j'ai eue un peu plus tôt dans la journée, mon dernier relevé bancaire, un événement à venir, une situation stressante au travail) ?

Lorsque vous effectuez cet exercice, votre but est simplement d'être présent dans l'instant, d'examiner vos pensées comme vous le feriez avec des nuages dérivant dans le ciel. Cela peut vous aider de recopier ces lignes dans un carnet ou un journal et de noter vos réponses à ces questions chaque fois que vous en avez terminé avec une vérification. Conservez le tout dans un endroit où personne ne pourra les lire, afin que vous puissiez avoir la liberté d'écrire sans vous juger ou surinterpréter cet exercice. Au fil du temps, vous commencerez peut-être même à remarquer des schémas dans les choses auxquelles vous prêtez attention.

Vérifications quotidiennes de la conscience

Utilisez cet outil aussi souvent que nécessaire. Je m'en sers encore quotidiennement.

Recréer un lien avec votre âme

D'un point de vue biologique, votre âme, ou votre Soi authentique, réside dans votre cœur physique, mais pas seulement parce que celui-ci est le centre spirituel ou émotionnel du corps, comme c'est le cas dans la quasi-totalité des cultures du monde. Le cœur est surnommé « le petit cerveau » du corps et il contient plus de quarante mille neurones. Il envoie plus de messages à notre système nerveux que l'inverse, sa condition a des conséquences sur la santé et la sécurité de notre corps ainsi que notre esprit, et il active nos réactions émotionnelles envers les autres[11]. Selon des recherches scientifiques menées par l'institut à but non lucratif *HeartMath*, c'est dans le cœur que notre intuition et notre connaissance intérieures résident, nous nous plongerons dans cette étude dans d'autres chapitres[12].

Lorsque nous sommes connectés à notre cœur, nous avons plus de chances de prendre des décisions basées sur nos besoins et nos désirs authentiques. Ce lien nous permet véritablement d'être plus ouverts et réceptifs pour entrer en contact avec le cœur des autres. Il peut même vous aider à « ressentir » certaines choses avant qu'elles n'arrivent : selon de récentes recherches sur l'intuition, les personnes qui sont physiquement et émotionnellement connectées à leur cœur peuvent éprouver des changements dans leur poitrine avant qu'un incident se produise, ce qui les aide à évaluer dans leur univers si quelque chose est « bien » ou « mal » [13]. Nous continuerons d'aborder plus en détail le lien entre notre cœur et notre âme, ainsi que les conséquences de cette connexion sur nos relations dans le chapitre 7.

La vérification du cœur

Nous sommes nombreux à savoir ce que nous voulons ou non, et pourtant nous passons outre nos besoins ou désirs instinctifs parce que nous craignons de perdre le lien sûr que nous avons avec les autres et le monde qui nous entoure. Pour vous exprimer avec sincérité, vous pouvez commencer par noter les différentes inquiétudes ou peurs qui vous empêchent peut-être d'avancer.

Prenez un instant pour vous souvenir d'une expérience récente avec quelqu'un, au cours de laquelle vous vouliez vous exprimer, mais où vous ne parveniez pas à dire véritablement ce que vous pensiez, ressentiez ou perceviez. Réfléchissez maintenant aux questions suivantes et répondez-y :

Qu'est-ce que je pense, ressens ou désire vraiment ?

____

____

Qu'est-ce que je pense ou crains qu'il se produise si je partage mes pensées, mes points de vue et mes sentiments véritables et authentiques immédiatement ?

____

____

Qu'est-ce que je ressentirais si je partageais ce que je pense et ressens vraiment ?

Au cours des quelques prochaines semaines et en vous servant des questions ci-dessus, observez-vous tout au long de la journée et dans le cadre de diverses relations, afin de rechercher d'éventuels schémas que vous pourriez avoir dans les moments où vous avez tendance à cacher aux autres vos véritables pensées, points de vue ou sentiments.

Au début de la mise en place de cette pratique, il est normal de rencontrer des difficultés pour vous connecter à votre cœur et ce qu'il pense, ressent et désire véritablement faire, probablement parce que vous êtes distrait par les réflexions de votre esprit. Continuez de vous accorder du pardon et de la compassion, notamment si vous ne vous êtes encore jamais posé ces questions. En poursuivant la pratique des pauses quotidiennes de la conscience corporelle et des vérifications de la conscience, vous parviendrez plus facilement à détourner votre attention de vos réflexions vers votre corps, là où vous pourrez mieux entendre les messages de votre cœur. Il est conseillé de faire le point avec ce dernier régulièrement au cours de la journée, en particulier avant de prendre d'importantes décisions, tout en continuant de recréer un lien avec votre Soi authentique, ou âme.

Au fur et à mesure que vous aurez une meilleure vision des envies et des besoins de votre cœur, faites preuve de patience avec vous-même lorsque vous commencerez à exprimer ces désirs authentiques aux autres. Ainsi, vous pourrez commencer par remarquer les moments où vous dites « oui » et où vous êtes d'accord avec certaines choses qui ne sont pas vraies ou pas dans votre intérêt. La prochaine fois que l'on vous propose une sortie et que vous n'avez pas envie d'y aller, au lieu d'accepter immédiatement, faites une pause avant de répondre pour vous laisser le temps de choisir en toute conscience et d'avoir une réaction qui soit en adéquation avec votre Soi authentique. Souvenez-vous, prendre ce temps d'apprendre à vous connaître en découvrant ce qui est vrai ou ce que vous ne voulez pas, vous mènera à terme dans la direction de ce qui est véritable ou de ce que vous désirez pour vous-même.

***

Comprendre les concepts de l'incarnation de soi et de l'interconnexion qui existent entre notre corps, notre esprit et notre âme peut nous aider à mieux appréhender le voyage qui nous attend. Celui-ci est exaltant, et même si cette excitation aura tendance à vous faire sauter certains chapitres, il est important de procéder de manière progressive, car une guérison véritable et durable se produit par étapes et se déroule tel un processus vivant. Ce qui vous attend en chemin est une version de vous plus complète, entière et recentrée. Un « vous » qui sera vraiment « vous ». Ainsi, en agissant aussi souvent que possible en adéquation avec vos véritables désirs et besoins, vous parviendrez à vous incarner dans votre globalité (corps, esprit et âme) et vous commencerez à créer les relations tendres et épanouissantes que vous recherchez. En outre, en commençant votre voyage vers des relations plus authentiques, vous aurez tout d'abord besoin de comprendre la neurobiologie de vos liens traumatiques.

3

Comprendre la neurobiologie des liens traumatiques

Je l'ai si souvent entendu lors de ma pratique clinique. Mes patients me racontaient qu'ils se retrouvaient sans cesse dans les mauvaises relations ou qu'ils étaient invariablement bloqués dans les mêmes conflits. Ils étaient nombreux à décrire des cycles de honte, de reproches, de critiques et de repli sur soi ou de réactions disproportionnées. D'autres me peignaient cela comme une lutte acharnée au sein de leurs relations, essayant continuellement d'attirer leurs proches plus près d'eux pour finalement se sentir repousser, provoquant ainsi une boucle douloureuse de « fuis-moi, je te suis » qui ne semblait jamais vouloir se terminer.

À cette époque, je travaillais avec des couples qui venaient me voir parce qu'ils n'étaient pas heureux dans leur relation. Mes patients, qui étaient mariés ou partenaires, me racontaient souvent qu'ils se sentaient pris au piège d'une relation sans amour et insatisfaisante depuis des mois voire des années, et qu'aucune thérapie ou tentative pour améliorer la communication n'étaient parvenues à les aider. Ceux qui étaient célibataires admettaient fréquemment que même s'ils désiraient une relation durable, ils n'étaient encore jamais parvenus à en trouver une ou à l'entretenir, ou bien s'ils y étaient arrivés, celle-ci s'était généralement terminée de la même manière, peu importait ce qu'ils avaient fait, les efforts qu'ils avaient fournis ou la personne qu'ils avaient choisie. Cela me semblait tellement familier.

Ce que ces patients avaient en commun était un cycle répétitif de schémas ou d'habitudes comportementales qu'ils ne parvenaient pas à rompre. Ils étaient convaincus qu'il y avait quelque chose qui n'allait pas chez eux – qu'ils ne donnaient pas envie d'être aimés, d'être fréquentés ou qu'ils étaient brisés – ou bien qu'ils étaient les victimes de partenaires intransigeants, impassibles et incapables d'aimer. Certains de mes patients ont même commencé à penser que toutes leurs relations amoureuses étaient vouées à l'échec.

Si cela vous semble familier, je vous assure qu'il n'y a rien qui ne va pas chez vous ou chez vos proches et que des rapports affectueux et authentiques *sont* possibles. Les routines relationnelles dans lesquelles vous vous retrouvez piégé ne sont pas nécessairement votre faute ni celle de la personne que vous aimez. Les liens que nous recherchons et créons à l'âge adulte, en particulier avec nos partenaires amoureux, ne sont généralement pas le résultat de décisions que nous avons prises de manière active et consciente. La responsabilité revient plutôt à notre système nerveux qui est conçu pour rechercher et recréer des schémas relationnels qui reflètent nos tout premiers rapports avec nos figures parentales. Ces dynamiques répétitives ne nous sont aujourd'hui plus d'aucune utilité et ne sont généralement pas des connexions authentiques mais plutôt des liens traumatiques.

Dans les deux premiers chapitres, vous avez découvert les recherches du biologiste interpersonnel, Dr Daniel Siegel, dont le travail illustre comment nos toutes premières relations façonnent physiquement notre système nerveux et nous dictent notre façon de penser, de ressentir et d'agir avec les autres, pour le restant de nos vies. Dans ce chapitre, nous allons explorer sur un plan scientifique comment et pourquoi ce processus se produit, cela se produit, afin que nous puissions mieux comprendre les étapes que nous devons franchir (physiquement, émotionnellement et spirituellement) pour rompre les habitudes de ces liens traumatiques que nous avons développés avec nos amis, notre famille, nos collègues ou nos partenaires amoureux.

Les liens traumatiques qui nous empêchent d'avancer : l'histoire de Dominik et Monique

À l'époque où je travaillais avec des couples, je ne comprenais pas encore la nature des liens traumatiques. En y repensant, si j'avais été en mesure d'intégrer à mon travail ce que je connais aujourd'hui sur la façon dont notre système nerveux nous pousse instinctivement à agir d'une certaine façon, j'aurais pu mieux aider mes patients à changer leurs relations. À la place, j'observais impuissante que des heures et des heures de thérapie conventionnelle ou de tout autre outil de développement personnel n'avaient aucun effet sur l'essentiel des schémas relationnels de mes patients : ils ne cessaient de répéter les mêmes cycles, comme s'ils étaient physiquement dépendants des habitudes que provoquaient leurs souffrances perpétuelles.

Aujourd'hui, je suis capable de voir le rôle que jouent les liens traumatiques dans la quasi-totalité des relations des patients qui sont assis en face de moi dans mon cabinet, notamment ceux de Dominik et Monique, qui sont initialement venus me voir parce que leur relation maritale était de plus en plus déconnectée et amère.

Ils m'ont raconté que lorsqu'ils se sont rencontrés à un concert, huit ans auparavant, ils ont été immédiatement « épris » l'un de l'autre. Ils avaient les mêmes goûts musicaux, et ils expliquaient qu'être ensemble semblait « facile » et « naturel ». Quelques années après leur mariage, ils avaient commencé à avoir d'importants problèmes. Dominik, qui était un entrepreneur indépendant, avait de moins en moins de travail et ses revenus baissaient, tandis que Monique, une universitaire accomplie, avait le sentiment qu'il ne faisait pas assez d'efforts pour obtenir de nouveaux clients. Elle a fini par découvrir qu'il perdait au jeu l'argent qu'il gagnait, ce qui avait augmenté la pression financière du couple. Monique, qui surveillait déjà de près les activités de son mari (ou bien, comme Dominik l'a formulé : « elle est tout le temps sur mon dos »), s'est mise à surveiller et à gérer dans les moindres détails de sa vie de manière encore plus intense. En retour, Dominik est devenu encore plus secret au sujet de son travail (ou dans son cas son manque de travail) et de ses habitudes de jeu.

Pendant nos séances de thérapie de couple, nous avons exploré les enfances de Dominik et Monique et de quelles façons chacune d'entre elles pouvaient avoir participé à leurs problèmes relationnels. En revanche, nous n'avons pas abordé dans quelle mesure leurs enfances ont pu avoir des effets sur leurs corps, notamment leurs systèmes nerveux et la façon dont leurs cerveaux les poussaient instinctivement à rester piégés dans des schémas relationnels malsains.

Dominik avait été adopté en bas âge par une famille dont la mère était extrêmement vigilante. Ce genre de parents sont semblables aux « parents hélicoptère » dont vous avez peut-être entendu parler ou avec lesquels vous avez peut-être vous-même vécu : ils surveillent, gèrent dans les moindres détails et essaient de contrôler en permanence leurs enfants, guidés par leur anxiété intérieure qui découle de la propre dérégulation de leur système nerveux. Bien que leurs intentions soient bonnes et qu'ils pensent souvent que la surveillance de leurs enfants est bénéfique, un grand nombre de parents hypervigilants sont incapables de comprendre ou de respecter les limites de leurs progénitures. Ils supervisent et analysent à l'excès les pensées, les humeurs et les comportements de leur enfant, les forçant parfois à poursuivre certaines activités ou centres d'intérêt. Autant d'éléments qui étaient vrais pour la mère de Dominik.

En revanche, le père de celui-ci restait souvent en retrait, il passait beaucoup de temps avec ses collègues après avoir travaillé pendant de longues heures, entretenant ainsi un contact minimal avec sa famille. Ses absences fréquentes du foyer laissaient Dominik seul pour se protéger du comportement intrusif et souvent source de honte de sa mère.

Il a expliqué que lorsqu'il était jeune, il s'est souvent senti submergé par l'hypervigilance de cette dernière. Elle lui criait souvent de faire attention, même lorsqu'il n'y avait aucune menace et lui disait sans cesse ce qu'il devait manger, ressentir et faire. Elle s'est souvent immiscée dans ses premières relations avec ses pairs, lui prodiguant des conseils sur les réactions à avoir à propos des expériences qu'il partageait avec elle. Même si ses intentions étaient peut-être bien intentionnées, son hypervigilance a poussé Dominik à se sentir au plus profond de lui sans valeur et honteux, ce qui est commun chez les enfants dont les figures parentales sont hypervigilantes : lorsqu'une personne cherche en permanence à vous contrôler ou vous changer, cela vous envoie le message sous-jacent que votre manière naturelle d'être, votre Soi authentique, n'est pas suffisamment bien.

Alors que sa mère continuait de gérer sa vie dans les moindres détails et à complètement diriger son comportement de l'époque, Dominik a ainsi développé la croyance inconsciente que « l'amour » devait, dans « son intérêt », ressembler et donner le sentiment d'être surveillé et piloté. Ces toutes premières interactions avec sa mère l'ont conditionné à penser que l'amour et l'affection découlaient de l'hypervigilance, même si, comme la plupart des gens, il n'aimait pas ce qu'il ressentait lorsqu'il était contrôlé.

La surveillance constante de sa mère ne lui a donné aucune place pour partager librement ses pensées, ses sentiments et ses points de vue. De plus, comme ses limites étaient systématiquement violées, il ne se sentait pas véritablement en sécurité pour être lui-même, et encore moins d'être ainsi aimé. Pour faire face à ce manque persistant de protection émotionnelle, le système nerveux de Dominik était constamment stressé, aux aguets du prochain problème ou de la prochaine menace inévitable.

Lorsque notre système nerveux entre dans une réponse au stress ou dans un état d'hyperactivation, notre corps passe en mode fuite ou lutte, ce qui nous pousse à déployer la concentration et l'énergie nécessaires pour affronter la menace que l'on perçoit ou bien nous y soustraire. Dans le cas de Dominik, le danger qu'il ressentait était les agissements dirigistes et intrusifs de sa mère, qui ont incidemment engendré un bouleversement émotionnel quasi constant. Bien qu'il ne puisse pas physiquement fuir sa mère, étant donné que sa survie dépendait d'elle, il s'évadait en se renfermant sur lui-même, comme le font beaucoup d'enfants, en se retirant dans son monde intérieur et en cherchant à se distraire de ses pensées. Comme il ne se sentait quasiment jamais en sécurité ou soutenu, son système nerveux est resté coincé dans une réponse de stress, répétant, dans les circuits neuraux de son cerveau en cours de développement, des schémas d'activation. Ainsi, comme pour tous les jeunes enfants, ces premiers chemins neuraux ont fini par faire partie intégrante de l'architecture de son cerveau.

En grandissant, Dominik a continué de fuir toute forme d'inconfort en se repliant sur lui-même, en cherchant à se distraire avec ses pensées et plus tard en jouant à des jeux d'argent. Un grand nombre de comportements compulsifs ou addictifs tels que les jeux d'argent ou l'utilisation du sexe, du travail ou de substances, sont en réalité des moyens de se soustraire à des souffrances profondément enracinées ou à toute autre émotion bouleversante. Le circuit neural ayant été relié à son cerveau dès l'enfance, il lui semblait sûr, familier et est devenu le fondement des schémas des liens traumatiques qu'il a continué de reproduire à l'âge adulte. Sa réaction de fuite habituelle le positionnait généralement dans un mode distrait, qui est l'un des quatre types réactionnels que j'ai déterminés en me basant sur quatre réponses au stress corporel : lutte, fuite, inhibition ou repli sur soi et soumission. L'ensemble de ces quatre modes sont listés ci-après, ainsi que la méthode servant à évaluer lequel votre entourage proche et vous-même incarnez.

Lorsque Dominik a rencontré Monique, tout en elle lui semblait familier et sûr. Pour de nombreuses raisons, elle était différente de sa mère, pourtant elle présentait les mêmes comportements profonds qu'il associait instinctivement à de « l'amour » : elle le surveillait, gérait tout dans les moindres détails et le contrôlait. Au début, ces attitudes étaient subtiles. Elle a commencé par lui suggérer ce qu'il devrait porter pour le dîner ou ce qu'il devrait faire pour améliorer son entreprise. Cependant, au fil du temps, ses directives devinrent plus évidentes, car elle s'est mise à lui dicter ses préférences sur de nombreux choix du quotidien. Bien qu'il n'apprécie pas consciemment cette surveillance et qu'il s'en plaignait parfois, le comportement de Monique était ce qu'il connaissait de « l'amour ».

Afin de se créer un peu d'espace et de sécurité, Dominik essayait de fuir Monique en se retirant émotionnellement de leur relation et en cherchant à se distraire ou à s'éloigner grâce à ses pensées ou ses actes, tout comme il le faisait dans son enfance. Ces attitudes conditionnées, bien qu'instinctives, n'ont fait qu'accroître le besoin de contrôle de Monique sur ce qu'il se passait. Se sentant menacée chaque fois qu'il se renfermait sur lui ou qu'il la fuyait, elle a commencé à le surveiller plus étroitement, lui demandant sans cesse ce qui n'allait pas et faisant beaucoup d'efforts pour l'impliquer ou le faire revenir vers le présent. Moins il gagnait d'argent et plus il en perdait au jeu, plus elle le surveillait de près, prolongeant ainsi les cycles réactionnels qui existaient entre eux.

Monique ne cherchait pas volontairement à tout gérer dans la vie de Dominik. Tout comme lui, elle avait sa propre histoire traumatique qui avait engendré des schémas de défenses conditionnés. Sa mère souffrait de dépression, ce qui l'empêchait souvent d'être émotionnellement à l'écoute de sa fille et même parfois de prendre physiquement soin d'elle. Le père de Monique était constamment accaparé par les deux emplois qu'il occupait pour subvenir aux besoins de sa famille et était donc rarement à la maison. Lorsqu'il pouvait passer du temps avec sa famille et qu'il n'était pas distrait par sa liste des choses à faire ou de tâches ménagères qui semblaient sans fin, il était très attentif et aimant. Toutefois, son intérêt n'était pas suffisamment constant ou prévisible pour aider Monique à se sentir en sécurité.

Enfant, comme elle se sentait souvent émotionnellement abandonnée et seule, Monique a développé la croyance inconsciente qu'elle ne méritait pas d'avoir des parents constamment présents pour prendre émotionnellement soin d'elle et la soutenir. L'affection de ceux-ci étant disponible uniquement de manière occasionnelle. Elle a dû apprendre seule à comprendre ses sentiments, ce qui est bouleversant pour un enfant. Même si elle s'est toujours sentie physiquement protégée, elle se sentait rarement émotionnellement en sécurité avec l'un ou l'autre de ses parents. Afin d'essayer d'apaiser ces sentiments difficiles à gérer, Monique s'est instinctivement mise à essayer de contrôler autant d'aspects de son environnement que possible. Elle surveillait sa mère pour faire en sorte que rien ne puisse la contrarier ou la faire basculer dans un épisode dépressif. Avant que son père rentre à la maison, elle établissait mentalement la liste de toutes les choses qu'elle pouvait faire ou dire pour éviter qu'il s'immerge à nouveau dans son travail.

À cause de son manque de sécurité émotionnelle, le système nerveux de Monique était sans cesse activé en mode lutte. Face à une réponse de soumission, nous gérons généralement les menaces perçues en surveillant les autres, que ce soit intérieurement ou extérieurement. Nous pouvons chercher à superviser tout ce qu'il se passe avec notre entourage ou dans notre environnement, afin d'anticiper et d'éviter la prochaine menace que nous percevrons. Enfermée dans cette réponse de soumission, Monique criait souvent après son frère s'il faisait quelque chose pour contrarier leur mère ou bouillonnait en silence si son père se levait de table au dîner pour retourner travailler. Dans sa recherche de sécurité, le corps de Monique reproduisait sans cesse la même réaction, de ce fait, sa neurobiologie était littéralement programmée pour se battre. En grandissant, elle se sentait parfois physiquement mal à l'aise si elle n'était pas tendue, tentant de manière obsessionnelle de contrôler sa situation. En entrant systématiquement en mode faire plaisir et en agissant de manière dominatrice, elle finissait souvent par donner aux autres le même sentiment d'insécurité qu'elle éprouvait au fond d'elle.

Monique a instinctivement été attirée par Dominik parce qu'il était globalement semblable à ses parents : imprévisible. Elle n'était jamais certaine qu'il fût présent avec elle ou perdu dans ses pensées, ce qui était exactement le comportement de son père. Il était parfois heureux, mais à d'autres moments, il était triste, tout comme l'était sa mère. Même la nature de son travail, en tant qu'entrepreneur indépendant, était imprévisible : il était débordé pendant des mois et passait ensuite des semaines sans travailler. Bien que ce manque de constance ne lui permette pas de se sentir émotionnellement et financièrement protégée, cette situation lui était familière et lui semblait sûre ; affronter cette absence de prédictibilité représentait pour elle de « l'amour » et de l'affection.

Les besoins émotionnels insatisfaits de l'enfance de Monique et Dominik, ainsi que les adaptations neurobiologiques qui en ont découlé ont permis de créer leur sentiment mutuel initial de « passion », ainsi que les cycles réactifs qui ont fini par menacer leur relation. Cette dernière était un lien traumatique dans lequel ils agissaient comme ils l'avaient chacun appris dans leur enfance, pour répondre à leurs besoins émotionnels. Comme beaucoup d'entre nous, eux aussi, seraient restés enfermés dans les mêmes réponses au stress, jusqu'à ce qu'ils apprennent à rompre ces cycles en régulant leur système nerveux ou bien que l'un ou les deux décident de mettre un terme à leur relation.

Poussé à recréer votre enfance

Monique et Dominik n'ont pas consciemment choisi de recréer dans leur relation les conditions qui leur permettaient de reproduire les mêmes expériences stressantes et les mêmes stratégies de défenses qui en résultaient, et auxquelles ils étaient habitués depuis l'enfance. Un lien traumatique n'est pas une chose sur laquelle nous avons un contrôle actif, du moins pas tant que nous n'en avons pas conscience. Notre manière conditionnée de créer des liens avec les gens est devenue un instinct habituel, façonné par les réseaux neuraux que nous avons développés dans l'enfance afin de faire face aux émotions bouleversantes de notre environnement.

Comme nous l'avons appris dans le chapitre 1, les traumatismes de l'enfance ne sont pas uniquement les abus, la négligence, l'inceste, le viol et tout autre événement qui changent une vie et qui sont généralement associés à ce terme. Pour beaucoup d'entre nous, les traumatismes de l'enfance ont pris des formes plus subtiles. Ils peuvent être n'importe quel stress perçu qui a constamment bouleversé notre capacité à y faire face. Si les personnes qui devaient prendre soin de nous physiquement et émotionnellement ont été absentes, alors nous étions incapables d'apaiser notre surcharge affective. Si nous ne nous sentions pas constamment protégés, ou que nous manquions régulièrement de soutien chaque fois que nous étions face à des expériences qui nous contrariaient, même si nos figures parentales étaient « bonnes » ou bien intentionnées, alors nous avons stocké des traumatismes de l'enfance dans notre corps et notre esprit.

Quel que soit le type de traumatisme que nous avons vécu étant enfant, ce stress bouleversant a eu des répercussions sur le développement de notre système nerveux. Ce dernier étant sous-développé à notre naissance, notre cerveau grandit rapidement et atteint 90 % de son volume adulte avant l'âge de six ans, puis il continue de perfectionner son fonctionnement environ jusqu'à l'âge de vingt-cinq ans[14].

Le système nerveux humain est programmé pour dépendre des autres, et ce dès la conception du fœtus. Nos toutes premières relations créent des connexions neurales qui peuvent durer toute la vie. La manière dont nos figures parentales interagissent, gèrent le stress et font face aux expériences difficiles influence le réseau neural qui se forme dans notre cerveau. À travers un processus de *co-régulation*, le sentiment de sécurité de leurs systèmes nerveux affecte directement le nôtre, même lorsque nous sommes physiquement séparés.

Cela veut dire que si nous avons grandi avec des figures parentales qui avaient toujours des réponses au stress dérégulées et qui étaient incapables de s'apaiser ou de co-réguler avec nous, alors nous avons ressenti leur tension. Dans l'impossibilité de se calmer, notre système nerveux a donc activé sa propre réponse au stress, nous conduisant ainsi à nous sentir perpétuellement en danger. La reproduction incessante de la même réponse nerveuse pendant cette période cruciale de développement renforce ces chemins neuraux, transformant certains en autoroute que notre cerveau doit presque instinctivement suivre. Nous aborderons plus en détail ce processus de co-régulation dans les chapitres suivants et nous explorerons de quelles manières nous pouvons intentionnellement exploiter les pouvoirs positifs et régénérateurs de ces pratiques pour créer un sentiment de sécurité dans nos relations.

Le système nerveux : connaître les fondamentaux

Pour comprendre pourquoi nos toutes premières relations ont tant d'effets sur nous, je vous propose de nous immerger dans la science qui se cache derrière le système nerveux autonome (SNA) de notre corps. Celui-ci est responsable de la régulation des fonctions physiques inconscientes, telle que notre rythme cardiaque, la respiration, la pression artérielle et la digestion. Son rôle principal est de stocker, conserver et relâcher de l'énergie, qui aide à gérer notre façon de réagir à la perception d'un stress. Pour ce faire, il accélère ou ralentit les fonctions physiologiques qui se produisent hors de notre conscience, ce qui affecte notre respiration, change notre énergie et provoque même la dilatation de nos pupilles.

Si l'essentiel de nos besoins a été régulièrement assouvi pendant notre enfance, notre système nerveux aura probablement tendance à suivre un état de régulation constante. Cela signifie que même lorsque votre SNA active une réponse au stress, il est capable de rapidement retrouver l'*homéostasie*. Il s'agit de l'état préféré de notre corps ; c'est l'équilibre de notre fonctionnement interne, où nous sommes en mesure de nous sentir en sécurité ce qui nous permet de naviguer calmement et volontairement dans le monde qui nous entoure. Lorsque notre système nerveux est régulé, nous sommes capables de rapidement nous adapter avec précision aux menaces perçues, tout en réagissant à nos émotions et en continuant d'agir intentionnellement, même lorsque nous rencontrons des sentiments ou des situations qui nous contrarient. Pour dire les choses simplement, nous sommes à même de contrôler notre réaction face à la vie qui nous entoure et de choisir consciemment ce que nous souhaitons faire ensuite.

Pour la plupart d'entre nous, notre système nerveux n'est pas régulé et nous luttons contre son dérèglement. Nos corps ont du mal à arrêter leur réponse au stress, ce qui nous maintient enfermés dans un mode de survie, ou un état de menace intense, au lieu de celui de l'homéostasie. Par conséquent, nous ne parvenons pas à déterminer ce qui est un danger ou non, nous empêchant ainsi de nous sentir en sécurité. Nous sommes dans l'impossibilité de facilement activer et apaiser nos émotions souvent bouleversantes. Surmenés et incapable de retrouver l'équilibre serein de notre corps, nous pouvons finir par être irritables, avec une tolérance à la frustration limitée, ce qui nous conduit à dérailler ou bien à réagir de façon excessive aux événements. Notre corps donnera toujours la priorité à notre survie physique lorsqu'il est dérégulé, c'est pourquoi nos pensées peuvent facilement être recentrées sur nous et nous pouvons avoir du mal à considérer les intérêts de quiconque en dehors des nôtres.

Lorsque nous sommes bloqués dans un mode de survie ou dans une relation avec des personnes qui le sont, nous finissons par nous *sentir* seuls parce que *nous sommes émotionnellement isolés.* Envisager l'essentiel de notre entourage comme une menace potentielle nous empêche de nous sentir suffisamment en sécurité pour accepter de créer une connexion ou de recevoir le soutien de toute autre personne.

Ces schémas de dérégulation du système nerveux commencent généralement au début de notre vie, lorsque notre cerveau est encore en train de se développer. Enfants, nous apprenons à réguler ou à gérer le stress, ainsi que toutes les autres émotions inconfortables, à travers nos expériences et les moments de co-régulation avec les autres. Si notre SNA n'a pas eu la chance de former le circuit neural nécessaire pour basculer facilement entre un état de tension et l'homéostasie, il peut rester coincé dans une réponse au stress. Par conséquent, nous n'avons physiologiquement pas la capacité de nous apaiser facilement ou rapidement.

Vous avez probablement déjà vu des bébés ou de jeunes enfants enfermés dans une réponse au stress. Incapables de se calmer ou de se détendre, certains donnent des coups de pied, crient ou hurlent, autant de comportements typiques d'un enfant qui est dans une réaction de lutte. D'autres se dissocient et ont le regard dans le vague, ces caractéristiques sont des réponses d'inhibition ou de repli sur soi. D'autres encore sont hypervigilants à leur environnement et présentent des symptômes d'anxiété chronique, notamment lorsqu'ils sont en société, ce qui est une réaction fréquente de soumission.

Quelle que soit la ou les réponse(s) au stress auquel nos corps ont été habitués étant enfants, nous continuerons de revenir à ces mêmes réactions à l'âge adulte, parce que notre système nerveux a été programmé pour agir ainsi. Si nous nous débattions et criions étant enfants, il y a de grandes chances pour que nous continuions de le faire une fois adulte. Si nous regardions dans le vague et nous nous dissociions, nous ferons probablement la même chose plus tard en nous déconnectant et nous détachant des autres. Si notre sécurité ou notre connexion dépendait du soin que l'on apportait aux autres, nous allons très certainement en faire de même aujourd'hui, toujours inquiets et plus à l'écoute de notre entourage que de nous-mêmes.

La dérégulation du système nerveux peut même pousser les personnes les plus consciencieuses à agir d'une façon qui pourra saboter leurs « meilleures » relations. En effet, dans ce cas, nous n'avons plus véritablement de contrôle sur la manière dont nos émotions stressantes nous affectent, c'est pourquoi nous sommes souvent facilement contrariés ou réactifs en présence des autres. Notre SNA est biologiquement programmé pour réagir de façon excessive à la pression, et souvent ce n'est qu'une question de temps avant que nous trouvions ou recréions une tension, même lorsqu'il n'y a rien de stressant ou de menaçant autour de nous.

Bien que le stress chronique ne soit physiquement ou émotionnellement sain pour personne, cette réponse paraît familière à notre corps et, d'une certaine façon, confortable. Notre inconscient préférera toujours le connu à l'inconnu, qui représente un risque de menace. Notre système nerveux se remémore ce qui est familier parce que cela lui offre un résultat hautement prévisible, auquel, dans le jeu de la survie, notre cerveau aspire.

Lorsque notre corps entre dans une réponse au stress, l'axe hypothalamo-hypophyso-surrénalien de notre cerveau (HHS) est activé. Connu sous le nom de « circuit du stress » de notre corps, l'axe de notre HHS alimente la circulation sanguine en substances chimiques, telles que du cortisol, de la dopamine, des endorphines et de l'adrénaline. Bien que le pic d'hormones du stress puisse paraître très intense, nous pouvons finir par en être « dépendant » ou nous habituer à cette décharge et ainsi nous sentir physiquement mal à l'aise, nous ennuyer ou être agités lorsque nous ne ressentons pas notre cocktail familier de substances chimiques stressantes.

Si notre corps s'habitue à une réponse au stress, il peut pousser notre inconscient à chercher ou recréer des situations qui activeront la même poussée biochimique, afin que nous puissions de nouveau nous sentir « nous-mêmes ». Ceux d'entre nous qui ont été élevés dans des foyers où il y avait beaucoup de chaos, d'imprévisibilité ou de relations peu sûres, peuvent facilement se trouver coincés dans un cycle d'addiction émotionnelle, recherchant désespérément la même confusion, incertitude et absence de sentiment de sécurité auprès des autres adultes.

Comme notre corps stressé continue d'envoyer des signaux de menace à notre esprit, celui-ci est envahi de pensées bouleversantes qui créent la même biochimie sous-jacente que celle à laquelle nous sommes habitués. Ce cycle addictif pousse un grand nombre d'entre nous à être inexplicablement attirés par les commérages, les désastres, les dynamiques relationnelles imprévisibles ou des situations interpersonnelles qui provoquent en nous des montées d'adrénaline. Même si un drame ou une pression n'est pas agréable, il nous permet au moins de ressentir *quelque chose,* ce qui est peut-être, pour un grand nombre d'entre nous, le seul moment où cela se produit. Si cet état nous conduit à agir de manière passive agressive, à être émotionnellement détachés de notre entourage, à être froids avec eux ou bien à violer leurs barrières, nous pouvons par la suite regretter d'avoir agi ainsi pendant que nous étions dérégulés. Neurobiologiquement programmés pour préférer ce qui est familier, nous finissons par être encore et toujours piégés dans des cycles et à la poursuite du même genre de personnes ou de situations, pour finalement avoir fréquemment honte de nous-mêmes ou de nos actes.

Ressentir votre chemin vers la sécurité

Notre SNA est composé de deux branches : notre système nerveux sympathique et notre système nerveux parasympathique. Le premier active la réponse de lutte ou de fuite de notre corps en accélérant notre rythme cardiaque, notre pression artérielle, notre respiration et la tension de nos muscles, ce qui nous donne l'énergie dont nous avons besoin pour affronter une menace perçue ou bien nous y soustraire. Une fois celle-ci surmontée ou fuie, notre corps s'apaise à nouveau, en activant notre système nerveux parasympathique, également connu sous le nom d'état de « conservation et restauration » ou « sûr et social », qui ralentit notre rythme cardiaque, rend notre respiration plus profonde et nous aide à nous sentir à nouveau émotionnellement en sécurité. Il contrôle la capacité de notre corps à se détendre.

Bien que dans l'idéal, il eût fallu que nous passions l'essentiel de notre temps dans un état parasympathique, il est possible de rester bloqué dans ce type de réponse, connu sous le nom d'état d'inhibition ou de repli sur soi. Cela se produit lorsque la lutte ou la fuite ne sont pas des options possibles, car la menace perçue à laquelle nous sommes confrontés est trop imminente, bouleversante ou constante. Notre système nerveux sympathique reste d'une certaine manière actif, tandis que notre corps se prépare ou se protège de la menace perçue. Lorsque nous entrons dans une réponse de repli sur soi, notre système nerveux parasympathique ralentit notre rythme cardiaque et notre respiration, jusqu'à ce que nous soyons physiquement présents mais mentalement ou émotionnellement absents, le tout souvent accompagné de muscles flasques et affaiblis. D'un point de vue évolutif, cette réaction a aidé nos ancêtres à rester immobiles ou à « faire le mort » lorsqu'ils ne pouvaient vraisemblablement pas fuir une menace. De nos jours, nous sommes un grand nombre à être bloqué dans un état chronique de dissociation, de déconnexion ou d'engourdissement face à notre réalité afin d'affronter les menaces constamment perçues au sein de notre environnement.

La quatrième réponse du corps au stress la plus évoluée, la soumission, se produit lorsque nous essayons d'éviter ou de désamorcer une menace perçue, en prenant soin des besoins de notre entourage ou en prêtant attention à leurs sentiments. Nous avons appris qu'en maintenant une personne apaisée, nous pouvons éviter le stress que leur contrariété pourrait nous causer. Une réaction de soumission est connue sous le nom d'*état social,* parce qu'il est uniquement possible de le mettre en application en présence des autres ; on le décrit souvent comme l'état du « plaire et apaiser » ou, plus fréquemment d'un comportement « pour faire plaisir aux autres ».

Apprendre à basculer volontairement d'un état sympathique à un état parasympathique peut aider à réguler notre système nerveux. Peu à peu, cette flexibilité permettra d'augmenter le temps que nous passons dans cet état « sûr et social » où nous sommes mieux à même d'être calmes et réactifs avec nos émotions, ainsi qu'avec le monde qui nous entoure. Avoir accès à cet état dans nos relations nous permet d'offrir et de recevoir un soutien émotionnel qui sera source d'un amour profond et durable.

Votre système perceptif défectueux

Bien que le sentiment de sécurité soit l'idéal de notre corps, nous sommes peu nombreux à nous sentir régulièrement (voire jamais) et véritablement sereins, ancrés ou connectés à nous-mêmes, aux autres ainsi qu'à nos expériences. Pour en comprendre la raison, il est important de connaître la *théorie polyvagale*. Cette dernière explique comment nous ressentons, interprétons et réagissons aux signaux de sécurité et de danger de notre environnement. Plus important encore, elle permet d'expliquer pourquoi nous comprenons fréquemment de travers le comportement des autres et finissons par ne pas nous sentir suffisamment en sécurité en société pour véritablement créer des liens avec les autres, même si nous le désirons désespérément.

Cette théorie, présentée en 1994 par le Dr Stephen Porges, se concentre sur le nerf vague, qui est l'un des chemins de communication principaux de notre système nerveux, entre notre cerveau et notre corps. Il est le plus important de notre système nerveux parasympathique et notre nerf crânien le plus long, reliant ainsi notre cerveau à notre cœur, ainsi qu'au reste de notre organisme.

Le nerf vague possède deux branches, une ventrale et une dorsale. La première contrôle les fonctions corporelles qui se situent au-dessus du diaphragme, y compris le rythme cardiaque, la respiration, la tonalité vocale, l'ouïe ainsi que les expressions faciales. La seconde est responsable des fonctions qui se trouvent en dessous du diaphragme, notamment la digestion. La branche vagale ventrale nous aide à nous sentir en sécurité et fait partie de ce que le Dr Porges appelle notre *système d'engagement social*. Lorsque celui-ci est activé, notre rythme cardiaque est régulé, notre respiration est profonde et bienfaisante, nous parlons aux autres sur un ton apaisant, nous interprétons leur langage verbal et non verbal avec plus de précision, enfin, notre visage est détendu et expressif. Ainsi, dans cet état, nous sommes capables d'être nous-mêmes et de donner la possibilité à notre entourage d'en faire autant. Par conséquent, nous sommes en mesure de nous sentir impliqués et d'explorer le monde, en accédant à un sentiment de curiosité, de plaisir et même d'espièglerie et d'humour.

Nous sommes majoritaires à ne pas passer beaucoup de temps dans cet état vagal ventral. À la place, un stress accablant active notre réponse vagale dorsale, ce qui engendre un état d'inhibition ou de repli sur soi. Cette réaction met notre digestion à l'arrêt (nous pouvons être constipés), freine ou interrompt l'activité de nos muscles (ils peuvent sembler affaiblis ou constamment épuisés), ralentit et atténue notre voix, et entrave d'autres fonctions physiologiques qui nous rendent souvent immobiles, détachés ou dissociés de la réalité (notre esprit se vide et nous pouvons être mentalement loin ou ailleurs).

Lorsque nous sommes dans cet état vagal dorsal, la branche vagale ventrale reste d'une certaine manière « en service », afin de nous permettre de rester actifs et suffisamment impliqués pour être à l'écoute des besoins perçus des autres. Dans le même temps, notre réponse vagale dorsale nous maintient « hors service », ou « déconnectés » de nos propres besoins. Ceci se produit lorsque nous sommes dans un état de soumission, essayant de rester en sécurité en donnant la priorité aux besoins et aux désirs des autres. Nous pouvons être excessivement excités et vigilants, toujours à l'affût des attentes de notre entourage, ou bien hypersensibles, ne cessant de songer ou de nous inquiéter pour une autre personne (ce qui peut nous conduire à croire que nous faisons preuve « d'empathie »). Cette attention et cette réceptivité aux changements dans l'état émotionnel des autres nous permettent d'essayer d'anticiper et d'éviter toute expérience stressante, contrariante ou bien menaçante. Examinez l'image ci-contre pour avoir une meilleure vision d'ensemble de ces états du système nerveux.

LA THÉORIE POLYVAGALE : L'ÉCHELLE AUTONOME

Comprendre le système nerveux

MODE CONNECTÉ (SÛR ET SOCIAL)
Je me sens en sécurité (physiquement et émotionnellement)
Je suis connecté aux autres/ au monde qui m'entoure.

MODE(S) ÉRUPTIF OU DISTRAIT (LUTTE OU FUITE)
Je ne me sens pas en sécurité (physiquement et émotionnellement)
Je dois me défendre ou fuir.

MODE FAIRE PLAISIR (SOUMISSION)
Je ne me sens pas en sécurité (physiquement et émotionnellement)
Je suis hypervigilant aux autres/ au monde qui m'entoure.

MODE DÉTACHÉ (INHIBITION)
Je ne me sens pas en sécurité (physiquement et émotionnellement)
Je n'arrive pas à faire face, je suis pétrifié ou je me replie sur moi-même.

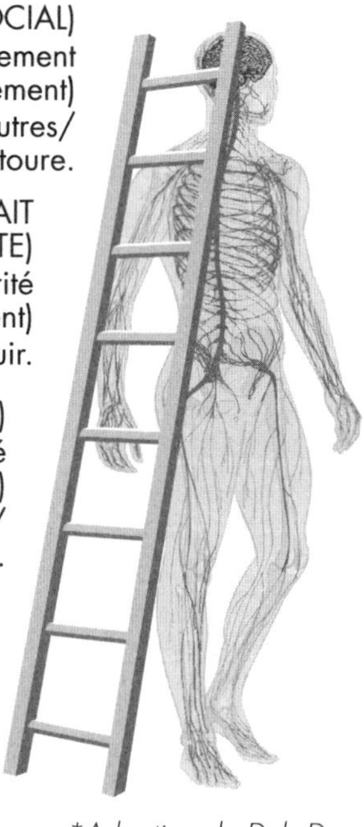

**Adaption de Deb Dana*

L'état global de notre système nerveux dépend de divers signaux que nous percevons et recevons sans cesse dans l'environnement qui nous entoure. Notre inconscient scrute en permanence ce qu'il se passe autour de nous, à la recherche des signes que nous sommes en sécurité ou en danger ; on appelle cela la *neuroception*. Compte tenu du succès de notre évolution humaine dans les groupes sociaux, notre inconscient est prêt à explorer tout indice chez les autres, y compris l'expression de leurs visages, leurs gestes et le son de leur voix. Si leur comportement semble indiquer qu'ils se sentent en sécurité, alors il en ira de même pour nous. En revanche, s'il n'y a personne autour de nous ou bien que les informations que nous recevons paraissent menaçantes, alors nous ne nous sentirons pas protégés et notre système nerveux va ainsi basculer dans une réponse de lutte, fuite, inhibition ou repli sur soi, ou encore soumission.

S'il vous est déjà arrivé de rencontrer des turbulences dans un avion, vous pouvez comprendre le fonctionnement de la neuroception. Lorsque la cabine commence à sauter et à vibrer, la première chose que la majorité d'entre nous font est de regarder les autres passagers pour voir s'ils semblent avoir peur. Si les personnes qui sont autour de nous paraissent calmes, c'est-à-dire que leur posture est ouverte et détendue, l'expression de leur visage est douce ou apaisée, leur respiration est régulière, alors il y a de grandes chances pour que nous soyons calmes nous aussi. En revanche, si elles nous envoient des signaux de nervosité et réagissent de manière visible à la même menace, il est probable que nous ne nous sentions pas en sécurité, nous basculerons alors en mode lutte ou fuite. S'il se passe véritablement quelque chose de grave (les turbulences persistent et s'intensifient), notre SNA peut activer la réponse d'inhibition ou de repli sur soi de notre corps, ralentissant ainsi nos fonctions physiques, nous poussant à nous détacher ou à nous dissocier de ce qu'il est en train de se passer autour de nous.

Bien que d'un point de vue évolutif, le processus de la neuroception ait été conçu pour nous protéger de toutes menaces actives au sein de notre environnement, notre inconscient ne perçoit ou n'interprète toutefois pas toujours correctement les comportements des autres. À la place, le conditionnement de notre passé et le traumatisme de notre enfance influencent la manière dont notre inconscient reçoit les signes de sécurité ou de danger que les autres nous envoient. Nous voyons et ressentons souvent ce que notre inconscient « veut » que nous voyions et ressentions, et pas nécessairement ce qu'il est véritablement en train de se produire.

Dans le cas des turbulences lors d'un vol, si nous avons peur de prendre l'avion, que nous avons entendu des histoires terribles à propos de crash, ou bien que nous avons vécu des turbulences traumatisantes par le passé, il y a de grandes chances pour que notre inconscient interprète les signaux de danger sur les personnes qui nous entourent, même s'il n'y en a aucun. Lorsque cela se produit, nous ne nous sentons pas en sécurité, alors notre corps active une réponse de stress. En revanche, si nous prenons souvent l'avion et que nous sommes plus à l'aise ou familiers des turbulences, il est fort probable que nous soyons en mesure de rester calmes dans la cabine et même d'aider à apaiser les craintes de passagers effrayés qui nous entourent.

Il n'est sans doute pas surprenant d'apprendre que nos toutes premières relations et nos tout premiers environnements ont eu les conséquences les plus importantes sur l'exactitude avec laquelle notre inconscient interprète les comportements sociaux. Si nous avons été harcelés ou humiliés par nos figures parentales ou nos pairs dans notre enfance, à cause de notre apparence ou de notre manière de nous vêtir, nous aurons tendance à filtrer les regards qui se tournent vers nous comme le signe du même dédain, ou bien nous pourrons penser que les autres parlent sans cesse dans notre dos de notre apparence. Si nos figures parentales attendaient systématiquement de nous de grandes performances ou la perfection lorsque nous étions enfants, nous pouvons filtrer nos actes ou ceux des autres à travers nos propres attentes imaginaires et souvent inatteignables, ou bien avoir le sentiment de ne jamais être à la hauteur.

Si, comme moi, vous avez été abandonné (physiquement et émotionnellement) lorsque vous étiez tout jeune, il y a des chances pour que vous interprétiez chaque instant de distance ou de déconnexion avec votre partenaire ou un ami proche comme une indication du même type d'abandon. Pour ceux d'entre nous qui possèdent cette blessure profonde, nous pouvons percevoir ces comportements comme des signes de conflit ou de contrariété au sein de nos relations. J'avais l'habitude de paniquer quand une partenaire ne répondait pas à mon texto, dans ce qui me semble être un laps de temps opportun, si elle me gratifiait seulement d'une réponse sèche ou abrégée à l'une de mes questions, ou si elle restait silencieuse lorsque nous passions du temps ensemble. Dans ces moments, j'avais souvent tendance à lui demander de manière obsessive si tout allait bien, convaincue qu'elle était en colère contre moi. Tout ceci est la conséquence de ma propre enfance, lorsque ma mère restait silencieuse et cessait de me parler ou bien ignorait tout simplement mon existence, parfois pendant des semaines entières, quand elle était profondément blessée ou qu'elle désapprouverait mes actes ou mes choix. Effrayé à l'idée de contrarier ma mère, mon père consentait à ce traitement, et jouait parfois le rôle de messager entre elle et moi, me donnant ainsi le sentiment d'être abandonnée par les deux personnes dont j'avais le plus besoin.

Très tôt dans ma relation avec Lolly, je me suis très souvent sentie contrariée par son désir et sa demande constante d'avoir des moments de solitude, cela me blessait et ravivait mes blessures les plus profondes. Pourtant, Lolly ne m'abandonnait pas. Elle avait été élevée par des parents qui avaient une relation extrêmement indépendante, elle avait donc appris à être autonome. Bien que la distance qu'elle instaurait ne fût pas une véritable menace pour notre relation, je la percevais de manière inexacte.

Des recherches ont d'ailleurs montré que tous les traumatismes de l'enfance, même le harcèlement de nos pairs, peuvent provoquer un changement structurel dans notre amygdale[15], la partie de notre cerveau qui détecte les menaces dans notre environnement, ainsi que dans notre cortex préfrontal[16], la région responsable de nos « fonctions exécutives », telles que notre capacité à organiser, prendre des décisions et à gérer notre comportement social. Ces changements structurels, qui sont les conséquences des traumatismes de l'enfance, créent un état d'hypervigilance chaque fois que notre système nerveux est en alerte. Lorsque cette condition devient chronique ou régulière dans le temps, elle peut se manifester par une anxiété sociale ou un syndrome de stress post-traumatique complexe (SSPT-C), accompagné de difficultés à gérer ses émotions, à faire preuve d'inhibition et en fin de compte à entretenir des relations[17]. Lorsque notre système nerveux reste en état d'alerte, nous scrutons en permanence notre environnement, en imaginant les pires scénarios possibles et en acceptant souvent d'être submergés par des pensées qui se bousculent, tout en attendant avec anxiété que quelque chose se produise. Dans nos relations, des changements structurels au sein de notre cerveau peuvent nous pousser à percevoir, à tort, de l'agressivité sur des expressions de visage neutres et dans des tons de voix calmes[18]. Lorsque notre amygdale est en alerte maximale, nous avons plus de chances de voir des indicateurs de comportements agressifs lorsqu'il n'y en a aucun. Dans les faits, un stress bouleversant ou les souffrances d'un traumatisme passé continuent d'avoir des effets sur nos réflexions et nos croyances, ainsi que la façon dont nous percevons nos relations, le monde qui nous entoure et nous-mêmes.

Si notre neuroception est préparée à mal interpréter des signes et à tout percevoir comme une menace potentielle, alors nous pouvons facilement nous enfermer dans un cercle vicieux de conflit avec les autres, dont nous serons en grande partie responsables. Notre neuroception défectueuse ne nous permettra donc pas de nous sentir suffisamment en sécurité pour accepter de créer des liens avec les autres de manière plus profonde et vulnérable. Avoir sans cesse le sentiment d'être en danger nous donnera l'impression d'être trop exposés pour accepter de nous sentir vulnérables et d'être vus tels que nous sommes. Bien que nous puissions nous tourner vers les autres et même attendre d'eux qu'ils nous aident à nous sentir « mieux » ou plus connectés, nous ne serons pas ouverts pour recevoir leur réconfort et leur connexion, parce que nous ne nous sentirons pas assez en sécurité pour cela. Alors, au lieu d'être revigorés par la présence physique, la proximité ou le contact d'une personne calme et ancrée, certains d'entre nous, par peur, peuvent même se retirer.

La neuroception est un processus inconscient sur lequel nous n'avons aucun contrôle volontaire. Nous pouvons malgré tout apprendre à modifier instinctivement notre manière d'interpréter et de réagir aux signaux sociaux des autres. La première étape est de prendre conscience de ces situations où nous attribuons involontairement d'anciennes significations à ce que nous pensons qu'il est en train de se produire autour de nous. Si un proche nous envoie des signes ou nous dit qu'il a envie d'être seul, nous pouvons rompre avec notre habitude qui consiste à immédiatement penser que nous sommes abandonnés, confirmant ainsi notre crainte la plus profonde que nous ne méritons pas d'être aimés. À la place, nous pouvons accepter et respecter son besoin d'espace ou de solitude, comme quelque chose dont nous avons tous par moment besoin.

De la même manière, nous pouvons prendre conscience de notre tendance à être rongés par l'inquiétude ou le souci de notre apparence, afin de pouvoir commencer à accepter différentes sortes de beautés. Ou alors, nous pouvons constater notre quête sans fin de la perfection et notre tendance à être consumés par nos pensées critiques ou dépréciatrices, et choisir à la place celles qui honorent nos forces et nos excentricités, personnelles, sans les comparer à celles des autres. Je pratique toujours ces habitudes pour m'aider à me sentir suffisamment en sécurité pour être simplement *moi-même,* tout en restant ouverte et réceptive aux autres et au monde qui m'entoure.

Mieux vous connaîtrez vos perceptions et vos croyances inconscientes, plus vous serez en mesure de retirer le filtre conditionné qui vous empêche d'interpréter correctement le comportement des autres. Dans le chapitre 6, nous aborderons plus en détail comment mettre en place notre pratique de la conscience mentale et développer de nouvelles habitudes d'observation consciente de soi, afin de connaître les croyances, les sentiments et les réactions conditionnées qui n'ont plus d'intérêt pour nos Soi authentiques.

Votre système nerveux dérégulé

Chacune de nos quatre réponses au stress est associée à des comportements universels, qui que nous soyons, l'endroit ou la manière dont nous avons grandi. Se familiariser avec ses attitudes fréquentes peut nous aider à identifier les moments où un proche ou vous-même êtes dans un état de stress, ce qui vous permettra de mieux déterminer quand il ou vous pourriez avoir besoin de temps ou de soutien pour vous réguler et vous apaiser.

Mode éruptif (réponse de lutte)

Ceux qui suivent un mode éruptif se sentent particulièrement à l'aise lorsqu'ils luttent, sont en recherche ou qu'ils créent un conflit dès qu'ils en ont la possibilité. Leur système nerveux est programmé pour être hyperactif, ce qui les pousse à être sans cesse en quête de quelque chose, n'importe quoi, qu'ils pourraient affronter. Lorsqu'ils la trouvent ou que le pire finit par se produire, ils frappent, ils crient, ils font des caprices ou s'en prennent aux autres. Ils sont souvent sur la défensive, incapables de voir le rôle qu'ils ont joué dans leur situation présente, et de s'apaiser facilement, gardant ainsi souvent de la rancune en eux ou envisageant de se venger. Ils oscillent régulièrement entre l'ergotage, les caprices ou l'attente et la recherche de la prochaine menace perçue. Leur neuroception a été conditionnée pour envisager l'essentiel des comportements sociaux comme une insulte, un affront, une souffrance ou une provocation.

Sofia, mon ex-petite amie du chapitre 1, était souvent en mode éruptif. Elle avait toujours le sentiment qu'on essayait de profiter d'elle ou que les autres lui en voulaient. Elle était souvent en conflit, que ce soit avec l'hôtesse de caisse de l'épicerie qui n'avait pas remarqué qu'elle était la suivante dans la file d'attente ou avec un ami qui avait mis trop de temps pour répondre à son message. Elle s'en prenait régulièrement aux autres, en marmonnant dans sa barbe, en leur lançant des regards de travers, ou en criant ou en se disputant lorsque quelque chose ne se passait pas comme elle le voulait.

Sofia n'est pas une mauvaise personne et elle n'est pas responsable de sa tendance au mode éruptif. Elle a grandi dans une maison émotionnellement explosive, où les hurlements et les cris étaient routiniers. Dès son plus jeune âge, son système nerveux a géré son stress ainsi que les autres émotions bouleversantes en basculant dans un mode de lutte. Cette dérégulation l'a poussée à scruter, percevoir ou trouver instinctivement des menaces, même lorsqu'il n'y en avait pas, ce qui permettait à son corps de se sentir « en sécurité » dans la réponse familière de son système nerveux. Aussi illogique que cela puisse paraître, lorsqu'elle n'était pas en train de se disputer, elle se sentait physiquement et émotionnellement en danger et mal à l'aise, probablement parce que cela indiquait qu'elle se trouvait dans un état d'ouverture plus vulnérable.

Mode distrait (réponse de fuite)

Lorsque les personnes qui suivent un mode distrait se sentent menacées ou en insécurité, elles fuient les problèmes qu'elles perçoivent, qu'elles le fassent de manière émotionnelle en repoussant les autres ou physique en se laissant consumer par leur travail et leurs obligations. Elles peuvent faire en sorte d'être occupées ou se consacrer très intensément à leur métier, leurs obligations familiales, leur liste des choses à faire, leurs passions ou toute autre activité, pour ne pas avoir le temps ou l'espace de faire face à elles-mêmes et d'accueillir leurs sentiments. Certaines personnes qui sont en mode distrait cherchent à s'étourdir avec de la drogue, du sexe, de l'alcool, de la nourriture ou toute autre substance ou occupation. Elles sont généralement capables de faire n'importe quoi pour éviter la confrontation, en ne donnant plus signe de vie ou en changeant de sujet si une conversation stressante ou inconfortable émerge et qui pourrait éventuellement conduire à un conflit ou un problème. Je me suis souvent retrouvée dans ce mode, cherchant à éviter ou à me distraire des émotions qui me mettaient mal à l'aise ou des tâches difficiles, en les remettant à plus tard et en les remplaçant par des projets inutiles, tels que faire défiler les pages de mes réseaux sociaux, réorganiser ma bibliothèque ou ranger la maison.

Aisha a passé beaucoup de temps en mode distrait. Doctoresse accomplie, avec deux enfants et un mari qui est un avocat célèbre, elle se réveille tous les matins à cinq heures pour aller courir, faisant du bénévolat après le travail en recevant gratuitement des patients ayant de faibles revenus, et proposant d'organiser toutes les fêtes de famille, les célébrations communautaires ou professionnelles qu'elle peut. En jouant en permanence au super docteur, à la super maman, à la super fille et la super hôte, Aisha n'a jamais le temps d'être seule avec elle-même ; elle fuit constamment, se soustrayant à toutes les formes de conflits, de confrontations et d'autres émotions inconfortables possibles. En étant sans cesse occupée, elle peut éviter tous sentiments potentiellement stressants ou des moments où elle pourrait être contrainte de regarder en elle-même, même si cette habitude pousse régulièrement son corps au-delà de ses limites physiques.

Aisha n'est pas responsable de ce mode distrait. Bien que sa mère ait été une personne aimante, elle ne pouvait pas correctement être à l'écoute de sa fille parce qu'elle était trop occupée à prendre soin de son époux, un artiste connu qui était souvent en mode éruptif. Dans l'ombre de son célèbre père, Aisha a grandi dans une famille qui accordait une très grande importance à la réussite et à la productivité, instillant en elle la croyance inconsciente qu'elle devait toujours agir et réussir pour être valorisée et aimée. Bien que les succès dans son travail, son bénévolat et son sport donnent dans une certaine mesure un sentiment de validation à Aisha, comme c'est le cas pour un grand nombre d'entre nous, ses efforts constants l'empêchent de satisfaire les besoins de son corps en repos et régénération. Programmer pour fuir, son système nerveux se sent uniquement à l'aise lorsqu'il se soustrait à toute expérience stressante, que ce soit en allant courir, en étant constamment occupée ou bien en détournant son attention de tout inconfort émotionnel profond.

Mode détaché (réponse d'inhibition ou de repli sur soi)

Ceux qui suivent un mode détaché affrontent les menaces perçues par l'inhibition ou le repli complet sur soi. Ils gèrent leurs sentiments en se dissociant, c'est-à-dire en montant dans ce que j'appelle leur « vaisseau spatial » ; leur corps est peut-être dans l'instant présent, mais leur esprit s'en éloigne, fuyant les problèmes actuels ou les douleurs perçues. Les détachés sont différents des distraits ; les seconds ont souvent des pensées qui se bousculent ou qui suivent un flot d'auto-analyse, tandis que les premiers ressentent généralement une sorte de « vide » mental. D'une manière générale, ils ne s'impliquent plus de manière importante dans leurs réflexions, leurs émotions et leurs sensations ou leur environnement. Comme j'en ai fait l'expérience, ce mode peut souvent se transformer ou alterner avec le mode distrait, lorsque des événements stressants durent trop longtemps ou que vos tentatives de régulation – vous engourdir ou vous divertir – ne fonctionnent plus.

Ma mère avait souvent un mode détaché. Elle était toujours physiquement présente, continuant à préparer les repas et à s'occuper de la maison, mais elle était émotionnellement absente, inconsciente qu'elle était repliée sur elle. Elle entrait et sortait des conversations, restant fréquemment en orbite autour de nous dans son propre « vaisseau spatial ».

Je pense que l'habitude de ma mère à vivre en mode détaché a commencé pendant sa propre enfance. Sa mère (ma grand-mère) était une personne froide et distante, à cause des traumatismes de sa propre génération, elle était incapable d'exprimer de l'amour ou toute autre émotion. Rester ainsi sentimentalement isolée du reste du monde, y compris de ses propres enfants, était sa seule façon de se sentir émotionnellement en sécurité. À cause des mêmes traumatismes générationnels, le père de ma mère (mon grand-père) croyait à l'ancien adage blessant que les enfants devaient être vus et non entendus. Il rentrait généralement chez lui après le travail uniquement pour ignorer totalement sa famille, préférant lire les journaux quotidiens. Ma mère ayant grandi avec très peu de soutien émotionnel, elle a appris à se dissocier de la réalité afin de faire face aux expériences stressantes et bouleversantes de la vie. Tout comme sa mère, elle se déconnectait de ses émotions pour se sentir en sécurité, et a finalement fait de même avec ses enfants, transmettant ainsi la même blessure d'abandon intergénérationnelle à mon frère, ma sœur et moi.

La profondeur de ma blessure d'abandon est devenue évidente pour moi lorsqu'un jour le fredonnement de mon ex-femme, Vivienne, a provoqué en moi une fureur inexplicable. Plus tard, alors que je sentais mon corps tout entier se crisper en réaction à sa joyeuse mélodie, je me suis rappelé ma mère en train de fredonner et de chanter pour elle-même, perdue dans son monde, loin de nous tous. C'est ainsi que des années plus tard avec mon ex-femme, ma neuroception n'a pas interprété ce signal comme le son joyeux qu'il était, mais comme un détachement, étant donné que cela avait toujours été le cas dans mon enfance. Ce n'est pas le fredonnement de Vivienne qui a provoqué ma réaction, mais mon propre système nerveux, qui associait ce son à la menace inhérente de l'absence de ma mère.

Mode faire plaisir (réponse de soumission)

Lorsque les personnes qui suivent le mode faire plaisir perçoivent une possible menace, ils l'anticipent ou la neutralisent en disant *oui*, en maintenant la paix ou en faisant tout ce qui est en leur pouvoir pour désamorcer ou éviter totalement le conflit, en sacrifiant généralement au passage leurs propres besoins. Tout comme les personnes qui ont un mode éruptif, le système nerveux de celles qui suivent le mode faire plaisir est hypervigilant, ce qui les pousse à mal interpréter tout indice de sécurité comme un signal de danger. En revanche, lorsqu'ils rencontrent un problème, ils réagissent en se soumettant ou en cédant au lieu de lutter.

Ma sœur, qui a quinze ans de plus que moi, a passé beaucoup de temps en mode faire plaisir. Pendant toute son enfance et son adolescence, elle n'a cessé de surveiller son environnement et ses relations, en particulier celle avec ma mère. Avec cette dernière et moi, elle jouait souvent le rôle de celle qui prend soin des autres, rôdant autour de nous et évaluant en permanence l'état de santé de notre mère et sa condition physique en général. Elle nous demandait continuellement si tout allait bien ou si nous avions besoin de soin ou d'aide pour quoi que ce soit. Jusqu'à ce qu'elle prenne conscience de ce schéma, elle a continué d'adopter ce comportement avec son fils et la plupart des autres personnes de sa vie, toujours disponible pour quiconque avait besoin d'elle, qu'elle fût elle-même physiquement ou émotionnellement en mesure ou non de répondre à leurs besoins. Incapable de créer une séparation ou des limites entre ses émotions et celles des autres, elle assumait très souvent la responsabilité de ce que son entourage ressentait et basculait en mode faire plaisir pour chercher à apaiser l'inconfort qui en découlait.

Ma sœur a probablement commencé à basculer en mode faire plaisir lorsqu'elle a été hospitalisée quand elle était enfant. Inquiète à l'idée que sa maladie puisse provoquer du stress et de la crainte à la maison et sans aucun soutien émotionnel de la part de nos parents pendant cette période effrayante, elle a développé une peur de l'abandon profondément enracinée et a fini par être dévorée par l'inquiétude. En se retrouvant dépendante de mes parents, mais n'ayant aucune relation émotionnelle sûre avec eux, elle n'a eu d'autres choix que de gérer le bouleversement intérieur qu'elle ressentait en contrôlant ou en surveillant son environnement, en adoptant un schéma d'hypervigilance qui allait se poursuivre à l'âge adulte. Pendant de nombreuses années, jusqu'à ce qu'elle commence à réguler son système nerveux, elle a continué de scruter inconsciemment son foyer à l'affût de la prochaine menace potentielle, laissant tomber tout ce qu'elle était en train de faire afin de la neutraliser avant qu'elle ne provoque plus de stress.

Comme ma sœur, je bascule souvent en mode faire plaisir, inquiète à l'idée de ce que les gens peuvent penser ou attendre de moi et essayant d'éviter des conflits ou des problèmes imaginaires. Lors de périodes de stress intense, j'ai pu dire des choses que je ne voulais pas exprimer ou en cacher d'autres que je ne voulais pas évoquer, afin d'éviter ou d'empêcher un éventuel conflit. Il m'est souvent arrivé de dire oui à un projet avec des amis pour lequel je savais n'avoir aucun intérêt, temps, énergie ou ressource financière à y consacrer. Afin de soutenir les autres étudiants ou mes collègues, j'acceptais souvent du travail supplémentaire alors que j'étais déjà débordée par mes propres projets. Pendant des décennies, je n'ai presque jamais exprimé franchement ou partagé mon point de vue sur les décisions familiales, préférant m'en remettre à l'opinion de la majorité ou à ce qu'elle estimait nécessaire. Dans mes relations amoureuses, j'avais beaucoup de mal à être honnête à propos de mes sentiments, j'ai même parfois préféré ne plus donner signe de vie au lieu d'exprimer directement mon manque d'intérêt pour une relation.

Mode connecté (sûr et social)

Ceux qui suivent un mode connecté possèdent un système nerveux bien régulé et leur corps est capable de réagir lorsqu'une menace se présente, pour ensuite facilement et rapidement retrouver un état de détente et de calme profond. Leur neuroception est le plus souvent exacte, ce qui leur permet de percevoir les menaces et le comportement social des autres de manière réaliste, et de ne pas interpréter l'un ou l'autre comme de faux signes de danger. Les personnes qui adoptent un mode connecté sont capables d'être ouvertes et réceptives aux autres et à ce qui se passe autour d'elles, pouvant ainsi gérer tous conflits, situations stressantes et émotions bouleversantes de manière plus calme et plus efficace. Elles sont curieuses et en mesure de laisser de la place à des points de vue différents et peuvent aussi négocier et résoudre des difficultés de manière collective. Elles sont capables d'établir des limites, de donner et accepter le soutien social, de construire des relations authentiques et de faire des choix réactifs en prenant en considération leurs propres besoins, ainsi que ceux de leur entourage au sens large.

Cet état d'ouverture à la création d'un lien avec les autres est uniquement possible lorsque le corps se sent en sécurité. Ceci se produit seulement si nous avons accès aux ressources physiques et émotionnelles nécessaires pour satisfaire systématiquement nos besoins. Tout au long de ce livre, je vais continuer d'explorer les moyens de nous soutenir et de réapprovisionner nos ressources afin que nous puissions construire les fondations de ce sentiment de sécurité.

Comment favoriser la conscience de son système nerveux

Les états de stress du système nerveux sont automatiques et involontaires, nous ne pouvons pas vraiment les contrôler. Cependant, lorsque cela se produit, nous sommes capables de remarquer et de mettre en application la pratique de la conscience corporelle, dont nous parlerons plus en détail au chapitre 5, afin d'apaiser la dérégulation émotionnelle qu'ils provoquent. Mieux nous connaissons les signaux physiques que notre corps envoie à notre cerveau lorsque notre système nerveux est activé, plus facilement nous pourrons sentir lorsque nous sommes dans un état de stress.

Bien que tout le monde soit unique, la liste qui suit vous aidera à mieux comprendre à quoi peuvent ressembler et ce que peuvent faire ressentir les différentes réponses au stress dans la vie quotidienne. Lisez les indicateurs ci-contre et vérifiez lesquels vous remarquez chez vous à cet instant. Au cours des prochaines semaines, prenez ensuite le temps de noter les divers changements qui se produisent dans les sensations et les perspectives mentales de votre corps, qui pourraient montrer que vous êtes dans une réponse au stress. Afin de savoir quand votre système nerveux est activé, choisissez de pratiquer de manière plus fréquente tout au long de la journée des vérifications de la conscience corporelle (voir page 94).

Liste des vérifications du système nerveux

Mode éruptif (réponse de lutte)

Je me surprends à prendre certaines choses personnellement, être trop sur la défensive, chercher à dominer la conversation, me disputer avec les autres, me sentir en colère, entretenir de la rancœur, nourrir de la rancune ou soigner mes vengeances. Je peux parfois harceler, humilier, dénigrer ou être extrêmement critique ou porter un jugement sur les autres ou moi-même.

Le corps :

_______ *Je me sens incapable de me détendre et peux même me sentir mal à l'aise, troublé, agité ou anxieux.*
_______ *Mon cœur s'emballe.*
_______ *Mon corps transpire ou tremble, mes épaules peuvent être droites ou ma poitrine bombée.*
_______ *Ma respiration est rapide, superficielle et elle vient de ma poitrine (au lieu du plus profond de mon ventre).*
_______ *Mes muscles (de la mâchoire, du cou, du haut de mon dos et du psoas) sont tendus et mes mains ainsi que mes poings peuvent être serrés.*
_______ *Je parle fort, peut-être que je crie ou hurle.*
_______ *Mon regard est intensément concentré ou fixé sur quelque chose ou quelqu'un qui se trouve dans mon environnement immédiat (« vision tunnel »).*

L'esprit :

_______ *Mes pensées (à propos des autres ou de moi-même) sont extrêmement critiques.*

_______ *Mes pensées sont extrêmement émotives et peuvent même être enfermées dans des boucles binaires (par exemple, face à un événement stressant ou contrariant, réagir en songeant sans cesse « Je suis totalement un ou une raté(e) », ou « Ils ont complètement tort »).*

Mode distrait (réponse de fuite)

Je me surprends à me refermer dans mes pensées ou à essayer de fuir grâce au travail, une liste de choses à faire ou bien en mangeant, en buvant ou en utilisant toute autre substance. Face à des conversations qui me mettent mal à l'aise, je change de sujet ou bien je les quitte. Je me cache, j'hésite ou je ne donne plus signe de vie aux autres si je perçois une contrariété ou un conflit.

Le corps :

_______ *Je me sens incapable de me détendre et peux même me sentir mal à l'aise, troublé, agité ou anxieux.*

_______ *Mon cœur s'emballe.*

_______ *Mon corps transpire ou tremble et ma posture peut être courbée (afin de paraître plus petit), ou j'ai la sensation de vouloir me mettre en arrière-plan.*

_______ *Ma respiration est rapide, superficielle et elle vient de ma poitrine (au lieu du plus profond de mon ventre).*

_______ *Mes muscles (de la mâchoire, du cou, du haut de mon dos et du psoas) sont généralement tendus et peuvent même trembler.*

______ Je ne parle peut-être pas beaucoup et bas, ou alors mes propos sont décousus et j'essaie de changer le sujet de la conversation.
______ Mon regard est distrait ou j'évite tout contact visuel avec l'ensemble de mon environnement immédiat, il se fixe ailleurs (par exemple, sur mon téléphone ou l'écran de la télévision).

L'esprit :

______ Mes pensées se bousculent et je rencontre peut-être des difficultés à me concentrer sur des tâches ou à penser clairement et de manière critique.
______ J'ai des pensées obsessionnelles sur certains sujets ou problèmes.

Mode détaché (réponse d'inhibition ou de repli sur soi)

Je me surprends à me replier sur moi-même ou bien à me déconnecter totalement. Je me sens engourdi ou creux. Mon esprit semble souvent vide et je rencontre des difficultés à garder contact avec mes pensées et mes sentiments ou à les verbaliser aux autres.

Le corps :

______ Je me sens globalement détaché ou apathique, je peux même me sentir déprimé, nul, désespéré ou sans motivation.
______ Le rythme de mon cœur est ralenti et imperceptible.

_______ *Mon corps peut être froid ou engourdi et est globalement replié sur lui-même, il est possible que ma tête soit baissée.*

_______ *Ma respiration provient de ma poitrine qui est comprimée, il est même possible que je la retienne ou que je ressente une raideur globale dans toute la région de mon tronc.*

_______ *Mes muscles sont globalement faibles et semblent fatigués ou lourds.*

_______ *Je me sens physiquement épuisé, avec peu d'énergie ou globalement engourdie et incapable de ressentir n'importe quelle émotion ou sensation physique.*

_______ *Je suis peut-être silencieux ou mon discours est sans intérêt, monotone et forcé (je hoche la tête ou ne réponds que d'un seul mot).*

_______ *Mon regard est vide ou semble lointain.*

L'esprit :

_______ *Je me sens perdu et peux avoir du mal à faire la différence entre ce qui réel ou imaginaire.*

_______ *Mon esprit me semble vide et je peux rencontrer des difficultés à me concentrer sur des tâches ou à penser clairement et de manière critique.*

Mode faire plaisir (réponse de soumission)

Je suis focalisé sur l'état physique et émotionnel des autres et peux même assumer l'entière responsabilité de l'anticipation de leurs besoins, leurs sentiments ou leurs actions. Je me surprends régulièrement à défendre ou expliquer en détail mes pensées, mes sentiments ou mes choix aux autres.

Le corps :

_______ *Je suis déconnecté de mon corps et j'ai souvent du mal à prendre conscience de ce que je ressens.*
_______ *Mon attention est entièrement concentrée sur les autres ou mon environnement.*
_______ *Ma respiration peut refléter celle des personnes avec qui me trouve.*
_______ *Mon énergie peut refléter celle des personnes qui m'entourent ou de mon environnement.*
_______ *Mon regard scrute en permanence quelqu'un ou quelque chose se trouvant dans mon environnement extérieur.*

L'esprit :

_______ *Mon attention est toujours en train de guetter la prochaine menace éventuelle (« dans l'attente que le pire se produise »).*
_______ *Je suis distrait par mes pensées et mes inquiétudes au sujet des autres, en étant contrarié ou en colère contre moi-même ou soucieux des circonstances extérieures en général.*

Liste des vérifications d'un système connecté (sûr et social)

Je remarque que je me sens calme, en sécurité et ouvert pour m'impliquer ou créer des liens avec quelqu'un ou quelque chose qui se trouve autour de moi. Je suis curieux et capable de voir les choses d'un point de vue différent, de faire de la place à la complexité et aux contradictions, tout en restant ancré et réactif à tout ce qui peut se produire.

Le corps :

_______ *Je me sens physiquement éveillé, détendu et vigilant.*
_______ *La posture de mon corps est ouverte, détendue et à l'aise, mes bras pendent de chaque côté de mon corps.*
_______ *Je respire lentement et profondément avec mon ventre.*
_______ *Mon cœur bat calmement.*
_______ *Je me sens serein et détendu dans mon corps.*
_______ *Je suis capable d'avoir un contact visuel avec les personnes qui m'entourent.*

L'esprit :

_______ *Je pense de manière claire et songe à mon avenir.*
_______ *Je suis ouvert et curieux des autres ainsi que du monde qui m'entoure.*
_______ *Je suis en accord avec mes centres d'intérêt ou mes passions et je suis capable d'accéder à ma créativité unique.*

Lorsque notre système nerveux est activé, nous agissons souvent tels des animaux pris au piège. Comme nous nous sentons menacés, nous serions capables de faire n'importe quoi pour rester en vie, sans nous soucier des autres. En prenant conscience de cette tendance et en l'acceptant comme un comportement humain inné, cela peut nous aider à nous libérer de la honte que nous pouvons ressentir à cause de nos actes ou de nos paroles ; lorsque nous sommes dans une réponse au stress. En ayant conscience des signes de dérégulation de nos systèmes nerveux, nous pouvons identifier ces moments et commencer à comprendre pourquoi nous faisons ou disons parfois certaines choses dans nos relations, qui créent ou exacerbent une tension interpersonnelle.

Apprendre à reconnaître les moments où nous réagissons dans un état de stress, nous permet de faire le choix conscient d'agir ou de répondre différemment. Nous pouvons décider de faire un pas en arrière ou une pause, de prendre congé d'une situation ou de ne pas interagir jusqu'à ce qu'on se sente apaisé et à la fois capable et désireux d'être ouvert à un nouveau lien social. Ming, la mère d'un enfant en bas âge, a récemment écrit sur notre portail d'adhésion qu'elle avait remarqué à quel point elle se sentait plus calme lorsqu'elle faisait face à la crise de colère dérégulée de son enfant, *après* avoir pris une pause de quelques secondes pour d'abord s'ancrer. Alors qu'elle avait l'habitude « d'avoir le sentiment d'être une mauvaise mère » parce qu'elle se concentrait sur elle avant de s'occuper de son bébé, elle était soulagée de découvrir que son instinct était confirmé par la science.

Comme Ming, nous pouvons tous commencer par mettre en place des pratiques qui impliquent le corps et l'esprit, que nous continuerons d'aborder tout au long de ce livre, pour nous permettre de retrouver un sentiment physique de sécurité. Ces exercices seront particulièrement utiles si vous ne pouvez pas vous soustraire à une interaction ou si vous êtes tout simplement incapable de quitter un environnement stressant.

Nous avons presque tous des schémas de liens traumatiques que nous répétons au sein de nos relations, que ce soit avec nos amis, notre famille, nos collègues ou nos partenaires amoureux. Nous recréons les mêmes dynamiques avec les autres parce que nous sommes neurologiquement conditionnés ainsi : notre système nerveux et notre inconscient sont programmés pour reproduire dans nos relations d'aujourd'hui les contextes dans lesquels nous avons appris à nous sentir en sécurité, valorisés ou aimés lorsque nous étions enfants. Tant que nous ne régulons pas notre système nerveux, nous continuerons de créer et de renforcer nos liens traumatiques avec les autres, quel que soit notre degré de perspicacité ou de conscience. Heureusement, nous sommes tous capables de réguler notre système nerveux, un processus que nous allons continuer à décrire en détail dans les prochains chapitres.

4

Observez votre conditionnement

Mona ne pouvait s'empêcher de regarder son téléphone. *Pourquoi est-ce qu'il ne me répond pas ?* se demandait-elle. *Ça fait deux heures ! J'ai dû faire quelque chose de mal. Peut-être qu'il est avec une autre femme.* Ainsi la pensée qui se cachait derrière toutes les autres était : *Je ne suis tout simplement pas assez bien pour lui.*

Cela faisait plus de deux ans que Mona était en couple avec Juan, or même la sécurité d'une relation qui était relativement longue ne pouvait l'empêcher de paniquer chaque fois qu'il ne répondait pas rapidement (du moins selon son point vue) à ses messages et ses appels ou s'il semblait distant, distrait ou désintéressé d'une façon ou d'une autre. Lorsqu'il restait tard à son travail, elle le soupçonnait d'avoir une liaison. Lorsqu'il voulait passer du temps seul ou avec ses amis, elle supposait qu'il ne devait pas être heureux avec elle. S'il était silencieux, grincheux ou fatigué, elle imaginait qu'il avait fini par en avoir assez de leur relation. Mona donnait l'impression d'être toujours à la recherche de preuves qui indiqueraient si sa relation allait ou non fonctionner.

Lorsque les deux heures se transformèrent en trois, Mona s'est mise à paniquer. *C'est finalement en train de se produire*, se disait-elle. *Il est en train de rompre avec moi*. Elle lui a alors envoyé un autre message : « Qu'est-ce qu'il se passe ? Tout va bien ? » Plus le temps passait, plus elle était nerveuse. Elle avait tout un tas de projets à terminer ce jour-là – elle était graphiste et travaillait chez elle –, mais elle n'arrivait pas à se concentrer. Elle avait déjà annulé son cours de yoga en ligne, même si elle avait payé pour celui-ci, et avait reprogrammé plusieurs appels professionnels parce qu'elle était trop anxieuse pour faire autre chose que regarder son téléphone. Elle n'écoutait même pas sa musique préférée, qu'elle trouvait généralement réconfortante, parce qu'elle craignait de ne pas entendre l'alerte indiquant l'arrivée d'un éventuel message.

Une heure après son dernier message, Mona lui en envoyait un autre : « Est-ce que tu pourrais me répondre ? Je commence à m'inquiéter. » Son anxiété était à présent en train de la dévorer. Devait-elle se rendre à son travail et chercher sa voiture ? Elle a une nouvelle fois essayé de l'appeler, mais est tombée directement sur sa boîte vocale ! *Il m'a bloquée !* se disait-elle. Elle s'est ainsi mise à pleurer tout en cherchant son sac à main pour prendre ses clés. Même si à cette heure-ci Juan avait déjà quitté son bureau, elle devait y aller, et si elle voyait sa voiture alors elle entrerait et lui demanderait ce qu'il se passe.

Alors qu'elle était en train de quitter son allée, son téléphone portable a sonné. C'était Juan ; il avait oublié son chargeur de portable le matin et son téléphone s'était éteint peu de temps après son premier message. Il venait tout juste de brancher son appareil et de lire tous ses autres textos. « Est-ce que tout va bien », lui a-t-il demandé.

Mona avait envie de crier son soulagement : « Il ne me quitte pas ! » Mais elle avait aussi envie de hurler de colère : « Pourquoi est-ce que tu n'as pas chargé ton téléphone au travail ? Tu aurais pu emprunter un chargeur à un collègue ! Est-ce que c'est parce que tu n'avais pas envie de me répondre ? » Cependant, elle n'a rien dit de tout cela et à la place elle s'est mise à pleurer, pendant que Juan essayait de comprendre ce qui avait bien pu encore bouleverser sa petite amie.

Des blessures profondes aux soi conditionnés

Mona n'était pas fondamentalement une personne qui manquait d'assurance ou qui était paranoïaque. Comme un grand nombre d'entre nous, elle souffrait plutôt d'une blessure profonde d'abandon. Celle-ci se produit lorsqu'une figure parentale nous quitte physiquement à la suite d'un décès, d'un emprisonnement, d'une mise à l'adoption, simplement en décidant un jour de ne pas rentrer à la maison, de se séparer de l'autre parent ou à cause de problèmes de santé ou d'un accident. Nous pouvons également développer cette blessure si nous n'avions souvent aucun soutien émotionnel, tandis que nous vivions des expériences bouleversantes dans notre enfance.

Dans le cas de Mona, même si ses deux parents se souciaient profondément d'elle et étaient physiquement présents dans sa vie, ils s'étaient mariés à un jeune âge, où l'un comme l'autre ne savaient pas encore comment gérer leurs propres émotions ou celles de l'autre, et encore moins être à l'écoute de celles de leur toute jeune fille. Ils se disputaient sans cesse, et lorsque Mona eut trois ans, son père a brusquement déménagé à la suite d'une altercation particulièrement explosive, puis il a finalement demandé le divorce. Plusieurs années plus tard, il a épousé une autre femme et a fondé une nouvelle famille. Bien qu'elle vît son père et ses demi-frères et sœurs régulièrement, elle n'a jamais eu le sentiment de faire partie de leur famille ou d'être encore la fille de son père.

Même si Mona ne se souvenait pas clairement des disputes de ses parents ou des détails de la nuit où son père était parti, son corps et son cerveau eux s'en souvenaient. C'est pour cette raison que les expériences que nous vivons dans notre enfance, même lorsque nous sommes trop jeunes pour consciemment nous en souvenir, sont enregistrées comme des souvenirs implicites, ils sont ceux qui restent en nous tels des pensées et des sentiments instinctifs. Notre hippocampe, la région de notre cerveau responsable de la mémoire consciente, ne se développant pas complètement avant l'âge de trois ans, la plupart d'entre nous sont incapables de se souvenir de ce qu'il s'est passé avant, même si notre système nerveux, qui est en cours de développement, stocke ces expériences. Selon les recherches révolutionnaires du Dr Bessel van der Kolk, auteur de *Le Corps n'oublie rien : le cerveau, l'esprit et le corps dans la guérison du traumatisme*, avant que notre cerveau ait des capacités linguistiques, les événements les plus bouleversants que nous vivons s'impriment sur les régions implicites ou préverbales de notre esprit. Pour dire les choses simplement, même si nous ne sommes pas activement en mesure de nous souvenir des expériences qui ont eu des effets sur l'enfant que nous étions, les conséquences sur notre conditionnement sont encore présentes, guidant nos pensées, nos sentiments et nos réactions d'aujourd'hui.

Pour compliquer les choses, si nous avons été confrontés à un environnement chroniquement stressant à l'extérieur et à l'intérieur de notre foyer, notre corps a produit plus de cortisol, ce qui a d'autant plus affecté le fonctionnement de notre hippocampe, et qui permet d'expliquer les difficultés que beaucoup d'entre nous ont remarquées, y compris moi-même, pour se souvenir du passé.

Lorsque nous vivons un traumatisme à un jeune âge, nous manquons de maturité émotionnelle pour comprendre contextuellement les nuances subjectives de notre situation personnelle. Ceci nous pousse à avoir des pensées immatures et recentrées sur soi (ou égocentriques) lorsque nous essayons de comprendre ce qui est en train de nous arriver ou qui s'est déjà produit. Nous songeons souvent, *c'est à cause de moi si Maman rentre toujours de mauvaise humeur à la maison ; Papa boit parce que je ne suis pas gentil ;* ou *si j'étais plus gentil, Maman ne serait pas aussi déprimée.* Quelles que soient les réflexions que nous avons eues pendant notre enfance, si nous les avons pensées suffisamment souvent, elles peuvent finir par faire partie de notre schéma neural et devenir des croyances profondément enracinées.

Lorsqu'un parent quitte la famille, comme l'a fait le père de Mona, notamment lorsque l'enfant est jeune, ce dernier est incapable de comprendre que le conflit ou la séparation n'a rien à voir avec lui. À la place, il peut avoir l'impression que Papa ou Maman est parti *à cause* de lui, qu'il ne méritait pas ou qu'il n'était pas assez gentil ou trop intrinsèquement imparfait pour que son père ou sa mère ait envie de rester. Cela a pu engendrer une honte profonde que l'enfant intériorise et emporte avec lui à l'âge adulte.

Ma mère étant sans cesse dissociée, distraite et perdue dans son propre monde, elle était incapable de créer un lien émotionnel avec moi ou d'être à mon écoute. Sans la maturité nécessaire pour comprendre les véritables raisons de sa distance, j'ai donc supposé que c'était à cause de moi et parce que mon monde émotionnel était trop écrasant. Ayant honte de moi-même et d'être la source de notre absence de connexion, du moins c'est ce que je pensais, j'ai cessé d'exprimer mes sentiments avec quiconque, persuadée que c'était la façon la plus sûre de maintenir des relations.

Toute forme d'abandon physique ou émotionnel engendre des adultes qui croient encore ne pas mériter ou ne pas être assez bien pour être aimés ou soutenus au sein d'une relation. Comme Papa ou Maman nous a laissés, nous supposons inconsciemment que les autres en feront de même dès qu'ils découvriront que nous sommes aussi imparfaits, sans valeur et brisés, tels que nous sommes convaincus de l'être. Bien que ce soit au sein de nos relations amoureuses que nous soyons les plus enclins à ressentir cela, car c'est là que nous sommes les plus vulnérables physiquement et émotionnellement, nous pouvons avoir la même inquiétude d'être abandonnés au sein d'une amitié ou avoir le sentiment d'être un imposteur dans nos relations professionnelles.

À l'âge adulte, convaincus qu'ils n'ont aucune valeur, certains d'entre nous deviennent des « poursuivants », recherchant ou repoussant sans cesse les autres pour essayer de vérifier, confirmer ou prouver qu'ils les aiment encore et veulent encore être avec eux. En tant que poursuivants, il est possible que nous recherchions de nouvelles relations amoureuses voire des partenaires sexuels occasionnels dans l'espoir d'avoir enfin le sentiment de suffire. Il peut nous arriver d'être en permanence stressés à l'idée de perdre notre emploi lorsque notre patron ou nos collègues ne font aucun éloge sur notre dernier projet. Si nous nous trouvons dans une relation amoureuse sérieuse, il est possible que nous ayons du mal à laisser à la personne que l'on aime l'espace dont elle a besoin et que l'on interprète les moments de distanciation ou de désintérêt comme la confirmation de notre manque globale de mérite. Chaque fois que l'on perçoit la plus petite éventualité que nous puissions être abandonnés par une autre personne, comme Mona, nous devenons facilement réactifs, envoyant des messages, appelant ou poursuivant nos proches de manière parfois déraisonnée et irrationnelle. Il peut nous arriver de nous effondrer émotionnellement, d'être inconsolables, dévorés par des sentiments qui nous submergent ou bien nous replier sur nous-mêmes et être indisponibles. Comme nous sommes inconsciemment convaincus que *notre personnalité* est ce qui a poussé Maman ou Papa à partir, nous changeons *notre façon d'être* avec les autres. Par conséquent, nous ne nous laissons jamais véritablement être *tels que nous sommes* ou bien être pleinement notre Soi authentique, préférant continuer d'incarner uniquement nos facettes qui étaient tolérées lorsque nous étions enfants.

Certains d'entre nous n'ont peut-être pas été abandonnés dans leur enfance, mais ont malgré tout été blessés d'une autre manière en étant humiliés, critiqués, ignorés ou bien écrasés par leurs figures parentales. Chaque fois que nous avons entendu « Arrête d'en rajouter » ou que l'on se moquait de nous quand on pleurait, nous nous sommes sentis blessés par les personnes dont nous avions à ce moment-là le plus besoin. Chaque fois que nos limites étaient ignorées ou bafouées, lorsque l'on nous disait ce que nous devions ou non penser, ressentir ou croire, notre intuition émotionnelle était dénigrée. Chaque fois qu'une facette de notre expression personnelle extérieure, telle que notre apparence ou nos performances, était plus vivement louée, approuvée ou acceptée que nos centres d'intérêt ou nos plaisirs les plus profonds, notre Soi authentique était amoindri. Chaque fois que nous étions perçus comme le prolongement de nos parents, pressés d'apporter de la fierté à la famille, ou contraints de poursuivre une activité, une carrière ou un chemin que les autres n'étaient pas parvenus à suivre, nos inclinations et nos talents naturels étaient mis de côté.

Quelles que soient nos blessures personnelles de l'enfance, ces toutes premières plaies nous ont poussés à nous changer afin de nous sentir en sécurité et de rester lier à nos relations et nos environnements premiers. Ces transformations sont devenues nos stratégies de défense de l'enfance ou des manières de nous intégrer, et elles n'ont bien évidemment pas disparu en grandissant ; le conditionnement de notre passé est stocké dans notre système nerveux où il continue de guider nos réactions instinctives d'adultes. C'est à cause de ces habitudes apprises que nous sommes si nombreux à continuer de jouer les mêmes rôles au sein de nos relations, même si ces facettes de notre personnalité sont immatures, réactives et basées sur un traumatisme.

Ces adaptations sont ce que j'appelle nos *soi conditionnés*, les rôles permanents que nous avons appris à jouer dans nos relations d'adultes et qui sont basés sur la manière dont nous avons appris à nous sentir le plus en sécurité et le plus aimés dans notre enfance. Enraciné dans des années de recherches et d'idéologies connexes, le concept du soi conditionné découle en partie d'une méthode de thérapie fondée sur des preuves connues sous le nom de système familial intérieur (SFI). Développé dans les années 1980 par un psychologue, le Dr Richard Schwartz, le SFI soutient que notre esprit est composé de différentes « facettes », qui se forment au gré de nos tout premiers besoins non satisfaits et qui continuent de vivre en nous tels des structures mentales, dictant nos actes et nos réactions avec les autres.

Nos soi conditionnés sont neurobiologiquement programmés et appartiennent à notre esprit inconscient. Les pensées, sentiments et réactions que nous avions dans l'enfance ayant été copiés dans notre système nerveux, où ils existent encore aujourd'hui, nos soi conditionnés sont ainsi les incarnations physiques et émotionnelles de certaines facettes de nous-mêmes. C'est pourquoi, si nous ne prenons pas le temps de prendre conscience ou d'observer comment ils gouvernent nos pensées, nos sentiments et nos comportements avec les autres, alors ils nous maintiendront enfermés dans les mêmes schémas de réactions neurophysiologiques et ornières habituelles.

Dans ce chapitre, nous allons rencontrer nos soi conditionnés. Pour nous aider dans cette exploration, vous trouverez ci-dessous les sept archétypes ainsi que les pensées, sentiments et habitudes qui les accompagnent généralement. La plupart des gens que j'ai rencontrés ou avec qui j'ai travaillé se retrouvaient dans un ou plusieurs de ces sept conditionnements et ont observé la présence de ceux-ci dans l'essentiel voire l'ensemble de leurs relations. Il est fort probable que vous vous reconnaissiez au moins dans l'une des sept descriptions ci-après.

Cependant, avant que nous explorions plus profondément notre conditionnement, nous allons devoir rencontrer notre enfant intérieur, plus précisément notre enfant intérieur blessé. Ce dernier est le petit être qui est en nous tous et qui a été abandonné, humilié, critiqué, ignoré, bouleversé ou blessé, tandis que nos besoins n'étaient pas régulièrement satisfaits par nos figures parentales. En retrouvant le contact avec notre enfant intérieur, nous sommes mieux à même de voir nos blessures profondes, ainsi que les stratégies de défense de notre enfance que nous avons par conséquent développées. Comprendre et observer ces aspects douloureux et réactifs va nous donner la possibilité de faire preuve de compassion envers nous-mêmes et les autres tandis que nous continuerons de reproduire les mêmes habitudes dysfonctionnelles malgré notre désir ou notre besoin de changement. Recréer un lien avec notre enfant intérieur blessé va nous aider à identifier les soi conditionnés que nous incarnons le plus souvent dans nos relations d'adultes, ce qui va ainsi nous permettre de commencer à faire évoluer ces rôles basés sur des traumatismes.

L'enfant intérieur (blessé) qui est en nous tous

Nous avons tous un enfant intérieur ; il s'agit de cette part de nous qui est née libre, entière et connectée à notre essence intérieure, ou notre Soi authentique. Il aime jouer, dire ce qu'il pense, il est aussi expressif, spontané, créatif, confiant et innocent. Imaginez à quoi vous ressembleriez si vous vous sentiez véritablement libre *d'être pleinement vous-même*. Quel serait ce véritable Vous avant que vous ayez été exposé à toutes les expériences de la vie qui ont modifié votre façon d'être naturelle, c'est-à-dire avant toutes les empreintes, les enseignements, les réprimandes, les remontrances, les humiliations, les critiques, les règles et toutes les autres formes de conditionnements auxquels nous avons tous été soumis, qu'ils aient été fonctionnels ou dysfonctionnels.

En règle générale, notre enfant intérieur ne reste pas libre, entier et joyeux longtemps. Lorsque nous sommes petits, nous vivons tous des moments ou des situations qui nous donnent un sentiment d'insécurité, de peur ou nous font souffrir. Si ces expériences se sont produites assez souvent ou ont été suffisamment bouleversantes, alors nous apprenons finalement à refouler nos instincts naturels, ainsi que cette facette espiègle, expressive et spontanée, afin de rester en sécurité. Plus nous repoussons régulièrement nos instincts naturels, plus notre enfant intérieur est blessé.

Bien que les émotions soient une part normale de notre enfance et des expériences de la vie, peu d'entre nous ont eu avec leurs figures parentales des exemples d'expressions émotionnelles saines. Si nous avons grandi dans un foyer où certaines émotions n'étaient pas tolérées (par exemple, on nous disait de cesser de pleurer ou on nous ignorait chaque fois que nous étions tristes), nous pouvons avoir appris que seuls certains sentiments peuvent être exprimés. Si nous avons régulièrement été les témoins d'explosions émotionnelles ou de débordements bouleversants, il est possible que nous ayons fini par croire qu'il s'agit d'une manière appropriée de s'exprimer lorsque nous sommes contrariés. Enfin, si nos figures parentales refoulaient ou cachaient leurs propres sentiments, pratiquaient une dissociation émotionnelle ou se déconnectaient de nous, nous avons pu développer les mêmes habitudes.

Voici quelques expressions et communications émotionnelles dysfonctionnelles qui sont fréquemment façonnées dans l'enfance.

Modes fréquents de communication émotionnelle dysfonctionnelle

Dénigrement émotionnel. Chercher à faire en sorte qu'une personne pense que ce sont ses émotions qui sont la source des difficultés et non le véritable problème ou conflit en cours. Chaque fois qu'une émotion est exprimée, cela peut amener à dire : « Tu en rajoutes trop, » « Tu es trop sensible », ou « Il faut simplement que tu lâches prise et que tu passes à autre chose ».

Projection. Mécanisme de défense qui consiste à attribuer aux autres des traits ou des comportements indésirables. En réponse à l'expression d'une préoccupation, cela peut pousser à prononcer des accusations telles que : « C'est probablement toi qui es en train de mentir. »

Compter les points. Dynamique de contrôle par laquelle deux personnes évitent de traiter un conflit ou des émotions sous-jacentes, en évoquant des erreurs de jugement passées pour s'opposer à l'autre. Cela peut amener à rappeler des problèmes révolus en réponse à une préoccupation actuelle.

Insultes et humiliation. L'utilisation d'insultes est une manière de contrôler ou de modifier le comportement de l'autre. On peut ainsi se servir d'un langage désobligeant, d'attaques personnelles ou encore de commentaires ou de « blagues » de mauvais goût.

Froideur. Consiste à se replier sur soi, se retirer ou prétendre que la personne n'est pas là afin d'éviter un problème ou de montrer sa désapprobation. On peut ainsi complètement dédaigner les autres en évitant de leur parler ou bien en ne leur répondant pas lorsqu'ils nous parlent.

Évitement. Consiste à nier, ignorer ou mettre un problème sous le tapis. On peut ainsi refuser de prendre à sa charge un comportement, souvent en refusant de reconnaître ou en mentant à propos d'une action, en omettant certains détails, en s'opposant à toute discussion sur le problème, ou en ignorant la réalité ou encore la globalité de ceux-ci.

Fuite. Habitude de changer constamment de sujet afin de rediriger la faute sur quelqu'un d'autre (externalisation) et d'éviter toute responsabilité personnelle. On peut ainsi reprocher aux autres d'être à l'origine de leur violence verbale, émotionnelle ou physique en disant des choses telles que : « Si tu n'avais pas X, je n'aurais pas Y. »

Un grand nombre de ces modes de communication étaient utilisés dans ma propre famille. Personne ne dévoilait ses sentiments en dehors de l'inquiétude à propos de la vie quotidienne et des problèmes de santé. Dévorés par l'anxiété, il y avait peu d'occasions pour que l'un d'entre nous se sente à l'aise, joyeux et espiègle, du moins elles ne duraient pas longtemps. Ce stress constant a créé une tension sous-jacente fondée sur la peur, qui se manifestait souvent par des comportements de contrôle extérieur. Mon père, qui était enfermé dans un mode de survie depuis sa propre enfance, était régulièrement stressé par le fait d'être le seul à subvenir aux besoins financiers de la famille. Son stress se manifestait par une gestion du foyer dans ses moindres détails, organisant tout de manière obsessionnelle et surveillant les armoires et le garde-manger, conservant toujours toutes sortes d'objets, y compris ceux qui étaient usagés (tels que du papier cadeau et des rubans pour les fêtes). Si quoi que ce soit était déplacé ou mal rangé et ne se trouvait plus là où il l'avait posé, mon père basculait en mode éruptif, hurlant, criant et libérant sa colère refoulée causée par des années de dérégulation et de besoins insatisfaits, tout en blessant son entourage, même les personnes qu'il aimait le plus.

De ma famille, j'ai reçu le message constant que parler ou exprimer d'autres émotions, aurait pour effets qu'elles seraient ignorées ou bien qu'elles provoqueraient encore plus d'anxiété, dans un environnement déjà écrasé par celle-ci. Comme parmi mes toutes premières relations, aucune personne ne m'a montré l'exemple d'une expression émotionnelle saine, je ne savais pas vraiment à quoi les sentiments ressemblaient. Émotionnellement abandonnée, je me suis mise à refouler mon monde intérieur et ma véritable façon d'être, paraissant extérieurement froide ou distante, sans aucun besoin de soutien venant des autres. Bien que ce trait de caractère ne soit pas une part inhérente de ma personnalité, il était l'une des solutions que j'avais apprises au sein de mes relations de l'enfance, pour rester émotionnellement en sécurité.

Lorsque j'avais une dizaine d'années, je n'ai même rien dit à personne lorsque j'ai vu ma meilleure amie être rouée de coups par un groupe d'autres élèves (une chose qu'aujourd'hui je ne m'imagine pas garder pour moi). Alors que j'étais effrayée et que je m'étais moi-même blessée en essayant de fuir ses agresseurs, j'ai gardé toute cette expérience secrète, craignant encore plus la réaction de ma mère et de ma famille s'ils le découvraient. Cette nuit-là, je suis restée seule allongée dans mon lit, tremblant et pleurant jusqu'à ce que je m'endorme sans aucun sentiment de sécurité ou de soutien émotionnel, dans un moment où j'en avais le plus besoin. Cette expérience n'a fait que renforcer ma croyance croissante qu'il devait y avoir quelque chose en moi qui empêchait mes besoins émotionnels d'être soutenus.

Tout comme j'évitais de montrer des sentiments déplaisants ou difficiles, en grandissant j'ai également refoulé les émotions agréables. Ce n'est qu'autour de ma vingtième année, alors que ma mère devait subir une opération cardiaque à haut risque, que je lui ai verbalement exprimé que je l'aimais. Ce sentiment étant rarement directement exprimé à la maison, je me souviens encore à quel point je me suis sentie vulnérable lorsque j'ai commencé à prononcer ces mots à voix haute.

Si vous n'avez pas eu la chance de grandir dans une famille émotionnellement expressive, votre enfant intérieur a pu être blessé si l'on a critiqué certains de vos centres d'intérêt ou loisirs, si l'on vous a humilié à cause de votre apparence ou de votre comportement, abandonné physiquement ou émotionnellement comme ce fut le cas de Mona et moi, soutenu de manière aléatoire comme Monique, surveillé ou contrôlé dans les moindres détails comme Dominik, ou encore si l'on attendait que vous fassiez passer les besoins de vos figures parentales ou de votre famille avant les vôtres, comme ce fut le cas de Diego.

Ce dernier a été élevé par une mère célibataire, originaire d'un autre pays et qui ne parlait pas anglais. Elle rencontrait des difficultés à communiquer et était donc contrainte de se reposer sur son fils pour l'aider à gérer la nouvelle vie de la famille dans un pays inconnu. On lui disait souvent à quel point il était mature pour son âge, car il agissait comme s'il était l'homme de la maison ; Diego devait ainsi souvent prendre soin de ses deux frères pendant que sa mère travaillait. À un très jeune âge, il a été contraint de prendre à sa charge une grande partie du soin de la famille, offrant un soutien émotionnel à une mère naturellement stressée ; or, le besoin évident d'aide de celle-ci ne faisait que lui donner un sentiment de culpabilité chaque fois qu'il songeait à étendre ses relations en dehors de sa famille.

Bien que la mère de Diego fasse de son mieux pour gérer les circonstances stressantes du foyer, le comportement qu'elle adoptait poussait son fils à agir comme un parent, inversant ainsi les rôles traditionnels parents enfants. Contraint de prendre soin de sa mère et de ses deux jeunes frères, Diego n'a jamais pu être un enfant et jouer quand il en avait envie, faire une crise lorsqu'il était en colère ou triste, faire des choses qui l'intéressaient, avoir l'attention et l'espace d'apprendre à donner la priorité et à satisfaire ses propres besoins. À la place, il a découvert que sa famille était bien lorsqu'il ignorait tout cela. En grandissant, il a continué d'être inconsciemment attiré par des personnes qui semblaient avoir besoin d'une forme d'aide ou de soutien, même si au fil du temps il éprouvait de plus en plus de rancœur envers leurs attentes.

Aujourd'hui, Diego joue encore le rôle de l'accommodant, l'un des sept soi conditionnés que nous détaillerons plus tard dans ce chapitre. Fier de son identité de « personne gentille, responsable et tournée vers la famille », il se plie souvent en quatre pour faire en sorte que tout le monde soit heureux, ignorant ainsi ses propres besoins.

Observer son enfant intérieur blessé a permis à Diego d'avoir mieux conscience des différentes manières dont il tient encore ce rôle au sein de ses relations, ainsi que du sentiment de mécontentement et d'insatisfaction croissant en lui. Ces sensations apparaissent naturellement chaque fois que nous refoulons nos véritables besoins et désirs. Ainsi, en mettant sans cesse de côté des facettes de nous-mêmes, nous ne nous donnons jamais la possibilité d'être acceptés et aimés pleinement et authentiquement.

Comme Diego ne se sentait pas suffisamment en sécurité pour entreprendre ce dont il avait véritablement besoin, ce qu'il voulait ou bien ce qui l'intéressait vraiment lorsqu'il était enfant, il a continué d'être profondément déconnecté de ces aspects de lui-même une fois adulte. Après avoir passé des années à mettre toute son énergie dans le soutien, l'aide et l'amour des autres, il a tout naturellement fini par s'épuiser. Pourtant, il ne savait pas non plus comment arrêter de jouer ce rôle et il se sentait bien souvent trop fier pour demander de l'aide ou du soutien à son entourage. La plupart du temps, il était trop éloigné de lui-même et de ses propres émotions pour avoir au moins conscience de la manière dont cela pourrait l'aider.

Quelle que soit la façon dont nous avons été blessés dans notre enfance, nous sommes nombreux à avoir appris que nous devions refouler nos besoins, négliger nos véritables centres d'intérêt et modifier notre Soi authentique, dans le but de nous intégrer aux personnes qui nous entourent. En tant qu'adultes, notre enfant intérieur blessé vit encore dans notre inconscient, où il nous pousse à penser, ressentir et réagir de la même façon que lorsque nous étions petits. Si nous rencontrons quiconque ou quoi que ce soit qui puisse ressembler à quelque chose de bouleversant de notre passé, nous retournons instinctivement vers nos bonnes vieilles réponses au stress et stratégies de défense que nous avons apprises dans notre enfance. Comme nous préférons une neurobiologie familière, le système d'activation réticulaire (SAR) de notre cerveau, un réseau de cellules cérébrales qui aident à modérer notre comportement, se met à filtrer toutes les preuves indiquant que l'expérience est en tout point différente, nous enfermant ainsi dans un cercle de sécurité destiné à nous autoconvaincre et qui nous maintient prisonniers d'anciens schémas dysfonctionnels.

Notre enfant intérieur blessé vit autant dans notre corps que dans notre inconscient. Lorsque nos plaies profondes sont réouvertes et que nous nous sentons en danger, effrayés ou blessés de la même manière que lorsque nous étions enfants, notre rythme cardiaque augmente, notre respiration s'accélère et nos muscles se tendent. Cela correspond à la réaction de lutte ou de fuite de notre système nerveux, qui tente de nous aider à faire face au stress perçu d'une façon qui nous est familière.

Le problème est que ces réactions motivées par l'instinct de survie nous empêchent de penser calmement ou de manière rationnelle. Convaincus que nous sommes en danger, notre cerveau fera tout ce qui est en son pouvoir pour nous protéger, y compris nous pousser à agir égoïstement, de façon irrationnelle ou blessante, et nous empêchant finalement de guérir nos relations.

Après que Diego a découvert l'existence de son enfant intérieur et qu'il a observé sa tendance à jouer le rôle de l'accommodant, il a pu commencer son voyage vers une reconnexion avec son Soi authentique. Aujourd'hui, il est en train de redécouvrir ses véritables passions et objectifs ainsi que de recréer des liens avec les autres, qui lui permettent de s'ouvrir à la possibilité d'un amour sincère.

Partez à la rencontre de votre enfant intérieur (blessé)

Même si vous ne pouvez pas consciemment vous souvenir de vos blessures particulières de l'enfance, vous pouvez malgré tout observer et guérir votre enfant intérieur blessé et par conséquent, vos relations.

Je sais bien qu'au début, pour beaucoup d'entre nous, tout cela peut sembler stupide ou inconfortable, nous avons pourtant besoin d'être en mesure de reconnaître et d'accepter que nous avons tous en nous un enfant intérieur blessé qui guide quotidiennement nos réactions. Nous faisons ainsi de la place pour nous forger une compréhension plus compatissante de nos habitudes dysfonctionnelles ou de tout autre aspect de notre conditionnement qui serait source de honte. Il n'y a en réalité rien qui cloche chez nous ; nous ne sommes pas imparfaits, brisés ou déplaisants, contrairement à ce qu'un grand nombre d'entre nous pense. Au contraire, nous nous sommes adaptés comme il était nécessaire de le faire pour rester autant en sécurité que possible au sein des expériences de notre vie. Notre enfant intérieur blessé n'est pas en train d'essayer de saboter notre existence, mais il est là pour nous protéger des événements douloureux de notre passé.

Bien que les habitudes relationnelles dysfonctionnelles que nous avons développées à la suite des traumatismes de notre enfance ne soient pas notre faute, elles sont malgré tout notre responsabilité d'adultes. Nous pouvons retrouver du pouvoir en prenant conscience des souffrances intérieures profondes qui nous conduisent à nous faire du mal, ainsi qu'aux autres, en choisissant de prendre de nouvelles décisions sur la manière dont nous voulons agir dans l'instant présent.

Nous pourrons tous commencer à nous reconnecter avec notre enfant intérieur dès que nous prendrons assez de temps et de place pour explorer et remarquer, sans juger, tout ce que nous essayons de faire pour satisfaire nos besoins émotionnels au sein de nos relations d'adultes. D'un point de vue universel, nous mourons tous d'envie de nous sentir suffisamment en sécurité pour *être* nous-mêmes, exprimer librement nos pensées et nos opinions, poursuivre nos véritables passions et centres d'intérêt, et puiser dans nos idées ainsi que notre créativité. C'est uniquement lorsque chacun d'entre nous sera capable de pleinement s'exprimer, que nous pourrons mutuellement partager une présence « ressentie », ce qui nous permettra individuellement de nous sentir soutenus et en mesure de faire face aux aléas émotionnels de la vie. Faire l'expérience de nos émotions en présence d'une autre personne nous permet de communiquer avec notre tout (corps, esprit et âme) et de créer « l'incarnation » de la connexion émotionnelle nécessaire pour entretenir des relations profondes et authentiques.

Alors que je traversais ma « nuit sombre de l'âme », je me suis aperçue que je n'avais jamais vraiment partagé mon monde émotionnel avec mes relations, alors que je me plaignais de ne jamais être affectivement connectée avec quiconque. Tout comme dans mon foyer de l'enfance, j'ai créé au sein de mes relations des schémas de communication et des dynamiques basées sur le stress ou la complainte, où j'exprimais, auprès de mes partenaires ou de mes amis, uniquement des sentiments d'anxiété et d'inquiétude à propos de mes problèmes en cours. En reproduisant ainsi mes tout premiers rapports humains, je ne laissais aucune place à la formation d'un lien profond et authentique avec qui que ce soit, bien qu'en tant qu'adulte, je n'ai jamais cessé de tenir les autres exclusivement responsables.

J'ai ainsi continué d'incarner la première de la classe aux dépens de mes besoins et désirs authentiques, non parce que les autres ne me laissaient pas être moi-même, mais parce que *je* ne *me* laissais pas être *moi-même.* J'étais bien trop repliée sur moi et effrayée pour être pleinement vulnérable avec les autres ou même reconnaître que j'avais tout simplement des sentiments.

Tandis que je reprenais contact avec mon enfant intérieur, j'ai commencé à percevoir en moi une souffrance sur laquelle j'avais depuis toujours eu du mal à mettre des mots. Alors que j'étais en train d'accepter l'absence émotionnelle perpétuelle de ma mère, je me suis également laissé le temps et la place de faire le deuil de la relation que je n'avais pas eue avec elle, ce qui m'a aidé à être plus honnête avec celle que j'avais véritablement eue. J'ai pris conscience du lien, aussi petit soit-il, que nous avions et je me suis autorisée à ne plus me sentir responsable de celui qui n'avait jamais existé. M'éloigner physiquement de ma mère et du reste de ma famille m'a permis de me rendre compte que maintenant que je suis une adulte, je suis suffisamment en sécurité pour exister dans cette distance émotionnelle qui a toujours été là, et qui, à un moment donné, a représenté une menace pour ma survie. Accepter finalement d'être vulnérable à ma propre souffrance m'a permis de développer une véritable aptitude pour l'empathie et d'être vraiment présente pour la souffrance que les autres portent.

J'ai continué à me pardonner et à faire preuve de compassion envers moi-même, tandis que je commençais à comprendre pourquoi ma souffrance s'était transformée en désir et recherche désespérée d'être vue et aimée pour une version de moi que je refusais de montrer aux autres. Ce fut une douleur profonde et un ressentiment croissant qui a parfois jailli lorsque j'étais inconsciemment amenée à me sentir négligée, inconsidérée ou abandonnée.

Tandis que je développais plus d'empathie pour ma propre expérience, je parvins à donner la compassion, le soin et la considération que mon enfant intérieur blessé avait toujours mérités. En agissant ainsi au début, je me suis sentie étonnamment vulnérable et mal à l'aise, la même chose peut se produire pour vous, si comme moi, pendant votre enfance vous n'avez pas vécu de véritables moments de compréhension ou d'écoute. Au fil du temps et avec de l'entraînement, mon enfant intérieur a fini par se détendre et, tout en étant exactement tel qu'il était, il a pu éprouver un sentiment de valeur plus profond. Même si je sais que personne ne peut faire disparaître la douleur qui existe lorsque vous ne parvenez pas à créer de lien avec votre mère, je suis aujourd'hui en train d'apprendre à m'apporter le soin maternel dont j'ai toujours eu besoin.

Au fur et à mesure que vous allez recréer un lien avec votre enfant intérieur, vous allez peut-être rencontrer les mêmes sentiments de deuil ou de perte profondément enracinés qui sont la base de vos besoins insatisfaits et de vos relations qui n'ont jamais existé. Afin de reconnaître et de prendre soin de nos besoins affectifs au sein de nos rapports humains, nous devons accepter que nous avons toujours eu des émotions. Cela peut paraître évident, mais de nombreuses personnes sont tellement déconnectées de leur corps qu'elles ne se rendent pas compte de ce qu'elles ressentent. Ces émotions contiennent des messages évolutifs (nous développerons cette notion plus en détail dans le prochain chapitre), c'est pourquoi il est fondamentalement important de se reconnecter à ces signaux sensoriels, à la fois pour notre survie mais également pour notre bien-être d'humains. Nous rassemblons sans cesse des informations basées sur des sensations afin d'indiquer à notre cerveau si nous nous sentons ou non en sécurité. Si nous sommes sereins, nous pouvons nous détendre et être authentiquement nous-mêmes, quels que soient nos sentiments.

À présent, prenez un instant pour penser à votre dernier week-end et aux différentes expériences émotionnelles que vous avez pu vivre. Y a-t-il eu des moments où vous vous êtes senti triste, en colère, effrayé, surpris ou joyeux ? Lorsque vous avez éprouvé ces sentiments en présence d'autres personnes, est-ce que vous vous êtes suffisamment senti en sécurité pour les leur communiquer directement ? Ou bien vous êtes-vous suffisamment senti en sécurité pour exprimer vos émotions d'une autre manière en leur présence (par des cris, des pleurs ou des rires non agressifs) ?

Explorer comment les différentes façons dont vous exprimez vos sentiments aux autres peut vous aider à mieux comprendre vos habitudes émotionnelles dans vos relations actuelles. Posez-vous les questions suivantes :

- Parvenez-vous à rester calme et à exprimer vos sentiments d'une manière sûre pour vous ainsi que pour les personnes qui vous entourent ?
- Êtes-vous réactif et éruptif envers les autres, avez-vous tendance à les poursuivre, à vous détacher, vous dissocier ou à vous en prendre à eux ?
- Vous faites-vous du mal d'une manière ou d'une autre, en utilisant des substances, en ignorant votre travail ou vos loisirs personnels, ou en sacrifiant votre sommeil, votre alimentation ou bien d'autres besoins essentiels pour vous ?
- Faites-vous du mal aux autres d'une manière ou d'une autre, en étant par exemple physiquement ou émotionnellement explosif ou violent, par vos paroles ou votre comportement ?

Lorsque nous faisons face à nos émotions de manière immature, déraisonnable ou irrationnelle, ceci est le signe qu'une part blessée de nous-mêmes est en train de se défendre. Soyez attentif à ces moments : si vous parvenez à observer de manière objective les instants où vous êtes réactif, cela vous aidera à vous reconnecter avec vos blessures émotionnelles les plus profondes. Dans ces instants, prenez le temps d'examiner les raisons pour lesquelles vous vous sentez peut-être en danger, effrayé ou blessé, en vous posant les questions suivantes :

- Êtes-vous inquiet à l'idée d'être blessé, abandonné ou délaissé par quelqu'un d'autre ?

- Vous sentez-vous ignoré, négligé ou invisible aux yeux des autres ?
- Vous sentez-vous sous-estimé ou critiqué pour le rôle que vous jouez dans vos relations ?
- Vous sentez-vous surestimé ou particulièrement mis en avant pour certaines de vos caractéristiques ?
- Vous sentez-vous contraint ou contrôlé par une autre personne ?

Explorer les raisons pour lesquelles vous vous sentez concerné peut vous aider à recréer un lien avec votre enfant intérieur et à observer de quelles manières les anciennes blessures de votre enfance ont peut-être encore des conséquences sur vos relations d'aujourd'hui.

Certains d'entre nous sont déjà tout à fait conscients de leurs réactions immatures, déraisonnables ou irrationnelles au sein de leurs relations. Si Mona était honnête avec elle-même, elle saurait que ses pensées, sentiments et réactions instinctives envers Juan sont irrationnels, même si elle avait le sentiment de ne pouvoir faire autrement. De la même manière, il est possible que vous sachiez que vous réagissez de façon disproportionnée à la distance, à la séparation ou que vous preniez certaines remarques ou actions personnellement, même lorsque les autres ont de bonnes intentions. Vous avez peut-être conscience que vous avez tendance à vous emporter ou à réagir de manière excessive lorsque vous êtes dérégulé, que vous vous sentez blessé ou contrarié par les autres. Ou alors que vous agissez de manière passive agressive, froide ou bien que vous ignorez ou cessez de parler aux autres lorsque vous avez l'impression que l'on vous a manqué de respect. Vous pouvez également être hypervigilant, essayer de gérer ou de contrôler la vie des autres dans les moindres détails, comme le ferait un enfant autoritaire dans une cour de récréation.

Réexaminons le voyage de Mona pour recréer un lien avec son enfant intérieur blessé. Elle a commencé par reconnaître et accepter ce qu'elle connaissait déjà sur un plan instinctif : qu'elle était réactive et irrationnelle lorsqu'elle percevait des moments de distance dans ses relations amoureuses. Sans jugement, elle a progressivement développé plus de compassion envers elle-même lorsqu'elle entendait la voix de son enfant intérieur blessé murmurer : « Il ne t'aime plus, il va te quitter, tu n'es pas digne de tout cela. » Elle a compris que cette voix était le produit dérivé inconscient d'anciennes blessures et non l'indication exacte de ce qui était en train de se produire à l'instant présent.

Aujourd'hui, lorsque Mona entend la voix de son enfant intérieur blessé, elle essaie d'être attentive à son corps. Elle s'est aperçue que généralement son rythme cardiaque monte en flèche, sa respiration devient superficielle et ses muscles se tendent : un ensemble de signes indiquant que le système nerveux est dans une réponse de lutte. Au fur et à mesure, elle a pris de plus en plus conscience de ces différentes sensations physiques (nous aborderons avec vous de quelles manières dans le chapitre 5), a été capable d'identifier les moments où elle se sentait menacée et qui la rendaient plus susceptible d'interpréter le comportement des autres de façon inexacte et de mal réagir. Dans ces instants, elle s'est mise à mettre en application les techniques impliquant le corps et l'esprit, afin de réguler son système nerveux et d'apaiser son enfant intérieur blessé, désamorçant ainsi l'intensité de sa réactivité émotionnelle. Cela lui a permis de renforcer la voix de la sagesse dans sa tête qui lui rappelait : « Tu te sens simplement menacée en ce moment, et peut-être que tu interprètes mal les comportements de Juan. Il est probablement occupé, son téléphone n'a plus de batterie, il a besoin d'espace ou bien n'est pas d'humeur expansive, dans tous les cas cela n'a rien à voir avec toi. Tu peux t'aider à te sentir plus en sécurité, sans être réactive ou en agissant d'une manière que tu regretteras par la suite. »

Observez votre enfant intérieur blessé

Notre enfant intérieur est la partie inconsciente de notre esprit dans laquelle nous transportons nos besoins inassouvis, les émotions refoulées de notre enfance ainsi que nos stratégies de défense habituelles. Lorsque ces blessures profondes et inconscientes sont activées, sans nous en apercevoir, nous basculons généralement dans l'attitude que nous adoptions lorsque nous étions enfants pour réguler nos émotions, dans l'espoir de nous protéger, d'éviter ou d'apaiser une souffrance.

Examinez la liste ci-dessous et au cours des prochaines semaines prenez le temps d'observer votre enfant intérieur blessé. Rappelez-vous que ces états de souffrances et de réactivité sont souvent les signes d'une douleur émotionnelle, essayez donc de ne pas vous juger et de faire preuve de compassion envers vous pendant que vous vous reconnecterez à cette détresse profondément enracinée.

_______ *Je suis émotionnellement explosif et je hausse le ton, je dis des choses que je ne pense pas, je claque des portes ou je jette des objets.*

_______ *J'adopte une attitude extrêmement défensive ou alors je suis incapable d'écouter les pensées et les sentiments des autres sans les prendre de manière personnelle, me sentir attaqué ou être émotionnellement réactif.*

_______ *Je dédaigne les sentiments des autres, je les désapprouve ou les renie, j'essaie de changer ce qu'ils ressentent afin de me libérer de mon inconfort.*

_______ *Je suis des réflexions binaires, percevant les choses uniquement comme toutes bonnes ou mauvaises, j'ai beaucoup de mal à envisager des nuances contextuelles ou le point de vue d'une autre personne.*

_______ *Je concentre mes conversations ou mes expériences autour de mes émotions ou j'ai beaucoup de mal à exprimer de la curiosité ou de l'empathie envers l'univers intérieur d'une autre personne.*

_______ *J'essaie de contrôler ou de dominer les conversations en changeant de sujet vers quelque chose qui m'intéresse ou j'insiste pour exprimer uniquement mes points de vue et mes expériences.*

_______ *Je cherche activement des moyens de me distraire ou d'éviter des conversations, des sujets ou des expériences qui me mettent mal à l'aise, en passant du temps sur les réseaux sociaux, en allumant la télévision ou en quittant tout simplement la pièce.*

_______ *Je me retire, me renferme ou je prends de la distance émotionnelle, me replie sur moi-même ou bien je cesse de parler aux autres.*

_______ *Je me renferme pour ne pas recevoir de l'amour ou de l'attention de la part d'une autre personne, ou bien je refoule volontairement l'expression de ma vulnérabilité en leur présence, choisissant à la place de rester « solide » ou émotionnellement distant.*

_______ *J'utilise l'alcool, la nourriture ou d'autres substances pour m'engourdir ou bien j'adopte d'autres comportements autodestructeurs lorsque je suis stressé, contrarié ou simplement mal à l'aise.*

Plus vous remarquerez fréquemment ces réactions, plus il y a de chances que votre enfant intérieur soit blessé. Au fur et à mesure que vous serez plus conscient de ces facettes réactives, qui désirent être vues et valorisées pour la présence protectrice qu'elles représentent, plus vous pourrez commencer à leur montrer votre compassion et votre amour.

Identifier les habitudes de votre enfant intérieur blessé

Prenez quelques semaines pour observer la présence de votre enfant intérieur blessé dans votre vie quotidienne. Plus vous remarquerez régulièrement vos réactions liées à votre blessure, mieux vous pourrez percevoir certains thèmes. Vous pouvez vous servir des propositions suivantes pour explorer tout schéma que vous découvrirez fréquemment.

Lorsque mon enfant intérieur blessé est activé, j'ai tendance à me dire______.
J'ai tendance à penser______[identifier vos sensations physiques].
Dans mes relations, j'ai tendance à agir______.
Par la suite, j'ai tendance à penser______ et à ressentir______.

Vos soi conditionnés

Comme nous le savons à présent, nos soi conditionnés font partie de notre système nerveux. En actionnant encore et toujours les mêmes circuits neuraux, ils se relient les uns aux autres, augmentant ainsi la probabilité que notre cerveau continue de reproduire les mêmes réactions à des événements identiques futurs. À l'image d'un sentier bien fréquenté à travers une forêt dense, les circuits les plus fréquemment utilisés deviennent les chemins les plus faciles et les plus instinctifs que notre cerveau suit. À l'âge adulte, nos soi conditionnés nous semblent neurobiologiquement familiers, sûrs, voire naturels.

Pourtant, quelle que soit notre intimité avec ceux-ci, nos rôles conditionnés peuvent nous maintenir piégés dans des cycles de liens traumatiques dysfonctionnels avec notre entourage. Heureusement, nous pouvons engendrer une réelle transformation en les identifiant. Une fois nos rôles habituels déterminés, nous pouvons commencer à faire des choix conscients afin de nous exprimer de manière plus authentique.

Les sept soi conditionnés

Nous avons tous des blessures de l'enfance uniques et nous avons tous développé nos propres stratégies de défense pour y faire face. Cela dit, il existe des points communs dans les mécanismes que les enfants adoptent afin de répondre à leurs besoins émotionnels. Après avoir passé du temps avec mes patients, au sein de ma communauté mondiale et de mes relations personnelles, j'ai fini par identifier sept soi conditionnés que nous endossons souvent dans nos rapports d'adultes. Ils sont : l'aidant, le premier de la classe, l'effacé, le sauveteur ou le protecteur, le boute-en-train, l'accommodant et l'admirateur dévoué.

Pour ceux d'entre vous qui ont lu *Pars à ta rencontre*, vous vous en souviendrez sans doute comme les *sept archétypes de l'enfant intérieur.* Ceux-ci sont simplement les schémas les plus fréquents selon lesquels nous créons des liens dans nos relations et nos environnements de l'enfance. Au fil du temps, nos archétypes font partie intégrante du circuit neural de notre cerveau, et finissent par devenir les soi conditionnés que nous sommes neurobiologiquement poussés à incarner ou habiter quotidiennement.

En lisant les descriptions suivantes, gardez à l'esprit qu'il est possible que vous vous reconnaissiez uniquement dans un seul soi conditionné ou bien dans plusieurs à la fois. Nous sommes capables de basculer de l'un à l'autre, en fonction de la personne avec qui nous sommes ou de la période de notre vie. Nous pouvons endosser systématiquement le même au sein de nos relations amoureuses et en adopter un complètement différent avec notre famille, nos amis ou encore nos collègues et nos supérieurs au travail.

Dans cette section, notre but est d'observer le ou les soi(s) conditionné(s) que nous incarnons le plus souvent dans nos différents rapports humains. Ceci nous aidera à déterminer les habitudes qui sont devenues inutiles ou qui ne nous aident plus à entretenir les relations que nous désirons. Une fois conscients de notre conditionnement, nous pourrons commencer à volontairement choisir de façonner de nouvelles habitudes, qui répondront mieux à nos besoins ainsi qu'à nos relations. On appelle ce processus l'*intégration*. Cela ne veut pas dire que nous ne sommes plus contraints d'agir de manière habituelle, mais que nous sommes davantage conscients des moments où nous nous sentons enclins à jouer ces rôles. En ouvrant les yeux sur nos habitudes inconscientes, nous nous offrons la possibilité de commencer à faire des choix qui ne font pas partie de nos schémas neurobiologiquement programmés et ainsi créer un changement. L'exercice d'« évaluation du soi conditionné » qui se trouve à la page 184 vous aidera à débuter ce processus d'intégration.

Voici les définitions des sept soi conditionnés différents.

L'aidant. Il acquiert un sens de l'identité et de l'estime de soi en satisfaisant les besoins des autres au sein de ses relations. Il pense que pour recevoir de l'amour, la seule solution est que les autres aient besoin de lui ou qu'il prenne souvent physiquement ou émotionnellement soin d'eux, tout en négligeant ses besoins et désirs personnels. Il peut rechercher des relations, des expériences ou des carrières où il doit ou peut endosser ce rôle dès les premiers signes de besoins. Le système nerveux de l'aidant est souvent hypervigilant et en mode faire plaisir, il scrute sans cesse son environnement afin d'évaluer les besoins des autres.

Le premier de la classe. Il cherche à être l'ami, l'enfant, le partenaire ou l'époux « parfait ». Il est en quête d'une approbation extérieure constante et se concentre souvent ou est souvent dévoré par la façon dont il se mesure aux autres. Il a généralement tendance à porter l'essentiel de la responsabilité d'une relation, et a souvent du mal à demander ou à recevoir de l'aide. Le système nerveux du premier de la classe est habituellement dans un mode distrait, car il cherche à se divertir en s'autoévaluant, s'autoanalysant ou en critiquant ses pensées, notamment en l'absence de validation extérieure.

L'effacé. Il cherche à rester à distance de toute évaluation ou jugement en dissimulant aux autres certaines voire toutes ses facettes indésirables, convaincu que la seule façon d'être aimé est de prendre le moins de place possible et de ne pas se faire remarquer au sein de ses relations. Il a peu d'estime personnelle, craint la critique et peut être souvent émotionnellement distant, fuyant ou indifférent afin de se protéger de tout rejet éventuel. Il peut parfois agir de façon à recevoir une attention négative afin de confirmer le sentiment inconscient et profondément enraciné qu'il n'est pas méritant. Le système nerveux de l'effacé bascule souvent entre le mode distrait, en se divertissant par des pensées désapprobatrices ou humiliantes envers lui-même, et le mode détaché, en ralentissant son système de motivation et d'énergie, ce qui peut engendrer des décisions ou des actions différées.

Le sauveteur ou le protecteur. Se retrouve régulièrement dans des relations qui lui permettent de sauver, protéger ou être tout simplement au service de celui ou celle qu'il perçoit comme désespéré, incapable, ou dépendant. Il peut acquérir un sentiment de supériorité parce qu'il n'a besoin d'aucune aide personnelle et a beaucoup de mal à demander ou à recevoir du soutien, même lorsque cela est nécessaire. Le rôle du sauveteur ou du protecteur est identique à celui de l'aidant, mais tandis que le second s'efforce de prendre soin des besoins physiques des autres, le premier se soucie davantage de défendre les personnes qu'il perçoit comme émotionnellement vulnérables. Le système nerveux du sauveteur ou du protecteur est souvent hypervigilant et bloqué en mode faire plaisir, scrutant inconsciemment ceux qui auraient besoin de son intervention ou de sa protection.

Le boute-en-train. Il craint les émotions ou les expériences inconfortables et évite à tout prix les conflits. Il a tendance à ne pas exprimer à voix haute des problèmes ou des opinions qui pourraient provoquer des désaccords ou des sentiments bouleversants. Il semble habituellement heureux, mais est souvent dissocié ou détaché de la réalité. Le système nerveux du boute-en-train est généralement bloqué dans un mode détaché, d'engourdissement, de dissociation ou de distanciation de la plupart, voire de toutes les pensées, sentiments et expériences stressantes ou inconfortables.

L'accommodant. Il a tendance à toujours être d'accord ou à n'exprimer aucune préférence au sein de ses relations, et est souvent qualifié de celui qui fait plaisir aux autres ou qui se laisse marcher sur les pieds. Il suit généralement des dynamiques co-dépendantes, négligeant ses propres besoins et laissant tout tomber pour répondre à ceux des autres. Il est fier d'agir de manière « altruiste » (ou d'être un « martyr ») en étant coûte que coûte présent pour les autres et finit souvent par trop donner sans recevoir suffisamment de soutien ou d'attention dans ses relations. Il adopte régulièrement les croyances, les habitudes et mêmes loisirs de ses partenaires, ses amis ou les membres de sa famille et peut se sentir perdu ou impuissant sans personne pour l'orienter. Le système nerveux de l'accommodant est souvent bloqué dans un mode d'hypervigilance ou de faire plaisir, en faisant systématiquement passer les autres avant lui.

L'admirateur dévoué. Il a tendance à admirer les personnes avec qui il a des relations ou à mettre les autres sur un piédestal. Il pense que son entourage sait ce qu'il y a de mieux pour lui, est facilement influençable et peut se dénigrer, percevant généralement les autres comme des modèles de vie. Il les idéalise et se reproche ou a souvent honte de penser ou de ressentir des choses différentes ou bien d'avoir des besoins séparés. Le système nerveux de l'admirateur dévoué est souvent bloqué dans un mode d'hypervigilance et de faire plaisir en donnant plus d'attention et de poids aux pensées, opinions, croyances et sentiments des autres qu'à ses propres instincts.

Toutes les habitudes associées à nos soi conditionnés ne sont pas dysfonctionnelles ou à éviter. Un grand nombre des actions listées dans les pages précédentes, telles que prendre soin des autres et être motivé pour atteindre certains objectifs, ne sont pas en elles-mêmes dysfonctionnelles. Elles le deviennent lorsque nos blessures de l'enfance nous poussent sans cesse à reproduire des situations, même lorsque cela n'est pas dans notre intérêt ou celui de nos relations. Avoir davantage conscience de nos soi conditionnés nous offre la possibilité de choisir consciemment et intentionnellement nos actes, au lieu de laisser les vestiges de nos réactivités passées et tout autre comportement appris, gouverner nos actions présentes.

Comme un grand nombre d'entre vous, j'ai cru pendant des années que je n'avais pas voix au chapitre sur mes multiples habitudes de première de la classe, même si je n'avais pas conscience de la notion de soi conditionné. Aujourd'hui, je laisse encore parfois ma peur du rejet de l'enfance diriger mes réactions et mes choix, trouvant encore difficile d'exprimer mes vulnérabilités et mes besoins personnels aux autres. Alors que ma mère était mourante, j'ai eu beaucoup de mal, au début, à demander du soutien à mes partenaires. À la place, je les ai repoussées afin de pleurer seule dans ma chambre, et lorsqu'elles ne venaient pas me réconforter, j'étais en colère et amère, convaincue qu'elles devaient tout simplement « savoir » ce dont j'avais besoin et ce que je voulais qu'elles fassent. Non seulement il s'agissait de l'une de mes croyances immatures et conditionnées, mais en réalité, je n'agissais absolument pas comme une personne qui désirait ou avait besoin de réconfort. Tout comme ma mère l'avait fait pendant tant d'années auparavant, je ne savais pas comment créer un lien avec mon entourage lorsque j'étais émotionnellement bouleversée, c'est pourquoi j'ai continué à suivre le même schéma de déconnexion vis-à-vis de mon inconfort et de toute possibilité de recevoir l'amour et le soutien dont j'avais pourtant tant besoin.

Je continue de prendre de plus en plus conscience de la fréquence et des moments où j'endossais le rôle de la première de la classe avec les autres. Je suis de mieux en mieux à même de savoir lorsque j'ai des attentes irréalistes envers moi. Dans ces moments, je peux volontairement me rappeler que personne ne s'attend à ce que je sois parfaite et que si j'essaie de l'être, je vais m'empêcher de créer des liens profonds et authentiques avec mon entourage. Cette conscience me donne ensuite la possibilité de faire des choix intentionnels, qui seront plus utiles à mes besoins authentiques et qui m'aideront à mieux me connecter aux autres et au monde qui m'entoure.

Peu de temps avant le premier anniversaire de la mort de ma mère, j'ai décidé de partir en voyage, seule, un week-end afin d'être pleinement présente à mes émotions, de réguler mon système nerveux et de créer des sensations de sécurité indispensables, quels que soient les sentiments que j'éprouvais à chaque instant. Ce temps et cet espace m'ont permis de retrouver le chemin vers un état plus régulé dans lequel je pouvais me sentir suffisamment sereine pour m'ouvrir à une connexion avec l'amour disponible autour de moi. Lorsque je suis revenue, j'étais capable de demander de manière vulnérable le soutien dont j'avais besoin. À cet instant, j'étais véritablement en accord avec toutes les formes d'aides disponibles, étant donné que je n'attendais plus ou n'avais plus besoin qu'elles fassent disparaître ma tristesse et mon deuil. Non seulement, personne ne peut le faire à notre place, mais en plus personne n'est émotionnellement disponible pour nous à tout instant, j'ai ainsi découvert que le soutien que nous désirons vraiment est qu'une personne soit présente et connectée à nous, quels que soient nos sentiments. Pour dire les choses plus simplement, comme chacun d'entre vous, je veux me sentir moins seule dans ma douleur et ma souffrance.

Explorez vos soi conditionnés

Pour la plupart, nous alternons quotidiennement entre nos soi conditionnés et notre Soi authentique, nous le faisons même parfois à chaque instant. Bien que beaucoup d'entre nous ne soient pas connectés à leurs besoins les plus profonds ou certains de celui ou celle que nous sommes vraiment, l'une des manières de recréer un lien avec notre Soi authentique, c'est d'identifier les soi conditionnés que nous incarnons le plus souvent.

Afin d'explorer ceux-ci, vous devez passer plus temps à observer et à noter les schémas caractéristiques que vous identifiez dans vos relations avec vos amis, votre famille, vos collègues ou vos partenaires amoureux, en vous servant des propositions suivantes. Souvenez-vous qu'il est possible que vous ne découvriez pas qu'un seul soi conditionné au sein de vos diverses relations. Le but de cet exercice est de déterminer vos soi conditionnés afin qu'en avançant, vous puissiez prendre conscience des moments où vous tentez d'endosser ces rôles habituels dans vos rapports humains.

Évaluation de vos soi conditionnés

Examinez la liste suivante et prenez le temps de vous observer sans vous juger au sein de vos différentes relations. Vérifiez quelles sont les habitudes que vous percevez le plus fréquemment en vous-même. Il est même possible que vous remarquiez qu'au fil du temps, vous incarnez des soi différents dans des relations diverses.

L'aidant :

_______ Lorsque je suis dans une relation, je ressens l'intense désir que l'on ait besoin ou que l'on dépende de moi.
_______ J'ai souvent une conscience extrême des besoins physiques des autres ou j'essaie même de prédire ce qu'ils pourraient être.
_______ J'ai la sensation que les moments où je suis le plus aimé sont ceux où une personne se repose d'une manière ou d'une autre sur moi, pour que je prenne soin d'elle.

Le premier de la classe :

_______ Je me concentre en permanence sur le fait que les autres pensent ou non que je suis assez bien.
_______ Je suis fier d'être « le meilleur » amant, ami, sœur, fils, etc.
_______ Je suis généralement le premier à entrer en contact, à tendre la main ou bien à être présent pour une autre personne, même si cela n'est pas réciproque.

L'effacé :

_______ J'ai tendance à éviter tout problème relationnel ou d'engagement.
_______ J'ai du mal à me sentir vulnérable ou émotionnellement connecté aux autres.

_______ *J'évite les conflits et toutes les situations dans lesquelles je pourrais me sentir rejeté ou abandonné.*

Le sauveteur ou le protecteur :

_______ *Je suis attiré par des personnes ou des relations dans lesquelles toute l'attention se porte sur l'autre.*

_______ *Je me sens aimé ou important lorsque l'autre personne est émotionnellement vulnérable et a besoin que je sois là pour elle.*

_______ *J'ai tendance à être farouchement protecteur envers les personnes avec lesquelles j'ai une relation et à prendre leur partie ou à adopter leur point de vue, quel qu'il soit ou même si je ne suis pas d'accord.*

Le boute-en-train :

_______ *Mes relations sont rarement conflictuelles.*

_______ *Je ne m'occupe généralement pas de mes sentiments ou évite de parler de choses qui pourraient me mettre mal à l'aise.*

_______ *Je pense que la meilleure façon de gérer une situation stressante ou bouleversante est de faire comme si tout allait bien.*

L'accommodant :

_______ *La plupart du temps, j'ai tendance à « suivre le mouvement » ou à m'en remettre aux besoins et aux désirs de mes proches.*

_______ *Lorsque je suis dans une relation, j'ai tendance à adopter les préférences de mes amis ou de mes proches, comme me vêtir de la même façon, exprimer les mêmes croyances, avoir les mêmes loisirs, ou changer d'emploi du temps pour m'adapter aux leurs.*

_______ J'accepte de faire ce que les autres attendent de moi, même si cela interfère avec mon travail, mon repos ou le soin de ma personne.

L'admirateur dévoué :

_______ Lorsque je rencontre quelqu'un pour la première fois, j'ai tendance à m'éprendre de lui ou elle et à le ou la croire parfait(e).

_______ Je dissimule ou je change souvent certaines facettes de ma personnalité dont j'ai honte, pour essayer de ressembler davantage à ces personnes que j'idéalise.

_______ J'ignore les imperfections ou les difficultés que je rencontre chez les personnes que j'aime et j'ai tendance à uniquement me concentrer sur leurs aspects positifs.

La pause pour reprendre le pouvoir

Comme nous l'avons découvert, notre expérience de la vie est façonnée et filtrée par le conditionnement de notre cerveau. Prendre conscience de nos réactions et de nos schémas habituels nous donne le pouvoir de commencer à modeler et à créer les expériences que nous désirons, au lieu de nous sentir bloqués, insatisfaits ou impuissants face à notre situation. Ce processus se forme dans la zone de notre cerveau que l'on nomme *le cortex préfrontal*, qui contrôle nos réponses intentionnelles, ainsi que notre capacité à organiser, à être attentif, à maîtriser nos impulsions, à retarder notre plaisir, à prédire certaines conséquences et à gérer nos réactions émotionnelles.

Nous pouvons nous entraîner à activer notre cortex en faisant une pause avant de réagir aux pensées, aux sentiments et aux impulsions qui vont et viennent tout au long de notre journée. Cette pratique peut nous permettre de prendre conscience de notre réactivité et de faire de la place pour pouvoir choisir de nouvelles réponses plus intentionnelles. Les questions et les exercices suivants vous permettront d'explorer votre propre expérience de la réactivité. Prenez le temps de réfléchir et de noter vos pensées ainsi que vos sentiments dans un carnet ou un journal si cela est utile.

- Prenez quelques instants pour vous souvenir d'un moment où vous vous êtes surpris à réagir de manière instantanée ou explosive à une expérience, sans prendre le temps de songer à votre comportement et explorer les questions suivantes :

Qu'avez-vous physiquement ressenti pendant et après ce moment de réactivité ?

Qu'avez-vous émotionnellement ressenti pendant et après ce moment de réactivité envers vous-même et envers toutes les personnes impliquées ?

- Prenez quelques instants pour vous souvenir d'un moment où vous avez eu une autre réaction instantanée ou explosive face à un événement et explorez les questions suivantes :

Qu'avez-vous physiquement ressenti pendant et après cet autre moment de réactivité ?

Qu'avez-vous émotionnellement ressenti envers vous-même et la personne qui a réagi ?

- Prenez quelques instants pour vous souvenir d'un moment où vous vous êtes surpris à être capable de rester ancré dans vos réponses ou vos choix, et explorez les questions suivantes :

Qu'avez-vous physiquement ressenti pendant et après ce moment de réactivité ?

Qu'avez-vous émotionnellement ressenti pendant et après ce moment de réactivité envers vous-même et envers toutes les personnes impliquées dans cette expérience ?

Souvenez-vous, il n'y a aucune « bonne » ou « mauvaise » réponse ; ce travail de changement permanent de nos schémas et de nos habitudes conditionnés commence par l'exploration de soi, un processus qui peut être, en lui-même, stimulant. Lorsque nous sommes capables de prendre conscience de nos habitudes conditionnées, nous pouvons faire des choix relationnels intentionnels, au lieu de réagir et de reproduire systématiquement nos anciennes blessures de l'enfance. Nous pouvons ensuite explorer avec curiosité les différentes raisons pour lesquelles les rôles que nous endossons depuis notre naissance ne rendent peut-être plus service à notre Soi authentique ou à nos relations. Le travail d'intégration de nos soi conditionnés permet de restaurer notre sentiment de sécurité, quoi qu'il se passe avec les personnes qui font partie de notre vie. Créer cette sérénité pour nous-mêmes, à travers des choix quotidiens, permet de construire de nouveaux chemins neuraux dans notre cerveau. Au fil du temps, et grâce à une répétition systématique, ces derniers deviendront permanents et les habitudes qui y sont associées seront instinctives.

Cela ne veut pas dire que nous ne reproduirons plus jamais nos pensées, sentiments ou réactions conditionnées, ou que nous ne nous sentirons plus jamais instinctivement retenus par notre douleur familière. Devenir conscient de notre Soi ou de nos soi conditionnés signifie que nous parviendrons à avoir accès à de nouveaux choix qui seront plus en adéquation avec celui ou celle que nous sommes, et que nous voulons être, ainsi qu'avec les personnes et les dynamiques relationnelles qui nous épanouissent véritablement. Je pense d'ailleurs que vous ne serez pas surpris d'apprendre, que c'est un système nerveux régulé qui vous donnera accès à ces nouveaux choix. Nous commencerons notre voyage vers un système nerveux sain dans le prochain chapitre, où nous continuerons d'explorer des pratiques de la conscience corporelle qui peuvent bouleverser votre vie.

5

Exploitez la connaissance de votre corps

Avant que nous nous plongions plus en profondeur dans la conscience corporelle, prenons quelques minutes pour réaliser un exercice rapide qui vous aidera à recréer un lien avec votre corps, exactement tel qu'il se sent à cet instant.

Commencez par le sommet de votre crâne, remarquez si vous entretenez des tensions dans certains de vos muscles (mâchoire, cou, épaules, bas du dos, jambes et ainsi de suite). Respirez lentement et profondément en vous concentrant sur toutes les zones tendues ou comprimées, relâchez votre mâchoire et aplatissez votre langue si elle est au contact de votre palais, si vos épaules sont relevées ou voûtées abaissez-les et amenez-les vers l'arrière, puis relâchez toutes autres tensions dans vos muscles. Prenez encore un instant pour noter toutes les évolutions ou changements dans votre état mental ou émotionnel après avoir ainsi détendu votre corps.

Il est probable qu'un grand nombre d'entre vous ait découvert un stress ou des tensions que vous n'aviez pas remarquées auparavant. Peut-être que certains ont eu du mal à sentir leur corps. Bien que cet exercice puisse sembler sans aucun lien avec la résolution des problèmes qui existent au sein de vos relations, il est en réalité un élément crucial du puzzle. Comme vous allez le découvrir tout au long de ce chapitre, le véritable sentiment de sécurité physique et émotionnelle commence dans votre corps ; or tant que nous n'avons pas ressenti cette sérénité en nous, il est impossible de nous sentir en sécurité avec les autres.

Lorsque j'étais petite, je me suis adaptée à mon environnement stressant en utilisant la déconnexion avec mon corps comme une stratégie de survie et j'ai ignoré les signaux qu'il m'envoyait systématiquement. Je n'avais absolument pas conscience des moments où mes muscles étaient tendus ou ma respiration était rapide et superficielle : un état qui a perduré à l'âge adulte, et qui m'empêchait d'accorder de l'intérêt aux besoins de mon corps ainsi qu'à ce que je ressentais véritablement. Comme vous pouvez le voir, nos sensations physiques jouent un rôle important dans notre vie émotionnelle, car elles transmettent en temps réel l'évaluation de notre environnement par notre corps à notre cerveau. J'étais cependant trop détachée pour ressentir quoi que ce soit, vivant l'essentiel de mon existence dans ma tête, coupée de mon être physique.

Je n'étais pas à l'aise dans mon corps, et il ne me donnait pas un sentiment de sécurité. Lorsque j'étais enfant, personne ne m'a montré comment il est possible d'y vivre pleinement et de s'y sentir protégé. À la place, au sein de mon foyer j'ai été exposée à la honte corporelle et à l'insécurité. Ma mère et ma sœur faisaient en permanence des régimes ou bien adoptaient un comportement alimentaire restrictif. Elles étaient très critiques envers leur apparence physique et celle des personnes de leur entourage, ma mère faisait souvent des commentaires sur toute prise ou perte de poids ou encore tout changement corporel des membres de notre famille, y compris elle-même.

En grandissant, étant mal dans ma peau et ayant de plus en plus de mal à tolérer les sensations que je ressentais dans mon corps stressé, j'ai commencé à me fermer à tous les aspects physiques de mon existence. Même si j'avais désespérément envie de me sentir émotionnellement connectée aux autres, comme je n'avais plus aucun contact avec mon Soi physique, je ne pouvais pas accéder à des émotions qui m'auraient permis de créer des liens avec une autre personne. En réalité, j'éprouvais la plus grande difficulté à ressentir *quoi que ce soit*.

Il m'a fallu des années pour créer un état de conscience corporelle, ou pour avoir une meilleure connaissance des sensations physiques de mon corps et pour pouvoir aider mon système nerveux à se réguler de manière consciente et intentionnelle. Nous sommes nombreux à ne pas avoir grandi dans des foyers sûrs ou avec des relations sereines, c'est pourquoi nous continuons de vivre avec un système nerveux dérégulé, qui nous empêche de nous connecter à notre monde intérieur et extérieur. Tout au long de votre voyage, vous allez devoir être patient avec vous-même.

Qu'est-ce que la conscience corporelle ?

Nous avons tous conscience d'avoir un corps physique. Nous nous en servons quasiment pour tout et en règle générale, nous savons ce que cela fait de marcher, de s'asseoir, de dormir, de faire du sport, de faire l'amour, de se tenir la main, de manger, de boire du vin, de courir sous la pluie, de danser dans la neige ou de faire une sieste au soleil. Un grand nombre d'entre nous a conscience des besoins fondamentaux de leur corps : nous savons généralement lorsque nous avons faim, soif, lorsque nous sommes fatigués, malades ou blessés. Certains d'entre nous peuvent être attentifs au bien-être de leur corps et essaient de manger sainement, de faire de l'exercice, de dormir suffisamment ou d'adopter d'autres habitudes qui, selon nous, pourront améliorer notre apparence physique et ce que nous ressentons à l'intérieur.

Même pour ceux d'entre nous qui sont soucieux de leur santé, ils sont rarement conscients de leur corps ou de l'insécurité qu'ils peuvent ressentir dans leur soi physique. Le terme *conscience corporelle*, tel que je l'emploie dans ce livre, ne désigne pas un état de conscience de soi ou une conscience extrême de notre apparence, envers les autres ou nous-mêmes. Il décrit plutôt notre faculté à ressentir ce qu'il se passe dans notre corps.

Nous développons notre conscience corporelle en améliorant notre capacité à observer nos sensations physiques, et ensuite en nous servant de ces données sensorielles pour réguler notre système nerveux et nos réactions comportementales. Apprendre à identifier les moments où notre système nerveux est stressé, créé la possibilité de basculer volontairement d'un état réactif, fuyant ou dissocié vers un état plus ouvert et réceptif. En étant de plus en plus à l'écoute de nos sensations physiques, nous pouvons non seulement commencer à discerner des signes de stress évidents (tels que l'accélération de notre rythme cardiaque ou de notre respiration), mais également des signaux plus subtils, par exemple si notre énergie est légère et faible, pesante, calme ou agitée ; si nos épaules sont voûtées ou droites ; si nous parlons d'une voix apaisée ou forte, rapidement ou lentement ; et si nous sommes facilement capables de soutenir un regard ou de sourire.

Ces sensations peuvent paraître ordinaires, mais elles sont pourtant le reflet de l'état de notre système nerveux et transmettent également des informations à notre cerveau, qui l'aide à déterminer nos émotions. Être capables de percevoir de manière consciente ces changements sensoriels nous permet de comprendre les messages émotionnels qu'ils envoient à notre cerveau. Nous pouvons ainsi nous accorder suffisamment d'espace pour nous recentrer lorsque nous savons que nous sommes activés et cela nous donne la possibilité de créer un sentiment de sécurité en utilisant la technique intentionnelle d'implication du corps et de l'esprit, que je vous présenterai plus tard dans ce chapitre.

Il n'est pas facile de maintenir un état de conscience corporelle constant. Le stress et les traumatismes qui sont stockés dans notre corps affectent notre capacité à être attentifs à nos expériences présentes. Le plus souvent, notre esprit réagit au stress et aux tensions emmagasinés dans notre corps, poussant notre esprit à vagabonder et nous empêchant de nous concentrer sur le moment présent et d'être pleinement conscients de ce qu'il se passe autour de nous. C'est à cause de ces spirales de pensées induites par le stress que nous sommes peu nombreux à être véritablement présents au quotidien dans notre corps ; à la place, nous restons dans notre esprit, passant inlassablement d'une réflexion sur le passé à une autre, ou essayant de prédire l'avenir. Bien qu'il puisse être parfois utile de songer au passé ou d'imaginer le futur, nous avons besoin d'être immergés dans l'instant et de nous connecter à notre corps afin d'être véritablement *en notre propre présence*. Si nous sommes en permanence concentrés sur ce que les autres pensent ou ressentent à propos de nous ou avec nous, il est possible que nous ne sachions jamais comment nous nous sentons vraiment *avec eux*.

Outre les conséquences de ce stress stocké dans notre corps, certains d'entre nous ont pris l'habitude d'avoir honte de leur apparence à travers des messages culturels ou sociétaux auxquels nous avons tous été exposés. Le manque de diversité de couleurs de peau, d'ethnicités, de corpulences et de capacités physiques à la télévision, dans les médias et les films ont eu de profonds effets sur nos croyances corporelles, en envoyant le message inconscient qu'il existe une version idéale de ce qui est acceptable, séduisant ou désirable. Si la couleur de notre peau, la forme ou le fonctionnement de notre corps est différent, nous pouvons rencontrer des difficultés à nous sentir en sécurité et intégrés, à cause de notre apparence physique naturelle, et notre réponse au stress peut ainsi être chroniquement activée.

Le contact physique est quelque chose d'universellement important pour tous les êtres humains, il aide à réconforter et à apaiser nos émotions. Cependant, ce sont nos expériences individuelles qui peuvent nous pousser à avoir des sentiments conflictuels envers le toucher, elles peuvent conduire à de la confusion, de l'anxiété et finalement à des besoins inassouvis. Afin d'être à l'aise dans un contact physique intime avec une autre personne, nous devons avant tout nous sentir à l'aise dans notre propre corps et en sécurité au sein de nos propres limites, au fur et à mesure que nous nous rapprochons physiquement d'une autre personne. Savoir que nous pouvons nous arrêter ou ralentir quand nous le souhaitons, nous permet d'élargir notre capacité à être physiquement apaisés, réconfortés ou stimulés par quelqu'un d'autre.

Si notre système nerveux est dérégulé, comme cela est le cas de la majorité d'entre nous, il nous faudra du temps avant de nous sentir sereins dans notre corps, quelle que soit la durée passée à l'observer. Ce sentiment d'insécurité est souvent la raison principale pour laquelle nous sommes si nombreux à rompre le lien avec notre enveloppe charnelle, préférant vivre dans notre tête. D'ailleurs, un grand nombre d'entre nous peuvent s'apercevoir que nous continuons d'éviter des sensations associées à des souvenirs émotionnels, trop profondément désagréables à supporter.

Vos émotions commencent dans votre corps

Les émotions font de nous des êtres humains. Elles donnent de la couleur et du sens à notre vie, elles nous guident et nous aident à nous sentir vivants. Du point de vue de l'évolution, elles nous permettent d'interpréter notre environnement afin que nous puissions identifier les menaces et rester en sécurité. Plus nous serons rapidement capables d'enregistrer notre peur ou de signaler aux autres la présence d'un danger, plus nous resterons en sécurité en tant qu'individus et groupe.

Bien que les mots *émotions* et *sentiments* soient souvent utilisés de manière interchangeable, ils décrivent cependant deux phénomènes différents. Les émotions sont les réactions inconscientes de nos sensations physiques, tandis que les sentiments sont les expériences conscientes des sensations de notre corps.

La plupart des gens partent du principe que nos pensées créent nos émotions et que nos émotions nous définissent à chaque instant : « Je pense cette émotion et celle-ci fait de moi ce que *je suis.* » Si j'ai tendance à avoir des réflexions tristes ou déprimantes, je peux croire que cela fait de moi une personne triste ou dépressive. Ou, si j'ai des pensées colériques, anxieuses ou inquiètes, cela fait de moi une personne en colère, anxieuse ou inquiète.

Un grand nombre d'entre nous suppose également que ce qu'il se passe autour de nous ou dans notre environnement externe immédiat est la source de nos émotions : *cette situation me conduit à me sentir X, Y ou Z.* Nous pensons aussi, souvent, que quelqu'un d'autre est la cause de ce que nous ressentons : *ce que tu es en train de faire me donne un sentiment de X.* Il est particulièrement stimulant de prendre conscience que ces suppositions ne sont pas vraies. Les émotions ne sont pas des faits ou même des représentations exactes de ce qu'il est en train de se produire autour de nous. D'ailleurs, la plupart du temps, elles ne sont même pas des réactions à ce qu'il est en train de se produire à l'instant présent[19].

Si vous vous demandez, *comment se fait-il que mes émotions ne soient pas le produit de l'instant présent ?* Vous n'êtes pas le seul. Pendant des décennies, les psychologues ont cru que nos émotions étaient la réponse immédiate de ce que nous voyions, entendions ou vivions. Récemment, des neuroscientifiques ont réfuté cette idée, notamment grâce aux recherches menées par la Dre Lisa Feldman Barrett, professeure de psychologie à l'université de Northeastern, qui a présenté ce que l'on appelle la *théorie des émotions construites.* Selon cette dernière, les émotions commencent dans le corps comme des sensations physiques, que notre inconscient utilise ensuite pour prédire la manière dont nous devrions nous sentir en nous basant sur ce que nous avons pu éprouver par le passé, dans des états sensoriels similaires.

Si notre rythme cardiaque augmente, que notre respiration est rapide et notre sang bat dans nos veines, alors notre cerveau peut interpréter ces sensations comme de la peur ou de l'excitation, selon ce que nous avons déjà vécu dans le passé, lorsque nous éprouvions la même chose. Par exemple, si nous nous préparons à faire un discours important et que nous avons vécu des expériences désagréables lors de prises de parole en public, notre inconscient peut interpréter ces états sensoriels comme de la peur. En revanche, si nos expériences passées ont été positives, alors notre inconscient peut interpréter ces mêmes sensations comme de l'excitation. Nos émotions sont véritablement et uniquement des concepts mentaux créés par notre corps et déterminés par notre passé. Ou bien, comme l'exprime le D^re^ Barrett, nos émotions sont « des constructions du monde et non des réactions à celui-ci[20] ».

Le fait que nos émotions soient des constructions de nos corps et de notre cerveau, et non des réactions connectées à notre réalité ou à nos relations, cela veut dire que nous ne sommes pas obligés d'être les prisonniers de nos sensations. La théorie des émotions construites nous donne la possibilité de percevoir nos émotions comme nos créations et non la réalité, et ainsi de nous donner le pouvoir de changer ce que nous éprouvons, en modifiant certaines sensations physiques.

En psychologie, notre capacité à éprouver nos sensations intérieures est appelée *l'intéroception*, ou parfois la détection interne. Elle a systématiquement lieu à un niveau inconscient, car celui-ci scrute les données de nos sensations corporelles pour interpréter la sécurité ou la menace de notre environnement. Nous pouvons volontairement améliorer notre capacité à pratiquer l'intéroception en nous entraînant à la conscience corporelle, qui nous aidera à identifier nos états émotionnels, en observant les sensations de notre corps.

Avoir accès à cet état actif de conscience corporelle nous permet de changer intentionnellement ce que nous ressentons à un moment donné, en modifiant nos sensations physiques, et en nous apaisant si nous sommes stressés. La pratique de la conscience corporelle peut être utilisée pour nous aider à faire des choix volontaires sur ce que nous voulons ressentir et la manière dont nous voulons nous impliquer dans nos relations.

Le voyage vers la conscience corporelle

Il m'a fallu une année avant de pouvoir me sentir suffisamment en sécurité pour passer régulièrement du temps connecté à mon corps et commencer à identifier ses besoins et les émotions qui étaient stockées à l'intérieur. Je préférais vivre dans la sécurité du vaisseau spatial de mon esprit, obsédée par mes pensées sans jamais revenir vers mon expérience physique. Je n'étais pas consciente et incapable d'écouter les messages que mon corps m'envoyait tous les jours, ce qui m'empêchait d'identifier ou de satisfaire mes besoins physiques. Par conséquent, j'étais souvent réactive et incapable de réguler mes émotions, je me suis retrouvée à de nombreuses reprises piégées dans des cycles d'agitation et d'inconfort inexplicables et inéluctables.

Pour la plupart d'entre nous, le processus de déconnexion a commencé très tôt dans l'enfance. Dans mon cas, je pense que cela a débuté dans le ventre de ma mère, alors que j'étais immergée dans la physiologie stressée de son système nerveux dérégulé. Si votre mère ne se sentait pas en sécurité dans son propre corps, vous ne vous sentiez probablement pas non plus en sécurité dans son ventre, où vous étiez en train de vous développer.

Ma mère a découvert qu'elle était enceinte à l'âge de quarante-deux ans, quinze ans après avoir donné naissance à ma sœur. Elle en était à un moment différent de sa vie, n'essayant ou ne s'attendant pas à avoir un autre enfant. D'ailleurs, étant donné son anxiété chronique au sujet de sa santé, lorsqu'elle a commencé à avoir des nausées matinales, elle a cru qu'elle avait un cancer de l'estomac. Lorsque son docteur lui a dit qu'elle était enceinte, j'imagine qu'elle attendait avec appréhension le diagnostic, et je comprendrais qu'elle ait été bouleversée à l'idée d'avoir un troisième enfant dont elle allait devoir se soucier.

Tandis que je grandissais à l'intérieur de ma mère, j'ai absorbé son stress et son appréhension, un état qui était normal pour elle, mais qui était amplifié par son âge maternel avancé. Comme elle était anxieuse et déconnectée d'elle-même, elle n'était pas en mesure de réguler ses propres émotions ou le niveau de cortisol de son ventre, par conséquent, lorsque j'étais dans son ventre, j'en étais également incapable. Mon corps était tellement stressé *in utero* que je suis née avec une marque de succion sur mon pouce. En y repensant aujourd'hui, j'ai de la compassion pour moi-même, car je pense que j'essayais désespérément de m'apaiser avant de naître. Incapable de calmer mon système nerveux bouleversé, je suis probablement arrivée dans ce monde déjà dérégulée et me sentant en insécurité dans mon corps. Des recherches ont corroboré mon expérience, en montrant qu'un taux élevé d'hormones du stress, le cortisol, chez une femme enceinte peut engendrer une amygdale d'un volume plus grand chez un enfant en cours de développement, conduisant à une réponse au stress dérégulée et des comportements anxieux[21].

En grandissant, j'ai continué à absorber les messages non verbaux de ma famille indiquant qu'il y avait peu, voire aucune, place pour que je puisse exprimer des besoins séparés ou différents, c'est pourquoi j'ai progressivement cessé de le faire. Comme beaucoup de personnes qui ont grandi avec des parents issus d'une génération plus âgée, il y avait chez moi une mentalité semblable à celle de la Grande Dépression, selon laquelle tant qu'il y avait de la nourriture sur la table et un toit au-dessus de ma tête, je ne pouvais rien à avoir besoin d'autre, y compris d'un soutien émotionnel ou d'une expression personnelle.

En tant que membre d'une famille italo-américaine, on m'a enseigné des habitudes alimentaires extrêmement rituelles dans lesquelles ma mère utilisait la nourriture comme une preuve d'amour et d'attention. Chaque soir, nous mangions ensemble en famille à « l'heure du dîner », qui était chez moi à 17 h 30, juste après que mon père fut rentré du travail. Ma présence à ces repas du soir était une obligation tacite et convenue, quelle que soit mon occupation du moment. Ceci était particulièrement vrai les dimanches, lorsque la famille de mon frère et mes deux oncles venaient généralement pour déjeuner, autour d'un grand plat italien de pâtes en sauce. Comme ma mère manquait profondément de confiance dans ses relations avec nous tous, la nourriture était pour elle sa manière principale de nous montrer son amour. Pendant ces repas, elle attendait souvent notre validation, espérant que nous déclarerions que la nourriture était délicieuse ou que nous nettoyions nos assiettes en signe de notre approbation et de notre amour réciproque. Cherchant à lui faire plaisir, je finissais généralement ma part et me resservais lorsque ma mère m'incitait à le faire, en me conseillant généralement de « manger plus maintenant » pour que je « n'aie pas faim plus tard ».

La nourriture était l'un des principaux moyens permanents de connexion au sein de ma famille. Au cours de ces repas partagés, j'ai systématiquement appris qu'il était important de prendre soin des attentes et des sentiments des autres, même lorsque mon corps me disait le contraire. Je mangeais à la même heure ou le même menu que mon entourage, même si je n'avais pas faim ou que je n'aimais pas ce qu'il y avait dans mon assiette, pour éviter de blesser quelqu'un. Je me resservais lorsque ma mère me le proposait, pour éviter de décevoir ou de repousser sa requête. J'ai poursuivi ces habitudes à l'âge adulte, en programmant mes heures de repas et en faisant des choix alimentaires en fonction des emplois du temps, des besoins ou des suggestions des personnes autour de moi.

Enfant, j'ai également appris à négliger d'autres besoins physiques, tels que mes horaires de sommeil ainsi qu'une activité physique régulière, parce que l'on ne donnait la priorité à aucune de ces deux choses ou que personne n'en donnait l'exemple chez moi. Je n'avais pas d'heure de coucher fixe et je veillais souvent tard pour regarder la télévision avec ma famille, qui elle aussi allait au lit tard. En dehors du sport que je pratiquais (qui était motivé par mon désir d'être vue par ma famille comme une personne accomplie), personne ne m'encourageait à faire de l'exercice, et si mon père était du genre actif, ma mère restait allongée sur le canapé ou dans son lit, souffrante.

En dehors des commentaires ou des critiques régulières au sujet du poids ou de leur santé, personne dans ma famille ne parlait directement ou ne montrait son corps. Je n'ai jamais vu personne nu chez moi, j'en ai donc conclu que c'était une chose à éviter, c'est d'ailleurs l'une des raisons pour lesquelles je n'ai jamais été à l'aise à l'idée de montrer beaucoup de peau. Je n'ai jamais discuté de la puberté ou des cycles menstruels d'une femme avec ma mère, je ne lui ai donc rien dit lorsque j'ai eu mes règles. À cet âge, j'avais déjà tellement honte de toutes les transformations physiques de mon corps, que, de toute façon, je n'imaginais pas partager ce genre d'expérience vulnérable avec qui que ce soit. Cette honte profondément enracinée a entraîné chez moi une relation très critique et dénuée de toute compassion avec mon corps. J'ai régulièrement négligé mes besoins fondamentaux, m'occupant souvent de mes soins personnels de manière précipitée ou, lorsque je prenais le temps, traitant mon enveloppe charnelle de façon brutale.

La déconnexion avec mon corps a engendré une rupture des liens avec mes émotions. Je ne dormais pas suffisamment ou je ne bougeais pas de manière saine et je consommais des aliments qui enflammaient ou stressaient mon corps. Ces habitudes n'ont fait que rendre la régulation de mes émotions bouleversantes encore plus difficile et ont continué de teinter ma perception du monde.

Au fil du temps, j'ai fini par adopter une apparence détendue et apathique (ma famille a commencé à me surnommer « Nicole l'imperturbable »), afin de dissimuler la douloureuse réalité de mon monde intérieur, qui était rempli de sentiments d'abandon, de solitude et de honte profondément enracinés. Ne me sentant pas en sécurité si j'étais moi-même, je me suis donc servie de mon attitude apathique extérieure pour me protéger du sentiment croissant que je ne valais rien ; si je ne montrais pas mes vulnérabilités, elles comme moi ne risquions pas d'être rejetées.

Pour ne pas prendre de risque, j'ai commencé à avoir une attention extrême et perfectionniste envers mon apparence, recherchant et dissimulant de manière obsessionnelle les différentes cicatrices que j'avais pu accumuler au fil du temps. Je nettoyais systématiquement la saleté ou toute autre tache sur mes vêtements ou mes chaussures dans l'espoir d'éliminer toute trace d'usure ou d'imperfections. Ce comportement obsessionnel s'étendait même à mon environnement physique, où je rangeais de façon quasi frénétique les objets dans ma chambre d'enfant pour essayer d'apaiser le sentiment croissant de stress et de tension que je stockais dans mon corps. Pour ma famille, l'ensemble de ces comportements semblait faire partie de celle que j'étais ou de ma « personnalité excentrique », comme ils le disaient. En réalité, il s'agissait de stratégies de défense pour essayer de réguler mon système nerveux et de faire face à des émotions bouleversantes.

J'ai finalement pris conscience de l'importance de la déconnexion avec mon corps et du stress que je portais dans mon Soi physique. Bien que je ne m'en sois pas rendu compte pendant plusieurs décennies, mon métabolisme était enfermé dans un état de stress et au fur et à mesure que le temps a passé, mes muscles se sont de plus en plus tendus et contractés, notamment ceux au niveau du dos, du cou et des mâchoires. À cause de cette tension toujours croissante, mon corps ne m'a jamais semblé être un lieu sûr pour que j'y reste et m'y détende. Comme je l'ai expliqué dans mon livre *Guéris tes blessures*, je me suis évanouie deux fois en l'espace de quelques mois. La première fois, chez une amie d'enfance et la seconde, après avoir passé un certain temps avec ma famille pendant les fêtes de fin d'année.

Mon corps était submergé par un système nerveux dérégulé, des émotions bouleversantes ainsi que les traumatismes de mon enfance et il était en train de s'arrêter. Je pensais pourtant avoir pris soin de ma santé en décidant de devenir végan autour de mes vingt-cinq ans, après avoir découvert le fonctionnement de l'élevage industriel, malgré tout je n'écoutais toujours pas mon corps et avais de multiples besoins physiques insatisfaits. Comme une majorité d'entre nous, j'étais en pilote automatique, consommant tout ce qu'il y avait autour de moi ou mangeant aux mêmes heures et les mêmes choses que les autres, n'effectuant quasiment aucun exercice, ne donnant jamais la priorité à mon sommeil ou ne permettant jamais véritablement à mon corps de se reposer : un ensemble d'habitudes que j'avais acquises pendant mon enfance.

Faire les choses sans être activement attentifs peut, bien entendu, nous aider à faire face à de nombreuses expériences complexes ou stressantes parmi lesquelles nous devons naviguer chaque jour : telles que prévoir nos repas, coordonner nos déplacements quotidiens et rester à l'écoute des autres, tout en changeant d'étiquette sociale. Pourtant, la fréquente tendance que nous avons à nous impliquer dans la vie sans réfléchir peut également nous conduire à manger sans véritablement goûter la nourriture, à épuiser nos muscles lorsqu'ils ont besoin de se reposer et à interagir avec les autres sans véritablement nous connecter à eux.

Comme mon corps était submergé par des décennies de besoins physiques insatisfaits et une accumulation d'émotions, prendre le temps de ressentir ou de comprendre mes sensations physiques ne me mettait pas à l'aise. Je n'avais aucune idée de la vitesse à laquelle mon cœur battait, si je pouvais profondément et calmement inspirer l'air autour de moi, je ne savais pas non plus si mon énergie était comprimée ou légère, ou comment étaient mes muscles. Toutes ces sensations formaient mon paysage émotionnel à chaque minute de chaque jour, pourtant je ne leur prêtais aucune attention. Je ne savais d'ailleurs pas pourquoi je le devais ou comment.

Pendant ma « nuit obscure de l'âme », j'ai beaucoup appris sur notre corps, c'est d'ailleurs à ce moment-là que j'ai découvert que les émotions vivent en nous, dans les cellules de nos muscles, de nos fascias et de nos organes. Nos problèmes résident littéralement dans nos tissus. Nos émotions sont actives lorsque notre corps a une réponse biologique (hormonale, neurale ou cellulaire) à un traumatisme. Choquée mais inspirée, j'ai donc passé chaque jour un peu plus de temps conscient dans mon propre corps, en utilisant le Journal du moi futur (JMF), pour m'aider à maintenir cette intention quotidienne. (Vous pouvez en télécharger gratuitement une copie ainsi que votre guide d'instructions sur mon site Internet, www.theholisticpsychologist.com)

Au début, il était difficile de ressentir ce qu'il se passait dans mon corps, parce que cela faisait bien trop longtemps que j'étais déconnectée de celui-ci. L'essentiel de mes sensations était inconfortable. Mon rythme cardiaque était souvent erratique, ma respiration superficielle et comprimée, mes mâchoires semblaient constamment crispées. Dans le même temps, je savais que ces sensations traduisaient quelque chose, que je vivais dans un état de peur et de stress. La dérégulation de mon système nerveux était en train de provoquer un arrêt, ce qui expliquait mes malaises (l'évolution d'une réponse d'inhibition) et pourquoi je ne pouvais pas me souvenir de nombreux moments de mon passé, que les autres n'avaient aucun mal à se rappeler. Je vivais tout simplement dans un état d'engourdissement et d'abattement.

Découvrir les fonctions évolutives de nos émotions et des réponses de notre système nerveux m'a aidée à comprendre pourquoi je ne me sentais jamais véritablement capable de me détendre ou de trouver de la sérénité dans mon corps. Cela expliquait pourquoi une apparence ou un environnement « parfait » ne parvenait à m'apaiser que temporairement. Cela expliquait pourquoi l'alcool et d'autres substances auxquelles j'avais eu recours à un si jeune âge, n'étaient jamais véritablement parvenus à faire disparaître la douleur profondément enracinée en moi.

Bien que cette prise de conscience ait été alarmante, elle était également incroyablement stimulante, m'ouvrant la route à la création de ma conscience corporelle. En me servant de mon JMF, j'ai noté mes intentions quotidiennes afin de procéder plusieurs fois par jour à une évaluation de mon corps. Puis, toutes les heures, je programmais un rappel sur mon téléphone pour me souvenir de faire une vérification de ma conscience corporelle (voir page 94).

Cette pratique m'a permis de voir à quelle fréquence je me tournais vers les autres pour qu'ils satisfassent mes besoins physiques, et de quelles manières je me fiais sans cesse à ma mère pour des conseils en manière de santé, même si je savais comment prendre soin de moi. Cela m'a aidée à voir plus clairement pourquoi partager mes problèmes de santé liés au stress ou à l'inquiétude était un moyen de conserver un lien émotionnel avec ma mère, et les autres. Je me suis rendu compte de la fréquence avec laquelle je continuais de donner la priorité à mes « obligations » ou mes « réussites », me plongeant directement dans mes tâches au lieu de prendre du temps le matin pour me connecter et m'occuper de mon corps. Je me suis aperçue de la répétition de ce sentiment de devoir « mériter » des moments de détente et de relaxation, en commençant par accomplir certaines tâches, telles qu'envoyer un courriel professionnel, m'obligeant sans cesse à en « finir » avec mon interminable liste de choses à faire.

Je commençais à voir comment j'entretenais la dérégulation qui vivait en moi depuis que j'étais enfant où que j'aille en tant qu'adulte. C'était comme dans le célèbre livre de Jon Kabat-Zinn, *Où tu vas, tu es*.

Je me suis également aperçue, que plus je me tournais vers l'intérieur et passais de temps dans mon corps, au lieu de parcourir la boucle de mes pensées conscientes, plus j'étais en mesure d'éprouver mes sensations physiques et de savoir quand mon système nerveux était activé. Au cours de ces périodes, tandis que je savais qu'il se passait en moi quelque chose de plus profond, j'ai commencé à m'intéresser à ce qui encourageait mes réactions.

Au fil du temps, je parvins de mieux en mieux à discerner les moments où j'avais véritablement faim, besoin de repos ou de bouger mon corps, ce qui m'a permis de me sentir de façon générale plus ancrée et moins irritable. Je me suis mise à étirer les muscles tendus de mon corps qui avaient été gelés ou comprimés par mes années de stress ; à manger plus d'aliments nourrissants ; à maintenir, pour la première fois de ma vie, des horaires de sommeil réguliers, en allant me coucher et en me levant tôt le matin afin de synchroniser mon rythme circadien naturel avec le soleil ; à bouger mon corps et à étirer mes muscles presque quotidiennement, tout en prenant du repos lorsque j'en avais besoin.

En étant à présent connectée à mon corps, j'ai commencé à façonner un sentiment de sécurité chaque fois que je sentais mon système nerveux prêt à s'activer. Lorsque cela se produisait et que je me rendais compte que j'étais en train de me replier sur moi-même ou d'adopter une réponse d'inhibition, j'appliquais la méthode Wim Hof, une technique de respiration qui permet d'activer notre système nerveux sympathique et de nous faire sortir d'un état de repli parasympathique. Lorsque je me rendais compte que j'étais trop stimulée ou que j'avais adopté un mode de lutte ou fuite, je prenais quelques profondes et lentes respirations ventrales pour m'aider à m'apaiser. Nous explorerons ces différentes techniques de respiration à la page 217.

Aujourd'hui, je me sers encore de cette respiration intentionnelle ainsi que d'autres pratiques qui impliquent le corps et l'esprit pour réguler mon système nerveux et m'aider à gérer mes émotions. Comme je suis souvent réactive au sein de mes relations, et c'est d'ailleurs le cas d'un grand nombre d'entre nous, j'essaie de mettre en application la conscience corporelle quand je suis en présence d'autres personnes ou avant de réagir de manière impulsive, afin de comprendre et de gérer mes émotions. Si je n'ai pas de nouvelle de ma partenaire aussi rapidement que je l'aimerais, que je commence à m'inquiéter de la pérennité de notre lien, alors je peux plonger en moi pour faire une pause conscience corporelle. Si je sens que mon rythme cardiaque est élevé, que mon visage a rougi et que mon énergie est agitée, je sais que mon système nerveux est entré dans une réponse au stress. Bien que les sentiments soient réels, je suis capable d'admettre qu'il est possible que je sois en train de réagir à une ancienne blessure et non à un nouvel affront. Grâce à ce savoir, je peux réinterpréter ma situation. Par exemple, il y a de grandes chances pour que ma partenaire m'aime toujours et qu'elle ait simplement besoin d'espace ou qu'elle vive un moment stressant et qu'elle ait besoin d'être seule. Dans ce genre de situations, je peux apaiser mon corps afin de ne pas lui envoyer de messages déplacés ou faire quelque chose d'autre que je pourrais regretter. Je peux aller marcher, respirer profondément avec mon ventre ou aller dehors mes pieds fermement plantés dans l'herbe, un ensemble de choses qui peuvent m'aider à faire revenir mon corps vers un sentiment de sécurité. Lorsque mon rythme cardiaque diminue et que mon énergie s'allège, je suis en mesure de réévaluer la situation de manière plus calme et objective.

Pour être honnête, j'ai encore du mal à régulièrement maintenir ma conscience corporelle. Au lieu de vivre et d'éprouver mes sensations physiques, j'ignore parfois mon corps, le fuyant en suivant la boucle de mes pensées distrayantes, me tenant occupée avec ma liste sans fin des choses à faire ou en m'engourdissant pendant des heures, devant des programmes télévisés sans intérêt. Dans ces moments, j'accepte de me pardonner et de faire preuve de compassion envers moi-même, consciente que ces comportements étaient mes meilleures (et seules) façons de réguler des émotions trop fortes et bouleversantes lorsque j'étais enfant. J'accepte encore parfois de me déconnecter pendant quelques heures en regardant mes programmes télévisés préférés, consciente que ces moments peuvent offrir à mon système nerveux le repos dont il a besoin pour se rééquilibrer et se régénérer, notamment lorsque je me sens particulièrement stressée ou bouleversée.

Heureusement, j'ai été attentive à mon corps suffisamment longtemps pour savoir que chaque fois que je suis connectée à lui et que je l'écoute, je suis davantage capable de répondre à mes besoins et d'apaiser mon système nerveux, quoi qu'il se passe autour de moi ou au sein de mes relations. Lorsque je suis calme, ancrée et en contact avec ce qu'il se passe en moi, je peux plus facilement me sentir de la même façon avec les autres. C'est uniquement dans ces moments où je me sens suffisamment en sécurité pour être *moi*, que je m'offre la possibilité de véritablement créer un lien avec *vous*.

Mise en pratique de la conscience corporelle

La première étape de votre voyage pour recréer un lien authentique avec une autre personne, c'est d'apprendre à être présent dans votre propre corps en pratiquant la conscience corporelle. En étant plus systématiquement attentifs à *être* dans notre corps, nous pouvons faire des choix plus intentionnels qui vont l'aider à réguler ses divers états. C'est ainsi que l'on cultive la résilience émotionnelle, en nous offrant la possibilité d'avoir un sentiment sans réagir ou se comporter d'une manière qui ne rendra pas service à nos relations ni à nous-mêmes. Elle nous permet de gérer le stress ainsi que toute autre émotion et d'avoir une réponse flexible à des circonstances changeantes, au lieu de rester bloqués dans des réactions habituelles ou conditionnées.

Comme nous sommes nombreux à être déconnectés depuis longtemps de notre corps, passer du temps avec l'ensemble de nos sensations physiques peut être, au début, difficile et inconfortable. Nous pouvons avoir du mal à dire si notre cœur bat vite ou lentement, si notre énergie est ouverte et légère ou comprimée et pesante. En pratiquant des pauses conscience corporelle quotidiennes, que vous avez apprises au chapitre 1, vous allez pouvoir recréer un lien avec vos sensations.

Utilisez la conscience corporelle pour observer vos émotions

Comme nous l'avons exploré au chapitre 3, nous pouvons tous apprendre à identifier les situations où nous nous trouvons dans une réponse au stress, ainsi que les différentes réactions que nous éprouvons. Si nous parvenons à remarquer et à déterminer les moments où nous sommes dans une réaction d'inhibition ou de repli sur soi, parce que l'on se rend compte que l'on est détaché de ce qu'il se passe autour de nous, alors nous pouvons bouger ou nous secouer énergiquement pour réveiller notre corps, ce qui va nous aider à nous reconnecter à l'instant présent. Si nous nous apercevons que nous sommes dans une réponse excessive de lutte ou de fuite, nous pouvons bouger et respirer plus lentement afin de nous calmer. Une fois que notre organisme a retrouvé sa sécurité, nous pouvons à nouveau créer un lien avec les autres.

Il est possible d'apprendre à observer les divers états émotionnels que nous éprouvons dans notre corps, afin de ressentir nos véritables sensations et faire évoluer nos expériences émotionnelles. Souvenez-vous, nous éprouvons tous les choses de manières légèrement différentes, c'est pourquoi les sensations physiques qui signalent la peur chez une personne peuvent indiquer de l'excitation chez une autre. Dans le même temps, tous les êtres humains vivent de manière identique six émotions fondamentales : la colère, la tristesse, la peur, la joie ou le bonheur, le dégoût et la surprise. Le tableau qui suit vous aidera à les identifier en vous basant sur vos sensations physiques, ainsi que sur les messages que celles-ci peuvent traduire.

ÉMOTION	**SENSATIONS**	**MESSAGE**
Colère	Tensions musculaires Visage rougeoyant Mâchoires serrées/ tempes palpitantes Poings serrés Ton ou discours haut ou fort	Violation des limites ou besoins insatisfaits

ÉMOTION	SENSATIONS	MESSAGE
Tristesse	Énergie pesante ou faible Épaules basses Difficultés à sourire Boule dans la gorge Douleur dans la poitrine ou l'estomac Ton ou discours plat ou plaintif	Perte
Peur	Augmentation du rythme cardiaque Instabilité « Des papillons » ou une sensation de « trou » dans le ventre Respiration plus rapide ou plus courte Transpiration (des mains et des aisselles) Discours rapide et bouche sèche	Sécurité menacée
Joie/Bonheur	Énergie légère et abondante Chaleur dans tout le corps Sourire facile Ton et discours enjoués	Intérêt, plaisir ou bien-être

ÉMOTION	SENSATIONS	MESSAGE
Dégoût	Estomac serré ou mal de ventre (possible haut-le-cœur) Nez retroussé ou recouvert Regard et langage corporel évitants	Aversion pour quelque chose d'offensant (physiquement, mentalement, émotionnellement ou moralement)
Surprise	Augmentation du rythme cardiaque et de l'énergie globale Attention maximale/ balayage visuel Yeux écarquillés et mâchoires desserrées (bouche légèrement ouverte dans un cri de surprise)	Événement inattendu ou violation des attentes

Cet entraînement nous aide à développer une conscience émotionnelle qui nous permet d'apprendre à observer une émotion lorsqu'elle se présente. L'utilisation de la conscience corporelle pour identifier les sensations physiques nous donne la possibilité d'essayer volontairement de changer celles-ci, pour faire évoluer notre expérience émotionnelle du monde qui nous entoure.

En prenant conscience de ces différentes sensations physiques, qui existent pour une grande partie d'entre elles depuis longtemps, il est également nécessaire d'observer votre manière de réfléchir ou d'évoquer vos expériences affectives. Si vous ressentez le désir de trop vous identifier à certaines émotions ou à votre état émotionnel en général, en pensant ou en exprimant certaines choses telles que : « J'ai peur, je suis stressé ou je suis en colère », entraînez-vous à dire : « *Une part de moi* se sent apeurée, stressée ou en colère. » Au fil du temps, cette pratique vous aidera à faire de la place aux nombreuses autres émotions que nous pouvons ressentir et que nous ressentons souvent en même temps, ce qui reflète plus exactement la dimension multiple des expériences émotionnelles humaines que nous partageons.

Créez un sentiment de sécurité en régulant votre système nerveux

Même si cela fait des années que nous vivons dans un état de stress, comme c'est le cas d'un grand nombre d'entre nous, notre système nerveux est malgré tout capable de se réguler à tout moment. En créant pour nous-mêmes un sentiment de sécurité, quoi qu'il se passe autour de nous, nous augmentons notre tolérance aux émotions désagréables, nous percevons notre environnement et les autres de manière plus exacte et nous réagissons calmement, gentiment et d'une façon qui nous permet de mieux nous connecter à nos proches.

Dans les pages qui suivent, vous trouverez les pratiques les plus efficaces pour façonner le sentiment de sécurité intérieure dont nous avons besoin pour nous aider à réguler notre système nerveux. Certaines d'entre elles, telles que la respiration volontaire ou l'ancrage dans la nature, sont les plus indiquées pour créer un sentiment de sérénité immédiat. D'autres, telles que la nutrition, le sommeil, le travail sur l'énergie et la mise en place de limites, sont des changements de style de vie qui peuvent nous aider, au fil du temps, à répondre de manière plus systématique à nos besoins physiques. Bien que pour certains un seul repas nourrissant, une seule bonne nuit de sommeil ou une seule session de travail sur les énergies suffisent pour se sentir plus calmes, la majorité d'entre nous a ignoré pendant si longtemps ses besoins physiques, que nous allons devoir adopter ces habitudes de façon régulière pendant quelque temps avant d'en ressentir les effets.

Pour vous aider, il est conseillé de noter où se trouve votre attention lorsque vous effectuez les divers exercices suivants. Si celle-ci est perdue dans des pensées soucieuses ou bouleversantes, notamment si vous ressassez toute expérience qui a pu activer votre système nerveux, votre corps va rester stressé et ne sera pas capable de s'apaiser complètement. Continuez à être patient avec vous-même, ainsi qu'avec votre corps, au fur et à mesure que vous vous impliquez dans la mise en place de ces pratiques ; votre système nerveux ne s'est pas dérégulé en une seule nuit, et il est probable qu'il vous faille plus d'une journée d'entraînement pour le rééquilibrer. Vous n'êtes pas non plus obligé de mettre en application tous les exercices listés ici, en même temps. Choisissez-en un qui vous parle et commencez par là. En utilisant votre JMF, vous pouvez établir l'intention quotidienne de pratiquer l'une de ces techniques, pendant quelques jours, semaines ou mois.

Les pratiques de la respiration intentionnelle

L'une des manières les plus efficaces de réguler votre système nerveux est d'utiliser votre respiration. Certaines techniques, telles que la méthode Wim Hof, sont mieux adaptées pour apaiser ou stimuler une réponse d'inhibition ou de repli sur soi, tandis que d'autres fonctionnent mieux pour calmer un état de lutte ou de fuite. Nous sommes uniques, c'est pourquoi je vous suggère d'essayer ces diverses techniques afin de voir celle qui vous aide le mieux.

Respiration ventrale profonde. Ce genre de respiration peut apaiser une réponse de lutte ou de fuite en détendant notre système nerveux lorsque la branche sympathique est aux commandes. Essayez de mettre en pratique une respiration ventrale profonde chaque fois que vous vous sentez stressé et ajoutez-la à votre routine en la mettant en application tous les matins, juste après le réveil ou tous les soirs, avant d'aller vous coucher.

1. Trouvez une position confortable ou un endroit sûr où vous pouvez vous détendre pendant plusieurs minutes. Dans l'idéal, asseyez-vous ou allongez-vous, mais vous pouvez aussi effectuer cet exercice debout.
2. Placez une main sur votre poitrine et l'autre juste en dessous de votre cage thoracique.
3. Prenez une profonde inspiration par votre nez et sentez votre ventre se soulever au fur et à mesure que l'air entre.
4. Expirez lentement entre vos lèvres pincées, sentez l'air qui quitte votre corps et votre ventre qui rentre.
5. Répétez ceci pendant une ou deux minutes.
6. Réévaluez vos sensations physiques et notez si votre rythme cardiaque s'est calmé, si vos muscles se sont détendus et si votre énergie est calme.

Méthode Wim Hof. Ce genre de respiration peut stimuler notre système nerveux lorsque nous sommes bloqués dans une réponse d'inhibition ou de repli sur soi et que notre branche parasympathique accélère. Il est conseillé de pratiquer la méthode Wim Hof chaque fois que vous vous sentez inhibé, dissocié ou engourdi. Vous pouvez également l'ajouter à votre routine si vous vous retrouvez souvent dans ces états.

1. Trouvez une position confortable ou un lieu sûr où vous pouvez rester pendant plusieurs minutes.
2. Faites trente respirations profondes rapides, en inspirant par votre nez et en expirant par votre bouche.
3. À présent, prenez une profonde inspiration et expirez, maintenez cette expiration jusqu'à ce que vous ayez besoin d'inspirer à nouveau.
4. Inspirez encore une fois, aussi profondément que possible, et retenez votre respiration pendant dix secondes.
5. Répétez ceci autant de fois que vous le souhaitez, ou jusqu'à ce que vous sentiez votre corps stimuler ou revenir dans l'instant présent.

Vous ancrer dans la nature

Il a été prouvé qu'un contact physique direct avec la nature, appelé connexion à la terre ou ancrage, permet de stabiliser le corps en profondeur, d'équilibrer et d'améliorer presque tous les aspects de nos fonctions physiques[22]. L'ancrage permet de nous co-réguler avec Mère Nature, ou simplement d'utiliser son énergie pour redonner un sentiment de sécurité à notre corps. Il ne s'agit pas d'un concept farfelu, mais bien de science, car il a été prouvé que la charge électrique naturelle de la Terre active notre système parasympathique, améliore la variabilité de notre fréquence cardiaque (j'aborderai plus en détail le sujet de la VFC dans le chapitre 7), réduit l'inflammation, favorise le sommeil, augmente l'énergie, atténue les douleurs, fait diminuer le stress, stimule le bien-être global et normalise les rythmes biologiques du corps, y compris notre VFC (variabilité de la fréquence cardiaque)[23]. Même bouger nos yeux comme si nous regardions ou contemplions la ligne d'horizon de la Terre peut aider à activer notre système nerveux parasympathique, envoyant ainsi des signaux d'apaisement à notre corps et à notre esprit. Chaque fois que cela est possible, il est conseillé de passer au moins trente minutes dehors quotidiennement et de se connecter physiquement au monde naturel.

Voici quelques idées qui peuvent vous aider à vous co-réguler avec Mère Nature.

- Se tenir pieds nus debout ou assis sur une étendue d'herbe.
- Nager dans un océan, une rivière ou un lac.
- Faire une promenade pieds nus sur la plage.
- Enlacer ou s'asseoir contre le tronc d'un arbre.
- Faire du jardinage ou travailler la terre.
- Faire un bonhomme de neige ou des anges dans la neige.

La nutrition

Si vous avez un régime alimentaire qui enflamme votre système nerveux, comme cela est le cas d'un grand nombre d'entre nous, vous allez rencontrer des difficultés à vous sentir en sécurité et à réguler vos émotions. La santé de notre microbiote, l'ensemble des micro-organismes qui peuplent notre tractus intestinal, affecte directement la santé de notre système nerveux central, par l'intermédiaire d'un chemin que l'on appelle l'axe cerveau-intestin. Notre flore intestinale est plus majoritairement en mauvaise santé qu'elle devrait l'être, ce qui peut provoquer un problème connu sous le nom de dysbiose, qui augmente les risques de maladie et la dérégulation du système nerveux.

Lorsque le nombre de mauvaises bactéries présentes dans nos intestins dépasse celui des bonnes bactéries, nous pouvons souffrir d'une hyperperméabilité intestinale. Cette maladie se déclare lorsque les cellules qui tapissent nos intestins sont affaiblies, permettant ainsi aux toxines et aux particules alimentaires d'entrer dans la circulation sanguine, entraînant une inflammation et une dérégulation du système nerveux. De nombreux facteurs peuvent engendrer une hyperperméabilité intestinale, notamment un stress trop intense, le sucre transformé ou l'alcool, un régime alimentaire déséquilibré, une consommation abusive de certains médicaments prescrits ou en vente libre[24].

Consommer en priorité des aliments complets, bio et riches en nutriments qui nourrissent le corps au lieu de l'enflammer peut aider à guérir une dysbiose, une hyperperméabilité intestinale ou un système nerveux dérégulé. Lorsque j'ai commencé à manger plus d'aliments complets et moins de produits transformés, je me suis aperçue, au bout de quelques mois, que je me sentais plus calme et plus régulée.

Cependant, le changement des habitudes de notre régime alimentaire n'étant pas une solution rapide à mettre en place, il est important de procéder à des évolutions que vous pouvez maintenir non pour un jour ou une semaine, mais pendant une longue période. Au lieu d'adopter une mentalité binaire sur ce que vous pouvez ou non manger, songer à donner la priorité à certains aliments et à diminuer la consommation de certains autres.

Aliments à favoriser pour réguler son système nerveux

- **Aliments complets.** Lorsque vous consommez des aliments complets pas ou peu transformés, vous limitez l'ingestion de nombreux produits qui enflamment votre système nerveux. Cela dit, ce type de nourriture coûte souvent cher ou est moins accessible que les aliments transformés. Il est possible de trouver des produits complets abordables dans les jardins communautaires, les coopératives, les programmes de partage ou les banques alimentaires.
- **Aliments riches en vitamine B.** Les vitamines B, en particulier la B12, et foliques, jouent un rôle essentiel dans la consolidation du système nerveux et la prévention des troubles de l'humeur, tels que l'anxiété et la dépression[25]. Nous sommes une majorité à ne pas consommer suffisamment de vitamines B, et plus particulièrement de la B12, que l'on trouve uniquement dans certains produits d'origine animale, telle que la viande, les produits laitiers et les œufs. J'ai constaté une évolution significative de mon humeur lorsque j'ai commencé à manger plus de produits d'origine animale bio et nourris à l'herbe, après avoir passé des années à les éviter. Vous pouvez essayer de prendre des compléments alimentaires, que l'on appelle méthylcobalamine B12 et folique. Le premier peut être absorbé par les personnes qui ont une mutation du gène MTHFR, une maladie courante qui empêche certains patients de digérer correctement les vitamines B12 et folique. Cependant, avant de prendre tout type de complément alimentaire, il est conseillé d'en discuter auparavant avec votre médecin traitant.

- **Aliments riches en acide gras marin oméga-3.** Les acides eicosapentaénoïque (EPA) docosahexaénoïque (DHA) sont deux oméga-3 marins que l'on retrouve principalement dans les fruits de mer gras et qui sont nécessaires à une multitude de fonctions physiologiques, notamment la santé du système nerveux et cognitif, ainsi que la prévention de nombreux troubles de l'humeur. Bien que l'on trouve des oméga-3 dans certaines plantes telles que les graines de lin, les noix et les graines de chia, les oméga-3 marins (EPA et DHA) sont de loin les plus bénéfiques à la santé et à la régulation du système nerveux. On peut les trouver dans le saumon, les sardines, les maquereaux, l'huile de foie de morue, les moules, les huîtres et le thon.
- **Aliments riches en vitamines D**. La vitamine D est essentielle pour la régulation du système nerveux, pour stimuler notre humeur et nous aider à régler notre horloge circadienne pour avoir plus d'énergie en cours de la journée et mieux dormir la nuit. Nous sommes majoritaires à ne pas avoir un apport en vitamines D suffisant, même si nous passons beaucoup de temps au soleil, qui aide notre corps à fabriquer ce micronutriment. Cependant, notre peau n'est pas capable de produire assez de vitamine D si nous vivons à une latitude supérieure au 37e parallèle, ce qui est le cas de la majeure partie des États-Unis**, même pendant l'été[26]. C'est pour cette raison que nous devons consommer des aliments riches en vitamine D, notamment du poisson gras, des jaunes d'œuf, du fromage, des champignons, et des produits à faible teneur en sucre et enrichis en vitamine D. Vous pouvez également

** C'est également le cas de la France, ainsi que de l'ensemble de l'Europe. (N.d.T.)

prendre des compléments alimentaires de vitamine D ; demandez toutefois à votre médecin traitant des recommandations sur la posologie.

- **Plantes riches en antioxydants.** Les fruits, les légumes, les fruits secs ainsi que tout autre aliment à base de plante et riche en antioxydants qui, selon les recherches, nous fournissent de l'énergie et protègent notre système nerveux.

Aliments à consommer avec modération

Note : Pour toute personne ayant des antécédents ou des troubles actuels de l'alimentation, il n'est pas conseillé de limiter ou de restreindre n'importe quel type de nourriture. Si vous êtes dans ce cas, il est préférable de passer directement à la section suivante.

- **Sucre.** Le sucre est l'une des substances les plus inflammatoires que nous pouvons consommer, si ce n'est l'ingrédient *le plus* inflammatoire de notre alimentation actuelle. Un taux de glucose trop élevé dans le corps stresse nos cellules, dérègle notre système nerveux et perturbe notre microbiote. Avec le temps, plus vous limiterez votre apport en sucre, moins vous en aurez envie. L'ajout de sucre est fréquent dans les aliments transformés et prêts-à-servir, c'est pour cette raison que consommer principalement des aliments les plus simples possibles vous aidera à limiter le taux de sucre que vous ingérez, sans avoir à lire attentivement toutes les étiquettes.
- **Gluten.** Bien qu'aucune étude clinique n'ait définitivement associé le gluten à l'inflammation chez les personnes souffrant de la maladie cœliaque (une réaction immunitaire au gluten qui affecte 1 % de la

population), un régime alimentaire riche en protéines, que l'on retrouve dans le blé ainsi que d'autres céréales, peut engendrer la prolifération de microbes malsains dans les intestins et peu même contribuer à une perméabilité intestinale et endommager la santé de notre axe cerveau-intestin[28].
- **Aliments transformés.** Les aliments transformés provoquent une inflammation, c'est pourquoi donner la priorité aux produits complets chaque fois que possible, est la manière de manger la plus simple pour aider votre système nerveux à se réguler et à accroître votre résilience au stress.
- **Alcool.** Même si vous ne consommez pas d'alcool de manière excessive, un apport régulier dans votre circulation sanguine, que ce soit avec un verre de vin tous les soirs ou une grosse soirée une ou deux fois par semaine, peut déprimer votre système nerveux, altérant ainsi votre capacité à réfléchir sur le long terme aux conséquences de vos actes et libérant votre inhibition. Les effets de l'alcool agissant sur notre cortex préfrontal, sa consommation conduit à une instabilité et une inconstance émotionnelle, ce qui a des conséquences négatives sur nos relations.

Outre le fait qu'il faille être attentif aux aliments que l'on consomme, changer *la manière* et *le lieu* où nous les consommons peut également avoir des effets bénéfiques sur votre système nerveux. Nous sommes bien trop nombreux à manger sur le pouce ou tout en continuant de travailler, en regardant ou en lisant des informations stressantes ou bouleversantes, en discutant avec un partenaire ou un enfant, ou bien en naviguant sur les réseaux sociaux. Dans ces moments, nos choix peuvent activer la réponse au stress de notre corps, nous faisant sortir de l'état « conserve et restaure » dont nous avons besoin pour nous nourrir de manière adéquate. En changeant notre façon de manger et en créant un environnement aussi calme que possible, nous pouvons augmenter les chances que notre corps absorbe les nutriments dont il a besoin.

Le sommeil et le bien-être

Nous avons besoin d'au moins sept heures de sommeil de manière régulière pour être capables de maintenir un état parasympathique et de créer des liens avec les autres. Donner la priorité à notre sommeil peut avoir des effets très bénéfiques sur nos relations, notamment si nous manquons chroniquement de sommeil, ce qui est le cas d'un grand nombre d'entre nous. Si nous n'avons pas les ressources énergétiques nécessaires, nous avons de grandes chances d'être agités, irritables, impatients, et de réagir promptement en présence des autres. Pourtant, la plupart d'entre nous ne donnent pas la priorité à notre sommeil et préfèrent laisser passer le travail, les relations sociales, les habitudes digitales ou les programmes télévisés avant. Pour ceux qui ont vécu par le passé des violences ou tout autre traumatisme plus spécifiquement nocturne, il est possible qu'ils se sentent en danger pendant le sommeil de la nuit, ce qui entraîne des difficultés à s'endormir ou à le rester, à cause de cauchemars. Je vous suggère, comme je l'ai fait moi-même, de mettre en place une routine quotidienne pour vous aider à apaiser votre corps et à activer votre système parasympathique qui « conserve et restaure » avant d'aller vous coucher. Voici quelques conseils utiles pour créer une routine du soir apaisante.

- Dès le réveil, allez dehors, même s'il ne fait pas beau, afin de vous exposer à la lumière naturelle. Le matin, celle-ci peut vous aider à réguler notre horloge circadienne, le cycle interne de vingt-quatre heures de notre corps, qui nous permettrait de nous endormir le soir et nous réveiller plus reposés le matin.
- Évitez les réseaux sociaux ainsi que tout apport d'informations stressantes ou bouleversantes, au moins une heure avant d'aller vous coucher, car cela excite et stresse notre cerveau. Vous pouvez essayer de laisser votre téléphone dans une autre pièce pour éviter d'être stimulé avant de vous endormir (et de le regarder si vous vous réveillez dans la nuit).
- Allongé ou assis sur votre lit, pratiquez une respiration ventrale profonde pendant plusieurs minutes.
- Avant d'aller vous coucher, effectuez plusieurs positions douces de yoga. Le yin yoga, qui est plus lent que le yoga normal, peut être tout particulièrement bénéfique.
- Éteignez votre téléphone ainsi que tous les autres appareils connectés en wifi ou en Bluetooth. La majorité de nos appareils technologiques émettent des ondes électromagnétiques, sources d'un faible niveau de radiation. Au fil du temps, une exposition constante à cette énergie invisible peut finir par avoir des effets sur le fonctionnement du système nerveux et sur votre sommeil.
- Si vous vous rendez compte que vous vous inquiétez de ce qu'il s'est passé dans votre journée ou de ce qu'il va se produire le lendemain, méditez pendant plusieurs minutes avant d'aller vous coucher ou dans votre lit.

Comme vous pouvez le constater, un grand nombre de choses pouvant avoir des effets bénéfiques sur notre sommeil sont des gestes que nous pouvons adopter tout au long de la journée afin de préparer notre corps au repos de la nuit.

Le mouvement

L'activité physique nous permet d'exploiter notre énergie et de la faire circuler à travers notre corps, de réduire notre sentiment d'anxiété, de stress et même de déprime, tout en régulant notre système nerveux. Bouger régulièrement peut nous aider à soulager certaines émotions douloureuses ainsi que des traumatismes enfouis, à reconstituer la masse musculaire et à recréer un circuit neural différent.

De l'exercice doux, tel que le yoga (yin), des étirements et de la marche peuvent aider à apaiser le système nerveux lorsque nous sommes dans un mode de lutte ou de fuite. Tandis que du sport plus vigoureux peut stimuler notre système nerveux sympathique lorsque nous nous trouvons dans un état d'inhibition ou de repli sur soi. Comme toutes les personnes qui ont déjà effectué une bonne séance d'entraînement bien transpirante le savent probablement déjà, l'activité physique permet de libérer des endorphines, des éléments chimiques qui aident le système nerveux à gérer la douleur et le stress.

Votre façon de bouger votre corps ne doit pas nécessairement ressembler à du « sport » traditionnel. Même les formes les plus douces de mouvement et d'étirement sont bénéfiques. Par ailleurs, faire quelque chose que vous aimez, que ce soit danser dans votre salon, jouer à un jeu vidéo de fitness ou courir dans le jardin avec votre chien ou vos enfants, vous permettra probablement plus de bouger.

Pour ma part, j'aime faire des étirements tous les jours pendant quinze à trente minutes, parfois en participant à un cours de yoga sur YouTube® (le *Yoga with Adriene* et les entraînements de yin de Travis Eliot sont mes préférés). Tous les deux ou trois jours, j'essaie de faire une longue marche ainsi que des entraînements plus vigoureux, et je mets un point d'honneur à trouver du temps pour des petits moments d'une activité plus joyeuse, tels que danser sur ma musique préférée ou frapper quelques coups dans une balle de tennis contre la porte de mon garage.

Vous pouvez également vous servir de ces exercices pour apaiser volontairement votre système nerveux, en choisissant de manière spécifique vos mouvements en fonction de la réponse au stress que vous êtes en train de vivre.

- **Pour la lutte, la fuite ou la soumission,** vous devez activer votre système nerveux parasympathique. Pour ce faire, la meilleure solution est de faire des mouvements doux, tels que des étirements, une promenade, du yoga (yin), du tai-chi ou du qi gong. Vous n'avez pas besoin de vous entraîner pendant des heures ; commencez par réaliser pendant dix minutes tous les mouvements que vous pouvez faire à la maison, au travail ou dans n'importe quel lieu où vous vous sentez en sécurité. Trouvez un lieu privé, une pièce au calme ou bien allez dehors si vous ne trouvez aucun endroit sûr à l'intérieur. Si vous n'avez encore jamais fait de yin yoga, de tai-chi ou de qi gong, vous pouvez apprendre grâce à des vidéos réalisées par des professeurs géniaux et qui partagent leurs connaissances gratuitement sur YouTube®. Apprendre quelques mouvements de l'activité que vous préférez vous permettra de la pratiquer ensuite sans avoir à regarder un écran.

- **Pour l'inhibition,** ou chaque fois que vous sentez que vous vous dissociez ou que vous vous repliez sur vous-même, vous devez activer votre système nerveux sympathique. Pour ce faire, la meilleure solution est de procéder à des mouvements vigoureux ou intenses, tels que sprinter, sauter à la corde, gravir une pente d'un bon pas, soulever des poids lourds, faire du vélo à une vitesse élevée, pratiquer du tennis ou du basket-ball pendant dix minutes. Vous pouvez essayer de secouer énergiquement votre corps pendant cinq minutes en agitant vos bras, en balançant vos jambes et en faisant pivoter votre tronc en même temps. Si de tels gestes vifs ne sont pas possibles pour vous ou que vous recherchez d'autres idées, essayez la cryothérapie, en immergeant vos mains ou en aspergeant votre visage avec de l'eau très froide pendant une ou deux minutes.

Travail autour de l'énergie et autres techniques

Toutes les cellules de notre corps produisent de l'énergie. Lorsque nous sommes bloqués dans une réponse au stress, notre énergie cellulaire devient frénétique, elle s'épuise ou bien s'affaiblit. Les pratiques énergétiques, telles que l'acupuncture, l'acupression et la technique de libération des émotions par tapotement, peuvent nous aider à rééquilibrer une énergie défaillante en réalignant les méridiens du corps ou les chemins énergétiques.

- **Les acupuncteurs** introduisent de fines aiguilles dans des points spécifiques du corps afin de rediriger les énergies bloquées et de stimuler les fonctions du système nerveux. Des études ont montré que l'acupuncture équilibre les fonctions sympathiques et parasympathiques, mais réduit également le stress chronique et l'anxiété[29].

- **Les acupresseurs** utilisent les mêmes points corporels que les acupuncteurs pour aligner les énergies et stimuler les fonctions du système nerveux ; mais, au lieu d'insérer des aiguilles, le praticien se sert de ses mains, de ses coudes et même de ses pieds pour appliquer une pression qui peut vous libérer de votre réponse au stress.
- **La technique de libération des émotions par tapotement** utilise les mêmes points que l'acupuncture, mais vous n'avez pas besoin d'un praticien pour en bénéficier. À la place, vous pouvez apprendre à tapoter des zones de votre corps pour libérer votre stress.

Parmi les autres techniques dont il a été prouvé qu'elles soulagent la réponse au stress et régulent le système nerveux, il y a :

- **L'EMDR,** la désensibilisation et le retraitement de l'information par les mouvements oculaires (*Eye Mouvement Desensibilisation et Reprocessing*), est une forme de thérapie grâce à laquelle un praticien formé vous guide, à travers une série de mouvements oculaires, tout en faisant appel aux souvenirs d'expériences traumatiques passées. Il a été prouvé qu'elle aide le corps et le cerveau à guérir d'un traumatisme tout en activant le système nerveux parasympathique[30].
- **La stimulation bilatérale** est une forme de thérapie qui active de façon rythmique les hémisphères gauche et droit du cerveau pour aider à apaiser le système nerveux. L'EMDR est un type de stimulation bilatérale réalisée par un praticien, mais on peut également se servir du toucher et du son pour obtenir des effets identiques. Pour des exercices plus détaillés, vous

pouvez vous référer à mon livre *Pars à ta rencontre : le manuel de découverte de soi* ou bien rechercher en ligne des applications qui vous guideront.

- **La libération des tensions, du stress et des traumatismes** (TRE, *Tension, Stress and Trauma Release*), est une pratique somatique (corporelle) qui peut aider à libérer le stress musculaire, les traumatismes ainsi que les émotions profondément enracinés en effectuant des exercices où il faut secouer ou faire trembler les muscles. Vous trouverez des ateliers ou des praticiens de TRE sur Internet.

Outils pour se réguler soi-même

Vous trouverez ci-dessous des solutions pour vous apaiser ou vous réguler vous-même en vous aidant à activer votre système nerveux parasympathique et à calmer les réactions émotionnelles de votre corps.

- Apprenez à votre corps à se laisser aller ou à se détendre face à vos émotions et vos sensations physiques, en respirant profondément au niveau des zones qui vous procurent de l'inconfort.
- Réconfortez votre corps par un contact apaisant ou en vous enlaçant, ce qui favorisera la libération d'ocytocine, une hormone qui augmente votre sentiment de connexion et aide à modérer votre anxiété.
- Utilisez une couverture lestée ou bien balancez doucement votre corps pour détendre votre énergie.
- Souriez pour augmenter la production de sérotonine et de dopamine, les hormones du bien-être.
- Apaisez votre cerveau et votre corps en écoutant le son de la nature (la pluie, le souffle du vent, le chant des oiseaux, etc.) ou de la musique spécialement conçu

pour calmer le système nerveux, tel que des battements binauraux ou des fréquences de solfège.

- Écoutez de la musique pour changer votre humeur en choisissant des chansons qui sont en adéquation avec votre état d'esprit ou votre énergie présente. Si vous êtes contrarié, triste ou en colère, choisissez une musique qui permet à votre cerveau d'avoir accès à ces émotions, ce qui peut vous aider à favoriser leur circulation à travers votre corps. Peu à peu, lorsque ces émotions se sont libérées, vous pouvez progressivement changer de musique et en choisir une plus joyeuse pour vous aider à augmenter votre taux de dopamine et à faire baisser celui du cortisol.
- Calmez votre système nerveux en co-régulant avec un animal de compagnie : caressez-le ou bien faites-lui un câlin, proposez à un ami de promener son chien ou faites du bénévolat au refuge pour animaux le plus proche de chez vous.

Mise en place des barrières

Les barrières sont des limites protectrices que nous mettons en place pour les autres afin de nous aider à satisfaire les besoins physiques, émotionnels et spirituels de notre corps, ce qui en retour favorise la création d'un sentiment de sécurité pour notre système nerveux. Nous pouvons instaurer des barrières en mangeant ce que nous voulons et quand nous le voulons, en allant nous coucher lorsque nous le souhaitons et en donnant la priorité à la façon dont, et au moment où, nous avons envie de faire de l'exercice. Nous pouvons établir des frontières émotionnelles en disant « non » aux personnes, aux événements, aux situations ou aux tâches pour lesquelles nous n'avons pas les ressources énergétiques, l'attention ou les émotions suffisantes, même si nos proches nous demandent du soutien. Nous pouvons mettre en place des limites lorsque nous commençons à être sur les nerfs, à être irritables, à nous sentir submergés ou bien prêts à pleurer sans qu'il y ait de raison ou de causes explicites, à être incapables de réfléchir ou de nous exprimer clairement.

Les barrières sont des choix que l'on décide pour nous-mêmes, non des ultimatums que nous donnons aux autres. Lorsque nous nous demandons ce que *nous* pouvons changer pour nous aider à nous sentir physiquement ou émotionnellement différents, nous reprenons le pouvoir afin de nous assurer de notre propre sécurité, quoi qu'il se passe (ou non) autour de nous. Dans ces cas de figure, instaurer des frontières peut nous aider à régénérer notre énergie afin de pouvoir être, par la suite, présents pour nos proches. Cela peut aussi nous permettre d'accepter que nos limites puissent changer en fonction de notre état émotionnel, du degré de connexion que nous ressentons envers la personne avec laquelle nous sommes en train d'interagir, ainsi que les ressources énergétiques de notre corps, y compris la quantité de stress ou de tensions stockée et que nous devons affronter.

Une pratique régulière de la conscience corporelle, comme j'espère que ce chapitre l'a illustré, peut nous aider à prendre conscience des schémas de réactivité de notre système nerveux qui sont peut-être les raisons pour lesquelles nous sommes enfermés dans des cycles de conflit, de déconnexion ou d'insatisfaction au sein de nos relations. Assouvir régulièrement les besoins de notre corps et manger des aliments riches en nutriments, prendre le temps de bouger et de se reposer, ainsi que respirer profondément et calmement est fondamental à la création d'un environnement sûr afin que notre système nerveux puisse se réguler seul.

Au fur et à mesure que nous mettons en pratique la pause pour reprendre le pouvoir (voir page 187), nous pouvons noter les sensations qui apparaissent en nous et qui nous poussent à dire des choses blessantes que nous ne pensons pas, à trouver le moyen d'être perpétuellement « occupés » ou toujours prêts à aller quelque part, à dire « oui » lorsqu'en réalité nous pensons le contraire, ou à quitter totalement des conversations ou des relations difficiles. Si nous sommes capables d'observer consciemment les sensations qui sont associées aux diverses réponses de notre système nerveux, nous pouvons faire des choix volontaires qui permettront de faire revenir notre corps vers un sentiment de sécurité. C'est uniquement lorsque nous nous trouvons dans cet état d'ancrage, que nous pouvons intentionnellement décider de nos réactions envers nos relations et le monde qui nous entoure, nous autorisant enfin tous à guérir nos relations.

Comme vous l'avez appris dans le chapitre 2, notre corps n'est pas le seul responsable de ces cycles réactifs. Nous allons maintenant aborder plus en détail le conditionnement qui réside dans notre inconscient et qui peut gouverner ces cycles apparemment instinctifs.

6

Créez du changement grâce à la conscience mentale

Trevor ne comprenait pas pourquoi sa dernière relation était partie en fumée, encore une fois. Il était intelligent, accompli, séduisant et en forme physique, autant de caractéristiques qui selon lui en faisaient un bon parti. *Les femmes devraient se bousculer à mes pieds !* pensait-il.

Bien que Trevor n'ait aucun mal à avoir des rendez-vous ou de liaisons sexuelles, il en allait bien autrement d'une relation amoureuse durable. Cela n'avait rien à voir avec son apparence ou le niveau de ses revenus, contrairement à ce qu'il avait pu penser un jour. Ce qui sabotait ses relations était le récit de son ego qui tournait en boucle dans son esprit sur ce qu'il était et ce qu'il devait être pour avoir le sentiment de mériter d'être aimé.

Nous avons tous un ego et chacun a sa propre histoire. Ces récits sont créés pas notre inconscient pour trouver un sens au monde qui nous entoure. Notre ego, par exemple, peut inventer que « nous ne méritons pas le temps d'une autre personne » si celle-ci nous intéresse et qu'elle ne nous envoie pas de message. Il peut aussi interpréter le fait d'être ignoré pour un projet ou une opportunité professionnelle comme le signe que nous sommes des imposteurs ou des escrocs. Bien que nous puissions ne jamais véritablement être certains de l'ensemble des facteurs qui sont impliqués dans les préférences d'un partenaire amoureux potentiel, ou les décisions d'un supérieur, notre esprit fabrique des histoires et des suppositions, en attribuant des significations à nos expériences pour nous aider à gérer l'inconfort de l'inconnu. Plus nous assignons fréquemment les mêmes sens à des événements similaires, plus ces interprétations forment un récit cohérent ou une intrigue, qui nous accompagnent tout au long de notre vie. Même si nous connaissons les « faits » objectifs qui entourent notre situation, nous continuons de supposer que les interprétations que nous lui avons allouées sont des représentations factuelles de la réalité.

Nous avons généralement plusieurs récits de l'ego, qui changent au fil du temps. Cependant, le plus important de tous, celui que nous écoutons depuis le plus longtemps et qui a le plus d'influence sur notre sens de Soi, est celui que notre inconscient a inventé au cours de notre enfance pour nous aider à mieux gérer le stress et les besoins non comblés par nos figures parentales. Quel que soit le récit de notre ego, il se résume souvent à une honte profondément enracinée en lien avec un manque d'amabilité ou de valeur pour qu'une autre personne ait envie d'assouvir nos besoins.

Enfants, nous n'avons pas la maturité et le recul émotionnel nécessaires pour savoir que ce n'était pas notre faute si nos parents n'étaient pas toujours en mesure de nous aider à nous sentir en sécurité, valorisés et aimés comme nous en avions besoin. Dans cet état d'egocentrisme infantile, nous n'étions donc pas capables de personnaliser l'ensemble de nos interactions et de nos expériences. À ce stade du développement cérébral, où nous ne pouvions pas comprendre les nombreux facteurs qui contribuaient aux capacités ou aux choix en toutes circonstances d'une personne, nous en avons déduit que tout ce que les autres ou nous-mêmes faisions traduisait quelque chose sur *nous* ou la *personne que nous étions*. Comme notre enfant intérieur blessé était convaincu que *nous* étions le problème, nous avons commencé à nous adapter ou à changer afin de nous intégrer à notre environnement et à nos relations. Nous avons essayé de rester en sécurité et en contact grâce aux schémas habituels de nos liens traumatiques, tentant de nous sentir « aimés » de toutes les façons possibles.

Aujourd'hui, il est probable que nous pensions encore que nous n'avons pas de valeur, continuant de refouler ou de dissimuler ces facettes qui, selon nous, nous rendent instinctivement sans valeur. Parfois, nous les cachons aussi à nous-mêmes, en les repoussant dans notre inconscient, incapables de reconnaître qu'elles font partie de nous. Vous avez peut-être entendu ces facettes être appelées des « ombres ».

Vous vous demandez sans doute pourquoi, si l'essentiel des histoires de notre ego comporte des aspects difficiles, désagréables ou limitants, nous les répétons encore et toujours ? Parce que, ce que l'esprit humain désire plus que tout c'est la certitude : notre ego met tout en œuvre sans relâche pour confirmer, reconfirmer et consolider les récits que nous avons reproduits et avec lesquels nous sommes à l'aise depuis notre plus jeune âge.

Chaque fois que nous avons des pensées telles que : *je ne suis pas désirable, je suis trop sensible, je ne suis bon à rien*, c'est notre ego qui est aux commandes, nous aidant à créer, à définir et à entretenir notre identité. Son travail principal est de protéger notre enfant intérieur blessé. Pour ce faire, il tisse des histoires sur notre personnalité pour nous aider à comprendre, justifier et compenser notre sentiment d'insécurité passé.

Voici quelques exemples de récits fréquents de l'ego :

- J'en fais trop ou je suis trop sensible pour que les autres m'aiment.
- Je suis en manque d'affection ou désespéré.
- Je n'ai aucune valeur et je mérite d'être seul.
- Je suis maudit et il ne m'arrive jamais rien de bon.
- Les autres m'aiment uniquement lorsque je fais quelque chose pour eux.
- Je suis un imposteur et je mérite d'être aimé uniquement lorsque je semble parfait.
- Je serai toujours délaissé, abandonné ou trompé.
- Je suis plus important que les autres et mes besoins ou mes opinions sont les seuls qui comptent.
- Je suis faible et je me sentirais bien trop vulnérable si j'exprimais ce que je ressens véritablement.
- On abuse ou on profite sans cesse de moi.

Nous sommes nombreux à ne pas avoir conscience du récit de notre ego. À la place, nous pensons que cette histoire est notre vérité, parce qu'elle est devenue un chemin inconscient bien trop familier. Depuis l'enfance, notre cerveau produit encore et toujours les mêmes pensées et interprétations venant de l'ego, créant et consolidant ainsi concomitamment un réseau neural. Au fur et à mesure que ce dernier se renforce, notre ego commence à filtrer nos expériences quotidiennes afin de confirmer ces croyances qui sont en train de se former. Si des informations contradictoires ou conflictuelles se présentent à notre inconscient, notre ego va rapidement et catégoriquement les rejeter sous le prétexte qu'elles sont des menaces pour la perception de notre identité. Nous nous trouvons ainsi bloqués dans la répétition des schémas de pensées, d'habitudes et de réactions de notre ego, nos expériences continuant de confirmer les récits de notre enfance basés sur notre identité. Au fil du temps, notre réflexion et notre perception sont de plus en plus limitées, et elles finissent ainsi par sembler encore plus menacées, réactives et souvent hors de contrôle.

Heureusement, nous pouvons choisir de développer notre *conscience mentale* ou de prendre connaissance de ces croyances inconscientes puissantes, en apprenant à observer le récit de notre ego ainsi que la manière dont il nous pousse à penser, à ressentir et à réagir avec les autres, et qui n'est ni bénéfique ni en adéquation avec la personne que nous voulons être. Au fur et à mesure que nous nous éveillons à notre inconscient, nous retrouvons du pouvoir et nous pouvons remettre en question les croyances sous-jacentes de notre ego selon lesquelles nous n'avons pas de valeur, et ainsi faire de nouveaux choix qui ne sont pas teintés par la souffrance de notre enfant intérieur.

Le récit de l'ego de Trevor

Avant d'aborder le processus permettant de développer la conscience mentale, j'aimerais revenir au cas de Trevor, car l'histoire de son ego permet d'illustrer de quelles façons nos récits inconscients peuvent affecter nos relations. Il est possible que certains d'entre vous se reconnaissent dans l'histoire de Trevor, parce que vous avez vécu quelque chose de similaire ou que vous avez été dans une relation avec quelqu'un comme lui.

Trevor a de nombreux récits de l'ego, mais celui qu'il écoute depuis le plus longtemps est celui qui est majoritairement responsable des courts-circuits au sein de ses relations amoureuses. L'histoire de son ego était : *je suis un homme et mes émotions me rendent (ainsi que tous les autres hommes) faible*. Voici comment son enfant intérieur blessé en est arrivé à cette croyance.

Trevor a grandi dans une famille de la classe moyenne supérieure, au sein d'un quartier sûr et financièrement privilégié. Son père, autrefois un officier de haut rang dans l'armée, était le P.D.G. d'une banque, ce qui avait donné à sa mère la possibilité financière de rester à la maison et d'élever son fils. Trevor était allé dans une bonne école, avait été encouragé à être physiquement actif, à manger des repas sains et faits maison, quasiment tous les soirs de la semaine, et il avait la possibilité de participer aux loisirs qui lui plaisaient, y compris les plus onéreux, tels que faire du ski, monter à cheval et jouer de la guitare.

Bien qu'il ait très peu de besoins insatisfaits, Trevor a grandi dans un contexte de violence émotionnelle presque constant. Son père était un homme physiquement et verbalement autoritaire qui dirigeait la famille d'une main de fer. Lorsque Trevor exprimait une émotion normale, telle que de la tristesse, de la solitude ou de la peur, les réponses du père à son fils étaient : « Arrête de pleurer, » « relève-toi, » « remue-toi ou va-t'en » ou « endurcis-toi ou tu n'arriveras jamais à rien dans la vie ». Son père, qui basculait souvent dans un mode éruptif, avait régulièrement des explosions de rage, parfois sans aucune raison apparente. Par conséquent, Trevor a commencé à adopter une attitude détendue et distante, utilisant souvent l'humour ou le détournement pour gérer les émotions inconfortables, qu'il s'agisse des siennes ou de celles des autres. Son père lui a appris à être rongé par l'importance du statut, de la santé et de l'apparence physique, car c'est ainsi qu'il pensait que lui-même ainsi que les autres hommes devaient être valorisés.

La mère de Trevor n'a pas protégé son fils de la violence émotionnelle quasi constante qui existait dans leur foyer, pour l'aider à se sentir en sécurité. Bien qu'elle l'aimât profondément, elle craignait son mari et était soumise en sa présence, laissant ainsi le champ libre à son tempérament et au traitement rude de leur fils. Cette dynamique a laissé Trevor avec peu de soutien émotionnel, car les deux principales personnes qui s'occupaient de lui étaient indisponibles : son père l'effrayait et sa mère avait trop peur pour intervenir. Il a ainsi commencé à ressentir la pression immense de devoir intervenir et arbitrer des situations tendues ou explosives entre son père et sa mère, utilisant les mêmes tactiques qu'il avait vu sa mère utiliser pour essayer de faire plaisir ou d'apaiser son père.

Trevor était trop effrayé pour exprimer ses émotions ou ses besoins, c'est pourquoi son système nerveux est resté en alerte maximale, toujours prêt à se protéger contre de futures attaques. Tout comme son père, il a développé une double apparence, restant stoïque ou bouillonnant en silence la plupart du temps, puis dans des moments réactifs faisant preuve d'un comportement rageur et violent envers les personnes les plus proches de lui. Bien qu'il ait dissimulé l'essentiel de ses sentiments les plus sombres au monde extérieur, plus tard dans sa vie, ceux-ci ont engendré des expériences très complexes pour ses partenaires amoureuses. Celles-ci se sentaient désapprouvées et silencieusement en colère contre sa personnalité façon Dr Jekyll et M. Hyde.

Programmé pour lutter, le père de Trevor lui a appris que la colère était une bonne manière de contrôler son environnement. Une fois adulte, il s'en est donc servi pour intimider les autres afin de se sentir plus puissant, compensant inconsciemment toutes ces fois où il s'était senti démuni pendant son enfance, ainsi que devant les émotions dont il pensait qu'elles le rendent faible. Son tempérament à démarrer au quart de tour était tout particulièrement visible au volant, ce qui effrayait chacune de ses passagères, lorsqu'il explosait au restaurant, lors de soirées, dans des magasins, ou bien au travail lorsqu'il se sentait négligé ou qu'il avait l'impression qu'on lui avait manqué de respect. Le système nerveux de Trevor scrutait en permanence son environnement, à la recherche d'indices prouvant qu'il n'était pas valorisé, des preuves qu'il finissait souvent par trouver, même s'il n'en existait aucune. Tout lui semblait être une menace parce que dans son enfance tout en avait été une : l'autorité de son père, la passivité de sa mère ainsi que l'impossibilité d'exprimer des émotions qui auraient pu donner l'impression qu'il était faible.

Au sein de ses relations amoureuses, Trevor refoulait toutes les émotions qui n'étaient pas de la colère, enfermé dans le récit de son ego lui dictant qu'un véritable homme ne montrait pas ses sentiments. Il était généralement le boute-en-train, agissant toujours comme si tout allait bien. Étant incapable d'exprimer aux autres de manière authentique ses volontés, ses besoins et ses désirs, il ne pouvait jamais véritablement créer de liens avec ses partenaires, qui le percevaient souvent comme une personne en colère, insensible et dure ; et non comme l'homme plein de nuances, complexe, gentil, compatissant, généreux et aimant qu'il était capable d'être lorsqu'il était en mesure d'être authentiquement *lui-même*.

Le récit de l'ego de Trevor l'empêchait d'être à l'écoute de ses partenaires, car toutes les émotions, même celles des autres, lui faisaient peur. Pendant son enfance, personne ne lui avait montré l'exemple d'une expression émotionnelle saine ou ne l'avait aidé à apprendre à s'adapter et à faire face aux sentiments des autres. En grandissant dans un environnement fuyant et explosif, il n'a jamais su comment être à l'écoute de ses propres émotions, ce qui le mettait mal à l'aise lorsque d'autres personnes les exprimaient en sa présence une fois adulte. Il se servait souvent de la logique pour arrêter ses partenaires, en trouvant involontairement des excuses ou en désapprouvant leurs sentiments lorsqu'elles exprimaient leurs inquiétudes. Si elles avaient eu une dure journée au travail, Trevor leur répondait que leur patron était une ordure, ou qu'elles devaient chercher à obtenir une promotion ou encore à postuler au boulot qu'il leur avait conseillé depuis des mois déjà. Si elles lui disaient qu'elles se sentaient seules, il remettait en cause la validité de leurs sentiments en leur rappelant qu'elles étaient sorties avec leurs amies la veille seulement. Par conséquent, ses partenaires ne se sentaient jamais suffisamment en sécurité pour s'exprimer en toute honnêteté en sa présence et un grand nombre d'entre elles ont ainsi cessé d'exprimer leurs émotions, les poussant à ressentir de la crainte ou de l'isolement au sein de la relation.

Votre voyage vers la conscience mentale

Le récit de votre ego est probablement différent de celui de Trevor. Certains d'entre nous ne rencontrent aucune difficulté à exprimer leurs émotions au sein de leurs relations, pourtant l'histoire de notre ego nous maintient enfermés dans des schémas de déchargement émotionnel, d'anxiété de l'abandon ou de tous les autres comportements dysfonctionnels qui sont guidés par les blessures de notre enfant intérieur. Quel que soit le récit de notre ego, il doit sans doute créer des cycles de comportements réactifs motivés par la honte, alors que nous continuons de dissimuler certaines de nos facettes et de nous efforcer désespérément de nous sentir suffisamment bien.

Cependant, en développant notre conscience mentale, nous pouvons observer l'histoire de notre ego et commencer à nous apprécier tels que nous sommes véritablement, et non tels que nous avons dû être pour nous sentir en sécurité et connectés dans notre enfance. Cela va nous donner la possibilité de faire disparaître le pouvoir du récit de notre ego, et ses conséquences sur nos relations. C'est ainsi que nous allons commencer à façonner une nouvelle intrigue sur notre personnalité et celui ou celle que nous voulons être. En travaillant sur notre ego, nous allons enfin pouvoir prendre conscience que nous méritons amplement d'être *tout simplement tels que nous sommes*, sans avoir besoin de l'intervention ou de l'approbation des autres pour avoir le sentiment d'être complets et aimés.

Avant que nous explorions comment utiliser la conscience mentale pour observer notre ego, j'aimerais souligner à quel point il est important que vous poursuiviez les pratiques corporelles qui vous ont aidé à réguler votre système nerveux, avant de commencer ce processus. Si votre système nerveux est dérégulé à cause de besoins physiques systématiquement oubliés, il sera très difficile de développer une conscience mentale. Si vous êtes sous-alimenté, épuisé par un manque de sommeil, fatigué parce que vous bougez trop ou pas assez, votre corps se sentira toujours en insécurité et vous continuerez probablement à ressentir du stress ou à avoir des réactions motivées par la peur, quoi que vous puissiez entreprendre pour travailler sur votre ego. Si vous faites régulièrement en sorte de répondre aux besoins de votre corps afin de mieux réguler votre système nerveux, vous êtes prêt à passer à la prochaine étape de votre voyage de retour vers votre Soi authentique.

Votre inconscient crée votre réalité

Nous passons, pour la majorité d'entre nous, notre temps dans notre tête, à analyser ou bien à être obsédés par nos réflexions ou ce que nous ressentons. Nous pensons que les récits qui circulent dans notre esprit sont les explications correctes de ce que nous sommes et de nos expériences. Beaucoup d'entre nous considèrent même que nous pouvons désirer ou penser en fonction de nos ressentis, afin de croire ou de nous comporter comme nous le souhaitons.

Rien de tout ceci n'est vrai. Nos pensées et nos sentiments ne constituent pas notre identité ou la personne que nous sommes. Notre Soi authentique est guidé par notre intuition, au fur et à mesure que nous apprenons à avoir confiance dans les sentiments instinctifs de notre cœur, lesquels résident davantage dans notre corps que dans notre esprit. Or, tant que nous n'avons pas conscience des messages ou des désirs de notre cœur, nos habitudes quotidiennes ainsi que nos cycles de réactivité sont gouvernés par notre inconscient et notre système nerveux dérégulé. Une fois que nous aurons ouvert les yeux sur la puissance de ces forces, en observant à la fois les pensées habituelles qui se trouvent dans notre esprit, ainsi que les sensations physiques présentent dans notre corps, nous aurons la possibilité intentionnelle d'orienter notre créativité et nos réactions vers notre vie.

Bien que nous soyons majoritaires à penser que nous percevons correctement le monde qui nous entoure ; en réalité, nous voyons uniquement ce que notre inconscient veut bien nous montrer, en se basant sur nos expériences passées. Ainsi, pour accélérer le temps de traitement et progresser vers le sentiment de sécurité de ce qui est prévisible, notre cerveau se sert le plus souvent de jugements rapides, en déformant ou en dénaturant les informations qui sont disponibles. Lorsque notre inconscient agit ainsi au sein de nos relations et fait des prédictions basées sur notre passé, cela peut nous pousser à faire ou dire des choses déraisonnables ou à continuer de dissimuler les facettes de nous-mêmes qui, selon nous, nous rendent difficiles à aimer ou sans valeur. Ceci est tout particulièrement vrai pour nos relations amoureuses, où notre inconscient se fie généralement à nos toutes premières expériences pour prédire notre futur. Ainsi, comme ma mère n'était jamais capable d'être émotionnellement présente et à l'écoute de mes besoins, mon inconscient recherchait ce sentiment de sécurité que procure la certitude, ce qui m'a conduit à filtrer toutes mes expériences relationnelles à travers un très ancien scénario dans lequel ni mes besoins ni moi-même ne serions pris en considération.

En se servant de ce qu'il s'est produit dans mon passé, pour prédire ce que mes partenaires ne souhaitaient pas ou bien pour me faire croire qu'elles n'étaient pas intéressées par l'idée de soutenir mes besoins émotionnels, mon inconscient a restreint la possibilité de toute issue ou expérience future différente. Ce dernier m'ayant convaincue que je ne devais pas essayer d'exprimer mes sentiments à ma partenaire, j'ai fini par me replier sur moi-même et me renfermer dans ma chambre lorsque j'avais besoin ou que je désirais être réconfortée. Il m'arrivait aussi de faire des commentaires passifs-agressifs ou narquois, qui exprimaient indirectement mon souhait, lançant sèchement que « j'aurais aimé avoir quelqu'un pour m'aider », au lieu de demander ouvertement le type de conseils ou d'aide dont j'avais besoin. Ainsi, lorsque je finissais par exprimer mes sentiments avec ma partenaire, mon inconscient me poussait généralement à percevoir les moindres petites réactions (l'expression du visage ou l'intonation de la voix) comme la preuve que j'étais en train de l'accabler, exactement comme je l'avais prédit et m'y étais attendu.

J'imagine que vous êtes en train de comprendre que l'essentiel des conflits relationnels n'a en réalité aucun lien avec ce qu'il se passe présentement entre deux personnes, mais est plutôt des reconstitutions de ce qu'il s'est produit entre nous et les autres par le passé. Lorsque notre inconscient prédit qu'il va se passer quelque chose dans nos relations, nous pouvons facilement transposer les traumatismes passés à nos interactions présentes et prendre des décisions en nous basant sur les anciennes blessures de notre enfant intérieur. Voici quelques exemples de la forme que cela peut prendre, si l'on se base sur les traumatismes de l'enfance.

- Si vous étiez systématiquement critiqué par vos figures parentales, si l'on vous disait ce que vous deviez penser et croire, ou comment vous deviez agir, alors il est possible que votre inconscient interprète tout ce que la personne que vous aimez fait pour vous ou dit à propos de vous comme une critique, que cela soit vrai ou non, vous obligeant à être sans cesse sur la défensive. Votre inconscient filtre le mode de communication des autres comme des indications menaçantes des *véritables* pensées ou sentiments négatifs qu'ils ont envers vous.

- Si vos figures parentales criaient fréquemment, claquaient les portes ou faisaient irruption dans votre chambre, il est possible que votre inconscient perçoive tout bruit intense ou geste brusque (un claquement de porte, le son des placards de la cuisine que l'on ouvre et referme, quelqu'un qui marche derrière vous) comme une raison d'être surpris ou effrayé. Votre inconscient interprète tout cela comme des menaces parce qu'il croit que quelqu'un va venir crier pour vous réprimander.
- Si vous avez grandi dans une maison où les ressources étaient peu abondantes ou indisponibles (par exemple, votre famille avait du mal à joindre les deux bouts et vivait en fonction des revenus d'un mois sur l'autre, vos figures parentales n'avaient pas assez de temps pour vous à cause de problèmes financiers, ou bien vous avez eu honte de gaspiller de la nourriture ou toute autre ressource), il est possible que vous ayez grandi avec la peur constante de ne jamais avoir assez ou de ne plus avoir ce dont vous aviez besoin. Votre inconscient peut percevoir ce que les autres disent ou font comme le signe qu'ils n'ont pas assez de ressources pour vous, notamment du temps, du soutien, de l'attention ou de l'amour. Vous agissez peut-être de manière protectrice au sein de vos relations, vous assurant sans cesse que vous obtiendrez votre part ou soucieux qu'il n'y ait jamais assez, même lorsqu'il y a tout ce qu'il faut autour de vous, consommant parfois rapidement ce qui est disponible afin de vous « prémunir » d'un éventuel manque futur.

L'histoire préférée de votre inconscient

Si vos besoins physiques ou émotionnels n'ont pas été systématiquement satisfaits pendant votre enfance, votre inconscient peut finir par penser que vous étiez fondamentalement imparfait. Cette croyance crée une menace implicite d'abandon, celle que les autres vont vous rejeter ou vous laisser parce que vous n'êtes pas assez méritant ou digne d'amour, poussant ainsi votre système nerveux à activer sans cesse une réponse au stress. Peu à peu, cette dérégulation du système nerveux engendre une réactivité encore plus intense au sein de vos relations, parce que nous nous sentons constamment submergés par l'inconfort émotionnel ou physique qui réside en nous.

Notre inconscient va ensuite continuer de négliger ou de filtrer toutes les preuves que nous sommes méritants afin de pouvoir continuer à fonctionner selon nos limites neurobiologiques familières. Croire que notre manque de valeur fait partie de ce que nous sommes, intrinsèquement et indéniablement, nous pousse à interpréter tout ce que les autres disent ou font comme une confirmation de cette croyance. Comme vous pouvez l'imaginer, cela peut avoir des effets néfastes sur l'ensemble de nos relations.

L'histoire de Jada illustre bien de quelles manières nos toutes premières croyances de l'enfance à propos de notre manque de valeur peuvent perturber nos relations d'adultes. Il est possible que vous connaissiez quelqu'un comme elle, qui perçoit constamment ce qui arrive aux autres ainsi qu'à elle-même comme une injustice ou un mauvais traitement. Jada a grandi dans un foyer où les ressources économiques étaient limitées, avec trois frères et sœurs aînés et un frère plus jeune qu'elle. Ses parents travaillaient beaucoup afin de nourrir cette famille de sept personnes, et bien qu'ils soient des personnes

« bonnes » et « aimantes », la plupart du temps ils n'étaient pas disponibles, et trop épuisés lorsqu'ils étaient chez eux pour être à l'écoute de leurs enfants. En grandissant et à cause de cette absence physique, émotionnelle et spirituelle, Jada a fini par croire qu'elle ne méritait pas que l'on réponde à ses besoins. Souvent en retard sur le paiement du loyer, la famille fut contrainte de déménager fréquemment et les enfants étaient ballottés d'école en école. Rencontrant des difficultés à trouver leur place, les frères et sœurs de Jada ont fait face aux sentiments qu'ils n'avaient pas de valeur en la harcelant, physiquement et émotionnellement. Manquant de tout sentiment de sécurité fondamental, elle a commencé à penser que le monde était rempli de personnes qui n'étaient pas dignes de confiance, après tout, même sa propre famille n'était pas gentille avec elle. Rapidement, le récit de son ego est devenu : « Je ne mérite pas d'être bien traitée. »

Plus Jada avançait dans l'âge, plus le récit de son ego lui montrait l'ensemble des injustices possibles dans toutes les circonstances du quotidien. Se sentant profondément révoltée et en même temps impuissante et seule, elle était en permanence à l'affût de la moindre menace, adoptant souvent une attitude combative pour essayer de se protéger, notamment des personnes qui étaient en position de pouvoir. Cette attitude malencontreuse et hyperactive déclenchait souvent une réaction disproportionnée chaque fois qu'elle pensait que quelqu'un lui manquait de respect, s'indignant ou se mettant en colère si elle n'était pas choisie pour un projet professionnel, si elle tombait sur un message sur les réseaux sociaux qui l'offensait, ou si quelqu'un passait par erreur devant elle dans la file d'attente du café. Son inconscient distinguait partout ces moments de possibles conflits et se fiait hâtivement à des réflexions radicales (« nous » contre « eux » ou bien « avec moi » ou « contre moi ») afin de regrouper automatiquement les autres en catégories basées sur les dynamiques de pouvoir qu'elle percevait. Elle choisissait généralement le camp du perdant, même s'il faisait du mal aux autres.

Dans ses relations amoureuses et professionnelles, le récit de l'ego de Jada la poussait à être attirée par des partenaires qu'elle pouvait facilement défendre ou qui avaient besoin de sa protection. Tel était le schéma de ses liens traumatiques, les blessures de son enfance la poussaient à endosser avec les autres le rôle du sauveteur ou du protecteur. Son inconscient était constamment à l'affût du moindre signal que l'on était en train de profiter des personnes auxquelles elle tenait, et lorsque son esprit en trouvait inévitablement les preuves, elle réagissait et adoptait une position défensive, criant après tous ceux qui étaient la source de l'injustice qu'elle percevait. Elle a continué de projeter ses expériences internes d'impuissance sur les autres, les voyant comme des personnes vulnérables et qui avaient besoin d'être secourues. Dans la réalité de son ego, elle essayait simplement de se battre pour les autres, comme elle aurait aimé que ses parents le fassent pour elle. Alors que dans ses interactions avec les autres, elle était incapable de faire de la place à tout autre point de vue et était perçue comme une personne suffisante et souvent agressive même si ses intentions étaient bonnes.

Exercice pour rencontrer votre ego

Vous pouvez observer votre ego en commençant par faire attention aux pensées ou aux histoires que vous racontez souvent aux autres ou à vous-même, ainsi qu'au monde en général. Au cours des quelques prochains jours ou semaines, remarquez sans juger les types de pensées qui se présentent à vous au fur et à mesure de votre journée, notez-les dans les espaces ci-dessous ou dans un journal ou carnet, si cela vous aide. En acceptant ces récits pour ce qu'ils sont, c'est-à-dire des histoires inventées par votre inconscient, vous pouvez cesser d'y réagir comme s'il s'agissait de votre vérité et y répondre différemment. Au cours de cet exercice, continuez de faire preuve de compassion envers vous-même, en reconnaissant que ces intrigues ont un jour permis de protéger votre enfant intérieur ainsi que vous-même des souffrances les plus profondes.

Exemples :
« Je ne suis pas assez bien. »
« Les autres ne sont pas dignes de confiance. »
« Le monde n'est pas sûr. »
« Je suis _______. »
« Les autres sont _______. »
« Le monde est _______. »

Rencontre avec la méditation guidée par votre ego

La pratique de la méditation peut vous aider à améliorer votre capacité à observer et à explorer plus objectivement vos réflexions comme de simples pensées, sans jugement, sans signification ou valeur en particulier. En retirant la force ainsi que le sens de celles-ci, vous commencerez peu à peu à voir que le récit de votre ego n'est initialement pas ce qui vous définit. De fait, vous aurez la possibilité de façonner de nouvelles croyances qui seront davantage en adéquation avec votre valeur intrinsèque.

Si vous êtes novice avec la méditation, vous devez sans doute vous demander par où commencer. Bien que cette idée puisse paraître intimidante, il n'existe aucune bonne ou mauvaise façon de méditer. Souvenez-vous que votre objectif est simplement d'être présent dans l'instant et dans votre corps, d'observer les pensées qui circulent dans votre tête sans les juger, comme si vous regardiez un nuage passer dans le ciel.

Même si méditer les yeux fermés dans un lieu calme peut limiter toutes distractions issues du monde extérieur – ce qui peut vous aider à mieux voir à l'intérieur de vous – vous pouvez également apprendre à être consciemment présent, tout en étant entouré des autres. Au fur et à mesure que vous pratiquez la méditation, il est conseillé de noter en temps réel vos pensées basées sur l'ego. Apprendre à basculer dans cet état d'observation de l'instant présent où vous êtes réactif peut vous aider à créer l'espace nécessaire pour que vous puissiez faire une pause, réexaminer la situation et faire des choix plus authentiques et venant du cœur.

La conscience de l'ego et des soi conditionnés

Si le récit de notre ego semble aussi proche de notre identité et de notre vérité, comment pouvons-nous le convaincre du contraire ? La réponse est : ce n'est pas possible. Même si vous avez pu entendre l'inverse, votre objectif n'est pas de « tuer » ou maîtriser votre ego. Celui-ci est en réalité une partie essentielle de notre expérience d'être humain, celle qui nous permet de rester en sécurité dans des environnements ou des situations bouleversantes depuis que nous sommes enfants. À présent que nous sommes adultes, la présence de notre ego nous permet de savoir si une chose issue des profondeurs de notre passé émotionnel est potentiellement en train de teinter notre expérience actuelle. Au fil du temps, nous pouvons nous servir de sa présence pour signaler à notre conscience qu'elle doit nous faire revenir vers un sentiment de sécurité et dans l'instant présent.

Bien que notre ego soit une partie importante et protectrice de chacun de nous, il n'est pas *entièrement* nous. Lorsque nous laissons son récit teinter la façon dont nous nous percevons et dont nous interagissons avec les autres, nous vivons dans un espace que j'appelle *la conscience de l'ego* : nous attribuons automatiquement des significations et des valeurs à celui ou celle que nous sommes, à ce que sont les autres et à ce qu'ils pensent de nous, en nous basant sur nos émotions et besoins insatisfaits. Nous ne pouvons faire autrement que de dissimuler ces facettes lorsque notre ego nous pousse à croire que ces dernières ne méritent pas d'être vues.

Lorsque je me trouve dans cet état de conscience de l'ego, je suis convaincue que la première de la classe qui est en moi est ce qui *me* définit. Je suis contrainte d'agir comme si mon estime personnelle dépendait de ma réussite dans mes relations, en cherchant à éblouir les autres, en donnant l'impression que je n'ai aucun défaut ou vulnérabilité, ou bien en faisant ce qu'il me semble qu'ils attendent de moi. Mon inconscient analyse en permanence ce qu'ils disent et font afin de déterminer s'ils m'apprécient ou m'accordent de l'importance. Or, comme au plus profond de moi je ne pense pas avoir de valeur, je recherche l'approbation des autres pour m'aider à me sentir mieux avec moi-même. Bien évidemment, l'ironie dans tout cela est que, quelle que soit la quantité d'éloges que je reçois, cela ne fait pas disparaître mes sentiments profondément enracinés de manque de mérite : cette croyance vient de moi et non des autres.

La conscience de l'ego me conduit souvent à me tourmenter pour savoir si mon entourage est véritablement heureux avec moi et a envie de rester à mes côtés. Si j'organise un événement particulier pour une personne que j'aime, je suis capable de passer la nuit entière à me demander si elle va véritablement aimer ce que j'ai préparé pour elle : croyant instinctivement que son appréciation de l'événement reflétera si elle est satisfaite de moi. Mon inconscient étant prêt à trouver des indices prouvant que je ne suis jamais assez bien ou que je ne fais jamais suffisamment bien les choses, je suis capable d'interpréter incorrectement ses réactions comme des signes qu'elle n'apprécie pas ce qu'elle est en train de vivre et donc par extension, qu'elle a moins d'estime pour moi. Blessée par des raisons imaginaires, je finis généralement par bouder dans un coin ou par accuser la personne que j'aime de ne pas être reconnaissante.

Évidemment, tout le monde ne s'identifie pas aux habitudes d'un premier de la classe. Si vous vous retrouvez davantage dans celles d'un aidant, votre inconscient est convaincu que vous avez uniquement de la valeur lorsque vous prenez soin des autres. Si vous vous sentez menacé et que vous êtes dans un état de conscience de l'ego, votre inconscient va continuer de scruter vos interactions afin d'évaluer si vous vous occupez correctement de votre entourage, certain que votre estime personnelle en dépend. Il est possible que vous demandiez régulièrement aux autres si tout va bien, que vous recherchiez tout ce que vous pourriez faire, ou bien que vous analysiez de manière excessive leurs réactions aux services que vous leur rendez, car vous avez besoin de savoir s'ils ont *vraiment* aimé ce que vous avez cuisiné pour eux ou s'ils sont *véritablement* heureux que vous ayez organisé leurs soins médicaux ou leur protection financière. Le récit de votre ego vous empêche de cesser d'être là pour les autres et vous pousse à faire passer leurs besoins avant les vôtres, car votre inconscient vous dit que si vous ne le faites pas, vous n'avez aucune valeur. Bien que votre implication envers les autres fasse partie d'une relation de soutien émotionnel, faire systématiquement passer votre entourage en premier peut vous empêcher de prendre soin de vos propres besoins.

Devin est une admiratrice dévouée autoproclamée, qui attend continuellement que les autres lui montrent et lui disent quoi penser, ressentir et comment agir, parce qu'elle n'a pas confiance en sa voix intérieure. Elle a grandi dans un foyer religieusement strict, avec une mère qui s'enorgueillissait en permanence de ses « bonnes » valeurs et de son dévouement moral. Son père buvait presque quotidiennement, absorbant plusieurs bières après le travail et beaucoup d'autres le week-end. Généralement légèrement ivre, il faisait souvent des blagues méchantes ou sexuellement inappropriées en public, ou bien il jouait le rôle de l'insouciant au sein de la famille, ne dévoilant aucun sentiment de contrariété. Comme il n'était jamais en colère ou hors de contrôle lorsqu'il était soûl, la mère de Devin tolérait son comportement, qui n'était jamais directement abordé dans le foyer. Tout le monde préférait contribuer à ce cercle vicieux de déni, prétendant que ces choses dysfonctionnelles et blessantes n'existaient pas, mentant même par moments afin de couvrir son attitude souvent inappropriée.

Chaque fois que Devin essayait d'exprimer des sentiments désagréables ou des remarques inconfortables avec ses parents, elle était réprimandée parce qu'elle ne savait pas plaisanter ou on lui demandait d'être une gentille fille. Elle a rapidement appris que certaines choses ne devaient ou ne pouvaient pas être dites aux autres. Craignant tout sentiment ou toute pensée qui pourraient être perçus comme « mauvais », elle a ainsi continué à se tourner vers ses parents pour savoir comment elle devait agir ou ce qu'elle devait ressentir. Elle a développé une sévère critique d'elle-même qui, étant alimentée par le sens moral rigide dans lequel elle avait grandi, jugeait constamment ses pensées ainsi que ses désirs et qui s'exprimait parfois sous la forme de blagues d'autodérision ou pour se dénigrer elle-même.

En grandissant, le récit de l'ego de Devin devint : « Il faut que je sois une bonne personne pour être aimée. » Afin de défendre cette image, elle évitait tous ceux qui la contestaient. Elle se jugeait durement chaque fois qu'elle songeait ou ressentait des choses négatives envers quelqu'un ou quelque chose. Elle se sentait régulièrement coupable ou se punissait chaque fois qu'elle voulait agir d'une manière qui lui semblait naturelle ou instinctive, mais qui était en contradiction avec ce qu'elle pensait être appropriée selon ses valeurs conditionnées. Comme elle était convaincue qu'elle n'était jamais assez bien ou assez intelligente pour prendre, seule, des décisions, elle s'expliquait de manière excessive ou se défendait dans ces rares occasions où ses paroles ou ses actes allaient à l'encontre des opinions ou des désirs des autres.

Aujourd'hui, alors qu'elle a une quarantaine d'années qu'elle est mariée et a deux enfants, Devin reste très respectueuse des autres, convaincue qu'elle n'a pas assez de valeur pour être certaine de pouvoir satisfaire ses propres besoins et encore moins de pouvoir naviguer dans la complexité de sa vie ou de ses relations. Endossant systématiquement le rôle de l'admiratrice dévouée, elle continue d'idéaliser son entourage, tout comme elle le faisait avec ses parents, négligeant ainsi en permanence tous les signes d'imperfections chez ses proches. Bien que beaucoup de personnes dans sa ville natale sachent que son mari a des relations extraconjugales, Devin continue d'ignorer les rumeurs et les preuves, poussée par son ego à éviter toute forme d'expérience douloureuse. Refuser d'admettre la réalité lui permet de se concentrer sur la vision qu'elle a de son mari, c'est-à-dire celle d'un bon père pour ses jeunes enfants ; elle a ainsi commencé à éviter les membres de sa famille et les amis qui pensent ou disent le contraire. Au fur et à mesure que des preuves de l'infidélité de son mari se sont accumulées, les tentatives de Devin pour contrôler l'apparence parfaite de sa famille ont également augmenté. Pleine de méfiance envers son intuition, qui l'incitait à traiter les problèmes que rencontrait son couple, elle a rejeté toutes les personnes qui ont tenté de lui faire voir la réalité de l'infidélité de son mari en face, luttant pour conserver un faux sentiment de sécurité de sa vie idéalisée.

Une conscience stimulante

Quoi que notre soi conditionné croie, plus nous sommes conscients du récit de notre ego, plus nous mettons de distance entre nous et ses histoires, plus clairement nous pouvons voir les choses qui se produisent à l'intérieur et autour de nous. Les autres peuvent continuer de se comporter de la même façon ; l'instant où nous sommes en mesure d'observer notre ego, nous pouvons passer moins de temps aux prises avec sa réactivité qui est basée sur la menace. Nous pouvons ainsi remettre en cause les suppositions automatiques qui continuent de nous pousser à nous comporter de manière conditionnée, en cultivant ce que j'appelle *la conscience stimulante.*

Celle-ci nous permet de développer notre capacité à observer les pensées instinctives de notre ego, à remettre en question la croyance que nous n'avons aucune valeur, puis de faire de nouveaux choix sur nos actes, qui nous permettront en fin de compte de créer de nouvelles croyances qui redonnent encore plus de pouvoir. La conscience stimulante nous aide à accepter les moments où le récit de notre ego nous pousse à avoir certaines réactions basées sur nos expériences passées et qui ne sont pas ancrées dans notre réalité présente. Lorsque nous parvenons à nous apercevoir que nous sommes en train d'avoir ces réflexions et ces sentiments qui sont induits par notre ego, nous pouvons les laisser passer et choisir d'attribuer de nouvelles significations à ce que nous sommes actuellement en train de vivre. Bien qu'il en existe de nombreux autres, voici deux exemples de façons d'envisager vos expériences actuelles :

- La seule raison pour laquelle j'ai l'impression que je dois tout laisser tomber immédiatement et sauver la personne que j'aime de sa crise, c'est pour tenter de me donner le sentiment d'avoir de la valeur. Je ne suis pas obligée de sacrifier mes propres besoins et j'ai du mérite même si je ne peux pas tout de suite être aux côtés de la personne que j'aime.
- Le récit de mon ego veut me faire croire que mon collègue est critique envers moi, mais j'ai envie de m'ouvrir à la possibilité qu'il est en réalité plein d'égards et d'attention. Comme j'ai été systématiquement critiqué lorsque j'étais petit, mon inconscient essaie de protéger mon enfant intérieur blessé et de me maintenir en sécurité en me poussant à attaquer. Je peux à présent faire le choix d'agir différemment.

Mise en pratique de la conscience stimulante

Bien que les récits de nos egos soient uniques à chacun d'entre nous et qu'un grand nombre d'entre nous en ont plusieurs, les étapes ci-dessous vous aideront à observer et à faire la distinction entre vous et les cycles réactifs de votre ego.

1. **Observez le récit de votre ego.** Prendre conscience des histoires ou des récits que vous avez à propos de vous-même vous permet d'accepter les moments où vous les laissez faire leur spectacle et, qui vous poussent ainsi à faire des suppositions et à être réactif avec les autres.
2. **Remettez en question vos pensées.** Lorsqu'en présence des autres, vous savez que vous êtes dans un état de conscience de l'ego, faites une pause pour examiner vos réflexions et vos sentiments. Représentent-ils vraiment votre réalité, ou est-ce que le récit de votre ego est en train de déformer ce que vous pensez et ressentez ? Par exemple, si votre partenaire ne vous a pas envoyé de message depuis plusieurs heures et que vous vous enfoncez dans la conviction qu'il n'en a rien à faire de vous, vous pouvez remettre en question la validité de ces pensées et considérer d'autres raisons possibles à son silence, qui n'auraient rien à voir avec vous.
3. **Prenez soin de votre enfant intérieur blessé.** Le récit de votre ego a été conçu par votre inconscient pour vous aider à faire face à des besoins insatisfaits, qui vous ont poussé à croire que vous n'aviez pas de valeur. Prenez soin de votre enfant intérieur blessé en vous disant qu'à présent, vous êtes en sécurité et qu'à tous égards, vous avez de la valeur. Souvenez-vous, si votre système nerveux se trouve dans une réponse de stress

active, il est important que vous cherchiez à vous guérir en continuant de mettre en place les pratiques quotidiennes que nous avons évoquées au chapitre 5, et qui créeront un bien-être qui apaiseront la dérégulation de votre système nerveux.

4. **Reprogrammez le récit de votre ego avec des affirmations.** Il n'est pas facile de croire que vous avez de la valeur lorsque vous avez pensé le contraire pendant des années, car cette conviction est physiquement gravée dans votre esprit et votre corps. Les affirmations, qui sont des sortes de mantras positifs sur nous-mêmes ou nos expériences, peuvent aider à reprogrammer votre réseau neural, même si au début vous ne les croyez pas. En vous disant que vous êtes en sécurité et que vous avez de la valeur, cela va actionner différents neurones de votre cerveau qui, peu à peu, formeront un nouveau réseau qui sera facile et instinctif à suivre pour votre cerveau. Voici quelques exemples d'affirmations :
   - Je suis en sécurité et aimé quoi que je ressente.
   - Je suis capable de prendre soin de moi, même si j'ai parfois besoin d'aide.
   - Je mérite d'être aimé et de créer des liens.
   - Je suis le créateur intentionnel de l'ensemble des expériences de ma vie.
   - Il est possible de m'aimer tel que je suis.
   - J'ai de la valeur tel que je suis.
   - Je suis en sécurité au sein de ma relation avec moi-même ainsi qu'avec les autres.
   - C'est en cocréant avec mon entourage que je suis le plus puissant.
   - Je suis connecté à mon univers émotionnel et capable de m'exprimer en toute sécurité.

- Je suis le participant actif de la création et de toutes les réponses aux expériences de ma vie.

Plus nous utiliserons des affirmations pour reprogrammer nos croyances, plus nous retrouverons le pouvoir d'*être* notre Soi authentique et plus nous nous sentirons confiants et ancrés dans nos relations. Peu à peu, et en continuant de mettre en pratique la conscience mentale ainsi qu'en restant à l'affût de notre inconscient, nous nous offrons l'occasion de décider comment nous voulons créer des liens et nous connecter aux autres, au lieu de réagir de manière instinctive, en fonction de notre douleur et de nos blessures. Nous nous donnons la possibilité de répondre avec notre cœur, ce réservoir interne d'amour et de compassion, en utilisant les pratiques que nous allons explorer dans le prochain chapitre.

7

Débloquez le pouvoir de votre cœur

Suivez votre cœur, pas votre raison.

Vous avez probablement déjà entendu ce conseil, peut-être des centaines de fois, et je présume qu'en tant que lecteur de ce livre, il y a de grandes chances pour que vous soyez d'accord avec celui-ci. Pourtant, avez-vous déjà pris le temps de réfléchir si vous *suivez véritablement* votre cœur ? Nous le pensons majoritairement, pourtant nous sommes tout aussi nombreux – ce fut d'ailleurs mon cas pendant une grande partie de ma vie – à avoir tendance à suivre nos pensées. Nous passons l'essentiel de notre temps à prêter attention à notre raison et non à l'endroit où se trouve physiquement notre cœur pour essayer d'en explorer les désirs, les rêves et les envies les plus profonds qui y résident. Nous prenons nos décisions avec notre cerveau « logique, rationnel », négligeant ainsi le tiraillement que l'on ressent dans notre ventre ou les palpitations dans notre cœur, qui nous disent quelque chose de différent.

Bien que notre raison soit décrite comme « logique » et « rationnelle », nos choix ne sont pourtant généralement pas du tout raisonnables. Lorsque nous laissons notre conditionnement guider nos actes, nous restons déconnectés de notre connaissance intérieure. Incapables d'avoir accès à notre intuition, nous finissons par trop réfléchir au chemin que nous suivons dans la vie, pesant sans cesse nos choix, parfois trop paralysés pour prendre une seule décision. Détachés de la boussole interne de notre cœur, nous sommes plus facilement influencés par les messages extérieurs des médias, de nos pairs et de toutes autres influences externes. Nous répétons indéfiniment les mêmes solutions aux problèmes qui sont familiers, inaptes à envisager de nouvelles manières de résoudre ou de rompre avec nos anciennes habitudes dysfonctionnelles. Incapables de déterminer ce que nous voulons vraiment et ce dont nous avons véritablement besoin, nous finissons par ressentir de l'insatisfaction, de la désillusion ou de la confusion envers notre façon de gérer nos relations, ainsi que tout ce qui nous entoure.

Afin de recréer un lien avec votre instinct, vous devez apprendre à être à l'écoute de la connaissance la plus profonde qui vit dans votre cœur. Celui-ci n'est pas uniquement un organe qui fait circuler le sang dans votre corps. Votre cœur physique, celui qui bat dans votre poitrine à cet instant précis, est aussi l'endroit où vit votre intuition. Il est l'organe le plus puissant et énergétique du corps humain, car il émet des champs électromagnétiques qui vont bien au-delà de votre être. Il fait en chacun circuler cette énergie qui nous rend uniques : c'est ce que j'appelle notre âme, notre essence. Si vous voulez pouvoir faire des choix au sein de vos relations, qui sont en adéquation avec votre âme ou votre Soi authentique, vous devez être connecté à votre cœur.

Beaucoup de gens perçoivent celui-ci comme leur centre physique, le lieu qu'ils désigneraient si quelqu'un leur demandait d'indiquer leur essence. Un grand nombre d'entre nous croient également que notre cœur est la plateforme de toutes nos émotions. Dans le monde entier et à travers l'histoire humaine, il a toujours été synonyme d'amour, ainsi que d'identité, d'intention et d'intuition. Rien qu'en français, il existe des dizaines d'expressions idiomatiques qui décrivent le cœur comme le centre de notre Soi émotionnel et intuitif, avec des locutions telles que : « un élan du cœur », « de tout mon cœur », « du plus profond de mon cœur », « suis ton cœur », « des émotions qui viennent du cœur ».

Cet accent historique et culturel n'est pas arbitraire. Au cours de ces dernières décennies, des recherches ont montré que le cœur est bien plus puissant que nous le pensions. Nous savons à présent qu'il communique avec notre cerveau, en lui transmettant des influx nerveux, des hormones, des flots de pression et des champs électriques qui affectent les fonctions de notre système nerveux. D'ailleurs, les signaux de notre cœur sont si forts, que d'autres personnes et animaux peuvent sentir notre énergie. Si je plaçais une électrode sur un verre d'eau, à quelques centimètres de vous, je pourrais examiner votre rythme cardiaque grâce aux doux mouvements du liquide.

Si vous ne saisissez pas ce que signifie être connecté à votre cœur, je comprends. Ce fut également mon cas pendant des années. Lorsque les professeurs de yoga ou d'autres guérisseurs demandaient de se plonger dans son cœur afin de prendre des décisions et de trouver de la paix ou de la clarté, je ne saisissais pas vraiment. Ce n'est qu'après un voyage à Bali (où, pour être plus exacte, j'ai passé une nuit au milieu de la jungle balinaise), que j'ai compris ce que cela voulait dire d'être connecté à son cœur et pourquoi cela était si important.

Après avoir terminé mon doctorat, mes parents m'ont donné un peu d'argent (les récompenses financières pour les réussites scolaires étaient une façon courante de montrer son amour dans ma famille). Lolly et moi avons ainsi décidé de nous en servir pour des vacances à petit budget à Bali, circulant autour de l'île sur une mobylette et logeant dans un gîte bon marché. Vers la fin du séjour, nous avons dépensé une fortune pour passer une nuit dans un lieu de retraite très fréquenté, non loin de l'endroit où nous résidions à Ubud, une zone située à l'intérieur des terres et entourée de rizières, de ravins et de temples. Le complexe était magnifique et serein, avec des fenêtres qui s'ouvraient sur des champs si verts qu'ils paraissaient bleus. Lors de notre première journée là-bas, nous avons visité la salle de lecture, et nous avons chacune sélectionné un livre. Attirée par la couverture et son contenu, j'ai choisi celui de Gregg Braden, *La Divine Matrice, unissant le temps et l'espace, les miracles et les croyances.*

Dans cet ouvrage, Braden, un célèbre spiritualiste, se sert de la science pour expliquer la présence d'un réseau énergétique qui relie l'ensemble de l'humanité. En quelques minutes, j'ai été captivée par son concept. Allongée dans un canapé-lit, le vent faisant entrer par les portes ouvertes le doux parfum des hibiscus et le chant des oiseaux, j'ai dévoré chaque page. Deux jours plus tard, lorsque nous sommes parties, j'avais déjà fini le livre.

Après être rentrée à la maison, j'ai commandé plusieurs autres livres en lien avec les idées que j'avais apprises avec Braden. Quelque part, au cours de cette profonde plongée, j'ai fait la rencontre du concept de la cohérence entre le cœur et le cerveau. Celle-ci, qui est plus simplement connue sous le nom de cohérence cardiaque, est un état psychophysiologique scientifiquement quantifiable qui se produit lorsque notre cœur et notre cerveau fonctionnent correctement ensemble et qu'ils s'envoient mutuellement des messages énergétiquement rythmés et cohérents. Je n'en avais jamais entendu parler. J'ai immédiatement voulu en savoir autant que possible, j'ai donc commencé mon voyage vers la *conscience cardiaque*.

Il s'agit du terme que j'utilise pour décrire un état de conscience qui se base sur le cœur et dans lequel nous sommes ouverts pour recevoir ses messages et prendre des décisions basées sur son intelligence. Dans cet état de conscience, nous sommes capables de puiser dans nos véritables passions et objectifs de vie, mais aussi d'exprimer aux autres notre énergie unique, en passant plus de temps à être guidés par nos véritables centres d'intérêt et désirs. Lorsque nous écoutons ainsi notre cœur, nous créons un lien plus authentique avec nous-mêmes et nous sommes plus ouverts et disponibles pour nous connecter authentiquement à notre entourage. Notre présence ancrée peut permettre de créer un sentiment de sécurité avec les autres, tandis que notre système nerveux envoie des messages d'apaisement à notre entourage, les aidant eux aussi à se sentir physiquement calmes (nous aborderons ce processus de co-régulation plus en détail dans le prochain chapitre). En fin de compte, cultiver la conscience cardiaque nous permet d'être plus à l'écoute de l'intuition de notre cœur afin qu'elle nous guide vers des choix plus adéquats pour nous-mêmes, ainsi que pour nos relations, en dépit de l'incertitude de l'avenir.

Au cœur de la matière : la cohérence cardiaque

Bien qu'un grand nombre de personnes n'ait pas connaissance de la notion de cohérence cardiaque, cela fait plusieurs décennies que ce concept est étudié en médecine, afin d'aider les gens à transformer leur bien-être physique et émotionnel. Les recherches scientifiques ont montré que la cohérence cardiaque peut permettre d'éviter ou de traiter un grand nombre de maladies, notamment les troubles cardiaques, le diabète, la fatigue et les douleurs chroniques, l'hypertension artérielle, les troubles auto-immuns et les fibromyalgies[31]. Selon ces études, la cohérence cardiaque peut également aider les gens à mieux gérer ou se remettre de l'anxiété, d'une dépression, du TSPT, du TDAH, des addictions liées à l'alcool et aux drogues, des problèmes de colère, ainsi que des troubles alimentaires, mais elle peut également stimuler la mémoire et les performances cognitives[32].

La cohérence cardiaque se produit lorsque notre cerveau, notre cœur et nos émotions sont en adéquation et que les deux premiers sont en mesure de fonctionner efficacement ensemble, dans une coordination énergétique. Pour dire les choses plus simplement, il s'agit d'un état de connexion physique et émotionnelle avec notre cœur, qui nous permet d'agir en fonction de ses messages. C'est un état de synchronicité et d'équilibre de la communication entre les centres de contrôle physiologiques principaux de notre corps, notamment nos systèmes cardiovasculaires, nerveux, hormonaux et immunitaires. Cette chorégraphie interne permet à notre système nerveux autonome de basculer facilement entre un état sympathique et parasympathique, d'activer une réponse au stress lorsque cela est nécessaire, puis de revenir rapidement à la sérénité et au calme de l'homéostasie. La cohérence cardiaque réduit notre conversation mentale, améliore notre clarté intellectuelle et notre capacité à être à l'écoute de nos intuitions.

Les scientifiques mesurent la cohérence cardiaque en évaluant les signaux physiques que notre cœur envoie à notre cerveau. Dans cet état, le premier transmet au second de douces vagues de pression en forme de S, des influx nerveux, des hormones, des neurotransmetteurs et de l'énergie électromagnétique, lesquels permettent de diminuer le stress que l'on perçoit et d'augmenter notre résilience à ce dernier, ou bien la quantité de tension ou d'émotions désagréables que nous sommes capables de tolérer. Ces signaux harmonieux peuvent même apaiser le stress des personnes qui nous entourent, donnant ainsi un sens et la possibilité à l'idée que chaque individu est capable de changer le monde qui nous entoure.

Schémas du rythme cardiaque

Incohérence :

Frustration, anxiété, inquiétude, irritabilité

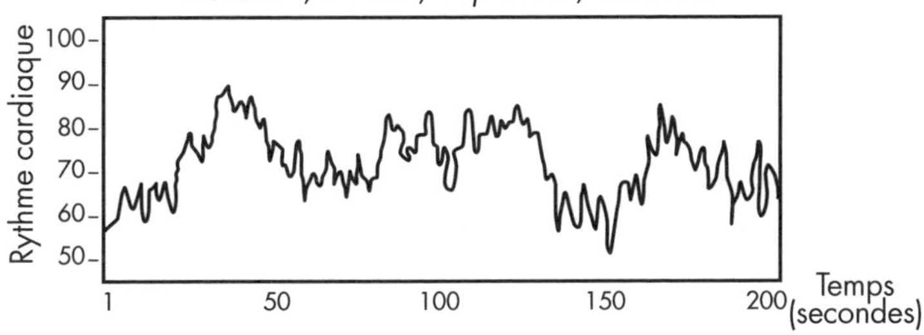

Agitation ou manque d'énergie
Système nerveux dérégulé
Pensées qui se bousculent, dispersées et répétitives
Compétition

Cohérence :

Reconnaissance, amour, attention, compassion

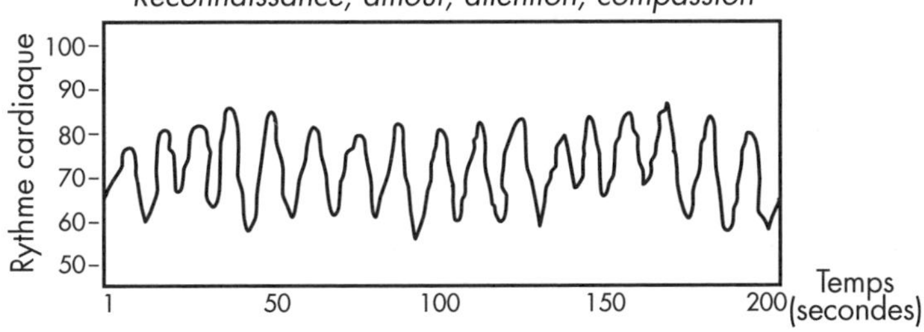

Énergie régénérée
Système nerveux régulé et résilient
Calme, concentration, clarté intellectuelle
Collaboration

Comme les scientifiques le disent, notre cœur possède en réalité son propre « petit cerveau », qui se compose d'environ quarante mille neurones[33]. Tout comme notre cerveau, notre cœur est capable de stocker des souvenirs à court et long terme, ce qui explique pourquoi certains patients qui ont subi une transplantation cardiaque sont capables de se souvenir de la vie de leur donneur et même d'adopter certains de leurs traits de personnalité[34].

Notre cœur est l'organe de notre corps le plus énergétiquement puissant, il émet des champs d'énergie électrique six fois plus forts que ceux produits par notre cerveau, et des champs électromagnétiques cent fois plus intenses[35]. Ces derniers sont détectables où que ce soit sur la surface de notre peau, et dans un rayon d'environ quatre-vingt-dix centimètres autour de nous, ainsi que par toutes les personnes physiquement présentes près de nous, ce qui a des effets sur leur activité cérébrale[36]. En utilisant ces champs électriques et électromagnétiques, en plus des hormones et d'autres signaux sensoriels, notre cœur nous envoie en permanence, ainsi qu'à ceux qui nous entourent, des informations et il reçoit, crypte et intègre en même temps des données issues de notre environnement[37]. D'ailleurs, c'est notre cœur et non notre cerveau qui interprète les signaux électromagnétiques des autres et du monde qui nous entoure, ce qui en fait le siège de notre intuition.

Peut-être vous êtes-vous rendu compte que chaque personne a sa propre énergie. Elle peut dégager de la légèreté, de la chaleur ou de la joie, sembler toujours triste, pesante ou maussade, être peut-être anxieuse, agitée ou nerveuse. Ce que vous ressentez ce sont les champs électromagnétiques de son cœur, qui peuvent être détectés à plusieurs centimètres de la personne. De la même manière, lorsque deux individus se touchent, s'assoient ou s'allongent l'un à côté de l'autre, leurs rythmes cardiaques peuvent avoir des effets mutuels et faire changer les flux cérébraux de chacun. Même si nous sommes à l'opposé de la pièce en train de discuter avec quelqu'un d'autre, nos rythmes cardiaques s'influencent l'un l'autre[38].

Notre cœur est affecté par un système sensoriel qui enregistre les changements en temps réel, au fur et à mesure que notre énergie évolue en fonction des choses et des personnes qui nous entourent. Lorsque notre cœur est en cohérence, notre système nerveux est ouvert et réceptif à l'état énergétique de notre entourage, ce qui nous aide à avoir accès à l'intuition que l'on appelle la *sensibilité énergétique.*[39] Celle-ci nous permet de détecter l'énergie des personnes qui sont physiquement les plus proches de nous ou avec lesquelles nous sommes les plus émotionnellement familiers. Vous avez probablement connu cette intuition la dernière fois que vous avez craint de ressentir qu'un proche était contrarié ou agacé par quelque chose, sans en parler directement avec lui. Ou alors vous avez pu remarquer une légèreté ou un poids en présence de quelqu'un qui venait de vivre quelque chose d'heureux, avant même de savoir ce qu'il s'était passé.

Notre cœur ressent un autre type d'intuition, connu sous le nom d'« intuition non-locale » ou « intuition à distance ». Celle-ci nous aide à sentir l'état d'une personne ou des événements qui sont en dehors de notre proximité immédiate ou de ce qu'il se passe en temps réel. Bien que ces expériences puissent facilement être écartées, car farfelues, l'intuition non locale s'appuie toutefois sur des preuves scientifiques solides. Les recherches montrent en réalité que notre cœur est capable de prédire des événements *avant* qu'ils ne se produisent. L'une de ces études a d'ailleurs découvert que le cœur physique des gens réagit à des images bouleversantes avant qu'ils ne les voient avec leurs yeux[40]. Ces résultats ont été reproduits de manière interculturelle à l'aide de divers stimuli[41].

Il est possible que vous ayez déjà vous-même vécu cette intuition non locale, s'il vous est déjà arrivé de songer à quelqu'un et de recevoir immédiatement un message ou un appel de cette même personne, ou s'il vous est déjà arrivé de savoir ce qu'un proche pensait avant qu'il vous le dise. Parmi d'autres exemples, on peut citer les parents qui ont ressenti qu'il était arrivé quelque chose à leur enfant alors qu'il n'était pas immédiatement à proximité d'eux, ainsi que des entrepreneurs qui ont suivi leur instinct et ont su faire des choix professionnels productifs[42].

En plus de l'intuition non locale, notre cœur possède des pouvoirs intuitifs que les scientifiques admettent être incapables de pleinement quantifier. Malgré cela, ou peut-être à cause de cela, il est devenu évident pour les chercheurs que notre cœur est « associé à un champ d'informations qui n'a aucun lien avec les limites classiques du temps et d'espace » et qui se compose de quelque chose de plus éthéré ou d'une « partie plus profonde de soi-même[43] ».

Nous avons accès à des champs d'informations uniquement lorsque nous sommes dans un état d'activation vagale ventrale parasympathique de sécurité et de connexion sociales, comme nous l'avons abordé dans le chapitre 3. Dans cet état, notre corps est capable d'apaiser l'électricité statique engendrée par nos pensées, afin que nous puissions véritablement entendre les alertes intuitives de notre cœur. Songez au sentiment d'ouverture, de légèreté ou de vastitude que votre poitrine peut éprouver lorsque vous êtes détendu, calme et en paix. Comparez cela aux sensations de renfermement, de lourdeur ou d'exiguïté que vous pouvez remarquer lorsque vous avez peur, que vous êtes stressé ou inquiet. C'est votre intuition qui vous parle.

Lorsque notre cœur et notre cerveau sont énergétiquement et émotionnellement en adéquation, nous sommes mieux en mesure de sentir les sensations physiques de notre cœur, alors nous pouvons commencer à comprendre ses messages. Si notre cœur est centré, calme et ouvert lorsque nous envisageons de faire quelque chose au sein de nos relations, c'est probablement parce qu'il s'agit d'un choix sûr ou qui est en accord avec celui ou celle que nous sommes à l'instant présent. Au contraire, si notre cœur se sent comprimé, replié sur lui, renfermé ou effrayé, il est possible que l'initiative que nous souhaitons prendre ne soit pas la décision la plus sûre ou la plus adéquate pour nous à cet instant.

Peu à peu, nous pouvons tous finir par reconnaître ces tiraillements dans un coin de notre tête, ces moments de conviction profonde ou cet instinct, cette voix intérieure, ces visions ou ces palpitations dans notre cœur. Lorsque nous sommes prêts à la ressentir et à recevoir ses messages, nous remarquons que notre conscience s'ouvre également différemment. Nous pouvons commencer à noter ces instants de révélation ou de clairvoyance qui se produisent lorsqu'une idée ou une solution apparaît soudainement dans notre esprit, interrompant nos pensées répétitives. Ou bien détecter ces doux appels du pied qui nous incitent à déplacer notre tasse bien-aimée avant qu'elle ne tombe du comptoir, de prendre à temps un parapluie au cas où il y aurait une tempête inattendue ou bien d'emprunter un chemin différent entre la maison et le travail pour finalement trouver un petit chat qui a besoin d'être sauvé. Tous ces exemples sont le signe que notre intuition nous parle.

Être connecté à notre cœur et être dans un état de cohérence nous permet d'avoir accès à notre créativité inhérente et d'entrer plus facilement dans un « état de *flow* », d'être pleinement immergé dans un projet, une passion, une conversation ou tout ce qu'il peut être en train de se passer autour de nous à cet instant[44]. Ces moments d'attention et de connexion faciles et complets peuvent nous aider à nous identifier et à poursuivre nos véritables passions et objectifs.

Pour la plupart d'entre nous, le problème est que nous ne passons pas assez de temps, voire aucun, en contact avec notre cœur et dans un état de cohérence cardiaque. Lorsque nous sommes en permanence submergés par notre environnement externe, à cause de nos conditions de vie chaotiques ou risquées ; ou bien par notre environnement interne dû à des inquiétudes, des pensées ou des émotions bouleversantes, notre corps est trop stimulé et excessivement stressé, ce qui nous empêche d'être connectés à notre cœur et dans un état de cohérence cardiaque. Dans ces moments, notre cerveau et notre cœur brouillent les messages qui circulent entre eux et ceux qui arrivent du monde qui nous entoure. Nous sommes ainsi incapables d'avoir accès à notre intuition, d'évaluer notre situation clairement ou correctement, ou bien d'être ouverts et curieux des autres. Notre cœur peut nous envoyer des messages, pourtant nous ne serons pas en mesure de les entendre, parce que notre cerveau va rejeter ces signaux. Or, lorsque ce dernier n'est pas synchronisé avec le cœur, il ne peut pas percevoir des conflits, trouver et souligner des distinctions ou des différences chez les personnes que nous aimons le plus. Pourtant, heureusement, il existe des moyens d'éliminer cette électricité statique qui nous empêche d'incarner la présence éternelle de l'amour.

Nous pouvons tous commencer à profiter de ces moments de cohérence cardiaque et à puiser dans notre intuition pour nous aider à développer notre conscience et notre sentiment de sécurité face à un futur inévitablement incertain. Souvenez-vous, toutefois, que créer de la cohérence cardiaque ne mettra pas un terme à notre stress ou à notre anxiété, ce n'est humainement pas possible ; les situations de contrariété font partie de la vie. Cependant, cultiver une cohérence cardiaque peut stimuler notre capacité à faire revenir notre système nerveux vers un sentiment de sécurité à la suite d'expériences ou d'émotions tendues ou désagréables. Une plus grande résilience au stress nous aide à tolérer une plus grande diversité de situations, sans être submergés, stressés et bloqués dans la réponse de notre système nerveux qui en résulte. Si nous ne parvenons pas à nous réguler ou à nous apaiser lorsque nous sommes stressés ou contrariés, notre cerveau va continuer d'envoyer des messages de peur, et nous serons incapables de nous sentir suffisamment en sécurité dans notre corps pour être connectés ou à l'écoute de notre cœur.

Guérir vos relations avec votre cohérence cardiaque

Lorsque notre cœur et notre cerveau travaillent ensemble en harmonie et avec efficacité, nous sommes capables de ressentir notre environnement avec plus d'exactitude et prendre des décisions qui nous permettent de maintenir notre connexion avec les autres. Nous pouvons penser plus clairement et mieux gérer le stress émotionnel de la vie.

Bien que notre système nerveux soit programmé pour répondre aux menaces, notre cœur est capable de créer des connexions compatissantes. Tolérer le stress et les épreuves émotionnelles sans être dérégulés, submergés ou nous replier sur nous-mêmes nous aide à répondre à d'autres de manière plus calme et aimante. Bien évidemment, nous nous sentons encore parfois stressés ou contrariés dans nos vies ou nos relations, mais sommes également en mesure de rester ouverts et curieux envers les points de vue et les expériences des autres. Nous serons capables de faire de la place dans nos relations pour explorer et créer des liens avec des individus différents et uniques. Dans le même temps, nous pouvons fixer et maintenir des limites afin que nous ne nous sentions pas amers ou amoindris par ces différences, ce qui augmente notre capacité à nous présenter comme les personnes aimantes et compatissantes que nous sommes capables d'être.

Créer cet état de cohérence cardiaque qui va changer notre vie et nos relations commence par dédier de petits moments au cours de la journée pour nous concentrer sur l'incarnation de ce que les chercheurs appellent *les sentiments cardiaques profonds*, ou émotions positives, tels que la reconnaissance, la gratitude, la compassion, l'attention et l'amour. Ressentir ces émotions positives peut permettre d'harmoniser notre rythme cardiaque, de basculer d'un schéma irrégulier vers des « flux sinusoïdaux » et lents, cela peut aussi réduire l'activité de notre système nerveux parasympathique, tout en améliorant celle de notre branche parasympathique[45].

Faire preuve de gratitude, notamment, peut nous aider à nous sentir plus ancrés dans l'instant présent, plutôt que de revivre les difficultés de notre passé ou de nous inquiéter pour notre avenir. Cette reconnaissance nous ancre dans la conscience de ce qui existe à cet instant précis, nous donnant la possibilité d'accepter notre réalité présente pour nous aider à sortir de cet état de résistance énergétique, dans lequel un grand nombre d'entre nous se trouve très souvent. Afin de ressentir rapidement les effets de cette gratitude envers vous-même, la prochaine fois que vous vous surprenez à penser que vous « devez » ou « devriez » faire quelque chose (que ce soit rappeler une personne que vous aimez ou laver vos dents avant d'aller vous coucher), prenez le temps de remarquer et de sentir l'énergie de votre corps. Octroyez-vous ensuite un instant pour modifier vos réflexions pour les orienter vers des pensées de reconnaissance envers la possibilité d'avoir terminé tout ce que vous deviez faire. En d'autres termes, changez votre langage mental du « Je dois faire *X* » ou « Je devrais faire *Y* », vers « Je peux choisir de faire *X* », et notez l'évolution de l'énergie dans votre corps face à cette bascule mentale. Il peut être utile de vous appuyer sur cette pratique en ajoutant d'autres moments où vous allez évaluer votre objectif ou votre intention à la suite de toute action ou choix. En vous servant des exemples ci-dessus, cela peut être prendre le temps de vous rappeler : « Je peux choisir de rappeler ce proche parce que cela va nous aider à nous sentir connectés l'un à l'autre et aussi parce que c'est important pour moi » ou « Je peux choisir de laver mes dents parce que le bien-être de mon corps est important pour moi ».

J'espère que vous commencez à comprendre que nous reconnecter et activer notre cœur quotidiennement grâce à ces petites actions est fondamentalement essentiel pour faire de la place et donner la possibilité de vous exprimer de manière authentique et donner aux autres la place et la possibilité d'en faire autant. Cette expression émotionnelle sincère est ce qui offre l'occasion aux autres de véritablement nous connaître et créer un lien avec nous, et leur permet de se sentir suffisamment en sécurité pour qu'en retour nous puissions véritablement en faire autant. Connaître vraiment une personne ou être à son écoute, à la fois avec notre cœur et notre cerveau, nous aide à sentir les choses de leur point de vue *émotionnel* ; ce qui est le fondement de tout lien authentique et empathique.

Les secrets que cache notre rythme cardiaque

Notre rythme cardiaque est celui de notre vie, une force qui peut uniquement être ressentie à travers l'ensemble de notre corps et le premier signe vital que les docteurs vérifient pour faire la distinction entre une personne morte ou vivante. Cependant, notre pouls n'est pas uniquement un marqueur de notre existence physique ; il est aussi le « langage intelligent » de notre cœur, dont on se sert pour transmettre nos expériences émotionnelles à notre cerveau, notre corps ainsi qu'au monde qui nous entoure. Chaque fois que notre cœur bat, il envoie des influx neuraux qui altèrent l'activité électrique de notre cerveau, en particulier vers les zones qui sont reliées aux émotions. Notre rythme cardiaque peut également modifier l'activité électrique du cerveau des gens qui nous entourent, y compris celle des animaux[46].

Le langage de notre cœur est unique à chacun. Contrairement à l'idée reçue, il ne bat pas tel un métronome, avec un rythme précis et égal ; mais plutôt à des amplitudes et des intervalles variables d'une seconde à l'autre, qui sont plus ou moins importants entre chaque battement. On appelle cela la variabilité de la fréquence cardiaque (VFC) ; il s'agit de la mesure des fluctuations progressives de notre rythme cardiaque et nous ne pouvons pas les ressentir parce qu'elles sont bien trop minuscules. Celles-ci sont contrôlées par notre système nerveux autonome, qui fait également fonctionner nos branches sympathiques et parasympathiques, ainsi que les réponses au stress de lutte, de fuite, d'inhibition ou de repli sur soi et de soumission.

Plus il y a de variations entre chacun de nos battements, plus notre VFC est haute. Moins il y en a et plus cette dernière est basse. Dans le premier cas de figure, nous parvenons à mieux gérer le stress, parce que notre cœur est capable de se rétablir plus rapidement et de retrouver son rythme régulier après une expérience bouleversante. En revanche, dans le second cas de figure, notre réponse au stress est moins efficace, parce que notre cœur a du mal à récupérer et sa fréquence reste souvent élevée, longtemps après la fin de l'expérience contrariante.

Vous avez peut-être déjà vécu les effets de votre VFC la dernière fois qu'une voiture est passée à toute vitesse près de vous alors que vous étiez en train de marcher dans la rue. Si votre VFC est haute, votre cœur s'est probablement emballé pendant une seconde, vous donnant l'énergie de vous écarter de son chemin si nécessaire. Mais, peu de temps après, il a ralenti afin de vous aider à retrouver à nouveau votre calme et un sentiment de sécurité. En revanche, si votre VFC est basse, votre cœur s'est probablement emballé et son rythme est certainement resté élevé, incapable de s'apaiser, vous contraignant à rester nerveux plus longtemps que nécessaire.

En règle générale, une VFC haute est associée à une bonne santé physique, à un bien-être émotionnel, une résilience comportementale et une régulation des émotions. Elle permet à notre système nerveux de passer plus de temps dans un état vagal ventral, elle améliore notre cohérence cardiaque ainsi que notre capacité à être ouvert à la création d'un lien et d'une coopération avec les personnes qui nous entourent.

Une VFC basse réduit notre capacité à faire face à des situations stressantes et des émotions bouleversantes, quelle que soit notre envie de parvenir à les gérer avec calme et efficacité. Nous pouvons nous sentir chroniquement impatients, agités ou nerveux, ressentant des vagues de profonde souffrance et agissant de manière irrationnelle en blessant les personnes qui nous entourent ou nous-mêmes, en nous tournant vers les drogues, l'alcool, la nourriture, le sexe et toutes les autres substances ou habitudes comportementales dysfonctionnelles qui nous permettraient de nous apaiser. Dans un état constant de survie, nous finissons par être uniquement focalisés sur nous-mêmes ainsi que notre bien-être, incapables d'être à l'écoute des autres, d'envisager ou d'éprouver des choses selon un autre point de vue.

Au sein de nos relations, la différence entre une VFC haute et basse peut signifier que nous réagissons soit calmement et avec sensibilité lorsqu'un proche rentre à la maison agité ou prêt à se disputer ; soit, nous adoptons la même attitude contrariée et nous absorbons pleinement l'état émotionnel qu'il transmet. Avec une VFC plus haute, nous sommes mieux à même de laisser à l'autre de la place ou du temps pour se réguler s'il en a besoin ou alors nous pouvons être à son écoute et co-réguler avec lui. Si nous sommes celui qui rentre à la maison stressé, nous pouvons plus rapidement et efficacement nous réguler en prenant quelques instants de solitude ou bien en faisant directement savoir à notre entourage le type de soutien que nous désirons ou dont nous avons besoin, que cela soit de l'espace, du temps ou une oreille compatissante.

Autoévaluation de la VFC

Examinez les questions suivantes et sélectionnez les réponses qui correspondent le plus souvent à vos expériences.

Lorsque votre entourage vous contrarie, vous avez le sentiment de perdre le contrôle, d'être submergé ou explosivement réactif ?

1. Jamais
2. Parfois
3. Souvent

Est-ce que vous êtes capable d'être détendu ou de vous sentir à l'aise en présence des autres ?

1. Jamais
2. Parfois
3. Souvent

Est-ce que vous vous sentez trop effrayé, mal à l'aise ou en insécurité lorsque vous être physiquement proche ou connecté aux autres ?

1. Jamais
2. Parfois
3. Souvent

Est-ce que vous vous sentez trop effrayé, mal à l'aise ou en insécurité lorsque vous êtes émotionnellement vulnérable en présence des autres ?

1. Jamais
2. Parfois
3. Souvent

Est-ce que vous vous sentez trop effrayé, mal à l'aise ou en insécurité pour donner ou recevoir de l'amour, en résistant souvent aux tentatives des autres pour se connecter émotionnellement à vous ou bien vous montrer leur amour ?

1. Jamais
2. Parfois
3. Souvent

Est-ce que vous vous sentez incapable de vous détendre ou d'être à l'aise seul, est-ce que les moments de silence ou de solitude vous mettent mal à l'aise, par exemple pendant que vous méditez ou lorsque vous êtes seul ?

1. Jamais
2. Parfois
3. Souvent

Additionnez vos réponses. Plus votre score est élevé, plus votre VFC est basse et plus il y a de chances pour que votre cœur soit incohérent. Quel que soit le résultat, continuez de faire preuve de compassion envers vous-même et envisagez cet exercice comme la possibilité de commencer à créer du changement dans votre corps, votre esprit et votre cœur, un changement qui sera possible à chaque instant de chaque jour. Où que vous en soyez dans votre parcours de guérison, faire croître votre VFC et votre cohérence cardiaque en développant la conscience corporelle et mentale, peut vous aider à sortir de vos schémas conditionnés de réactivité, à trouver la paix et à être plus à l'écoute des messages de votre cœur.

Mon voyage vers la conscience cardiaque

Comme un grand nombre d'entre vous, je n'ai pas grandi avec des parents à l'écoute de mes émotions, ce qui m'a poussée à me déconnecter avec crainte de mon cœur. Ils étaient tous deux issus d'une seconde génération d'immigrants, qui ont grandi dans des contextes où les ressources physiques et émotionnelles étaient peu abondantes. Ma mère ayant été essentiellement ignorée par ses propres parents, une fois adulte, son développement émotionnel est resté sous-développé : elle est restée incapable de faire face au stress et de se donner la possibilité de créer des liens authentiques avec les autres. Lorsque ma sœur, alors très jeune, a eu de multiples problèmes de santé graves, mes parents ont été submergés et n'ont pas eu beaucoup de soutien des membres de leur famille, qui ne savaient pas comment les aider ou n'en avaient pas envie. Ma mère s'est émotionnellement repliée sur elle-même afin de survivre au stress quasi constant auquel elle faisait face, et a elle-même développé des douleurs chroniques ainsi que d'autres problèmes de santé. Incapable de réguler ses émotions, ce fut pour elle le début d'un voyage sans fin pour trouver le moyen de soulager cette douleur profonde et croissante.

Lorsque je suis née, mes parents avaient tous deux environ quarante-cinq ans et ils vivaient depuis des décennies dans des corps coincés dans des états de dérégulation de leur système nerveux basé sur la crainte. Poussés par une peur profondément enracinée et donnant la priorité à leur propre survie, ils étaient incapables de véritablement compatir avec moi ou mon univers émotionnel. Sans personne pour m'aider à comprendre ce qu'il se passait à l'intérieur et à l'extérieur de moi, j'ai grandi en me sentant également en permanence en danger. Régulièrement submergée et dérégulée, j'étais rarement capable d'avoir accès à un état parasympathique vagal ventral, dont nous avons besoin pour nous sentir ancrés et sereinement connectés à notre corps et à nos relations.

Je suis devenue l'incarnation vivante des croyances intergénérationnelles et épigénétiques transmises dans notre famille – à savoir que le monde était un lieu effrayant et solitaire –, que j'avais directement héritées de mes parents et qui étaient à présent devenues mon quotidien. Autour de sa vingtième année et peu de temps après être partie de chez elle, ma mère a appris que son père était mort soudainement d'une crise cardiaque. Ce décès brutal a activé sa blessure profondément enracinée de l'abandon et a fait croître son sentiment de déconnexion envers les autres. Quelques années plus tard, de retour de leur lune de miel, mes parents ont vu une voiture faire plusieurs tonneaux lors d'un accident, une image qui a terrifié ma mère et qui a hanté nos trajets familiaux en voiture pendant des années. Enfant, mon père avait été douloureusement moqué, et plus tard dans sa vie, après avoir été la victime d'un vol d'identité, il a fini par partir du principe que tout le monde cherchait à l'escroquer ou le duper.

Mes propres expériences n'ont fait que renforcer les inquiétudes transmises par mes parents. En grandissant dans un quartier de Philadelphie qui n'était pas toujours sûr, j'ai souvent été réveillée par les sirènes des véhicules d'urgence qui se rendaient sur les lieux d'un crime ou de tout autre accident. D'ailleurs, le jour où je suis rentrée chez moi pour la toute première fois après ma naissance, le garage de notre maison a pris feu après que mon frère aîné a accidentellement allumé une étincelle lors de la restauration d'un vieux véhicule. Je me suis réveillée plus d'une fois en apprenant que notre voiture avait été volée dans notre allée ; et le jour où la maison de notre voisine a été cambriolée, alors qu'elle était en train de faire du jardinage chez elle, cela n'a fait qu'augmenter la fréquence à laquelle mes parents me rappelaient que je n'étais jamais totalement en sécurité, même dans ma propre maison.

Au fil du temps, je me suis rarement sentie en sécurité dans mon corps et dans le monde autour de moi. À cause de ce qui me semblait être une menace constante de la maladie, de la perte, ou du décès des personnes dont ma survie dépendait, je restais souvent allongée dans mon lit la nuit, emplie de peur et d'un sentiment d'oppression dans ma poitrine. Mon corps a peu à peu adopté une posture courbée pendant la journée, afin de protéger l'espace vulnérable autour de mon cœur, malgré les rappels réguliers de ma mère de me tenir droite. Il m'a fallu peu de temps pour incarner le mantra de la famille LePera, selon lequel il y avait toujours de quoi s'inquiéter, étant donné que je donnais physiquement l'impression de porter le poids du monde sur mes épaules. Comme mes parents, mon corps a rapidement commencé à fonctionner en mode survie. Limitée par la peur et pensant toujours au pire, j'étais incapable de me connecter à mon cœur, même si j'avais su comment le faire et si j'en avais eu l'envie. Être vue ou connue des autres ne me semblait tout simplement pas sûr, ce qui me poussait à paraître sage et douloureusement timide à l'essentiel de mon monde extérieur, me cachant sous les tables lorsque des étrangers nous rendaient visite ou derrière les jambes de ma mère lorsque nous étions dehors en public. Pour apaiser mes peurs profondément enracinées, j'avais conservé l'habitude de sucer mon pouce (comme je l'avais fait dans le ventre de ma mère) et je rongeais mes ongles jusqu'à me faire mal, même ma famille me taquinait régulièrement à ce sujet.

Tout au long de mon adolescence et jusqu'à mes vingt ans, mon corps a continué de donner, avant toute chose, la priorité à ma survie. Déconnectée de celui-ci ainsi que de mon cœur physique, j'avais également rompu tout lien avec mon intuition. Après avoir passé des décennies à prendre soin des autres, j'étais incapable de prendre la moindre décision dans ma vie, comme choisir ce que j'allais manger au déjeuner ou que faire pendant une heure de temps libre et solitaire. J'ai compté pendant si longtemps sur les autres pour savoir ce qui était attendu de moi. J'avais appris à dépendre de l'approbation que je recevais en essayant sans relâche et à tout prix d'éviter de décevoir les gens. Instinctivement convaincue que ma valeur était basée sur ce que les autres ressentaient en ma présence, j'ai continué de trahir mes désirs et mes besoins authentiques, afin de répondre aux attentes imaginaires et irréalistes. Il n'a pas fallu longtemps pour que mon rôle neurobiologiquement conditionné de première de la classe me vienne tellement facilement qu'il me semblait naturel, comme si cela faisait partie de ma personnalité d'agir d'une manière qui érodait ma confiance ou mon estime personnelle. J'étais même obsédée par l'idée d'être parfaite tout en faisant des choses « agréables », comme un projet artistique, écrire dans mon journal ou choisir mes tenues, me jugeant pour mes choix de maquillage, ma calligraphie ou mes vêtements.

Dans le même temps, je croyais sincèrement que je suivais mon intuition en évitant les choses qui m'étaient physiquement désagréables. Quelque chose que j'avais également appris de ma mère, qui avait fini par croire que l'inconfort physique était toujours un mauvais signe. Pendant des années, chaque fois que je n'étais physiquement pas à l'aise, même lorsque je pratiquais du sport ou des étirements, j'étais convaincue que cela voulait dire que je devais arrêter. Ce n'est que plus tard dans ma vie, que j'ai découvert que je me sentais presque constamment mal à l'aise dans mon corps, avec des tensions musculaires quasi constantes, ainsi que d'autres sensations pénibles en lien avec mon stress chronique et la dérégulation de mon système nerveux. Lorsque ma fréquence cardiaque et mon flux sanguin augmentaient alors que j'effectuais des exercices plus intenses, j'étais inquiète et non stimulée, parce que ces sensations étaient semblables à celles que j'éprouvais lorsque j'avais des crises de panique, c'est d'ailleurs pour cette raison qu'au fil du temps j'ai bien évidemment fini par éviter la plupart des formes d'exercices d'aérobic rigoureux, même les plus utiles. Je m'arrêtais régulièrement de faire toute chose pour laquelle je n'étais pas immédiatement douée, car je ne supportais pas l'inconfort et la frustration qui naissent souvent lorsque l'on apprend de nouvelles choses. Bien qu'elle ait eu de bonnes intentions, le choix de ma mère de me permettre d'éviter toute activité inconfortable n'a fait que me pousser à trouver des excuses au lieu de m'aider à construire la résilience au stress et à l'inconfort dont j'avais tant besoin.

Au fur et à mesure que je me percevais avec plus de clarté, j'ai pris conscience qu'en réalité je n'étais pas la personne gentille et pleine de considération que je croyais intuitivement être, celle qui s'inquiète toujours trop de ce que les autres pensent. Après avoir découvert le pouvoir du cœur humain, j'ai compris que je ne pourrais jamais être véritablement compatissante si je restais fermée à mon cœur et si je continuais de faire des choix en fonction de ma survie personnelle. Cependant, créer des liens avec les autres, à un niveau émotionnel était pour moi si peu familier et source d'insécurité, que je gardais mon cœur précautionneusement à l'abri.

Cette déconnexion m'a même éloignée de mes loisirs personnels, de mes centres d'intérêt ainsi que d'une orientation professionnelle épanouissante. Même si j'ai toujours été une personne motivée, en effet j'ai su à un très jeune âge que je voulais devenir psychologue, j'avais pourtant le sentiment de n'avoir aucune passion ou aucun objectif. Autour de ma vingtième année, j'ai lu le livre d'un confrère thérapeute, Dr Wayne Dyer, dans lequel ce dernier explique s'être découvert une passion pour l'écriture et l'enseignement. Lorsque ma partenaire, Lolly, m'a expliqué qu'elle ressentait régulièrement des étincelles de curiosité et d'intérêts à propos de certains sujets ou expériences, j'ai commencé à me dire que je n'étais peut-être pas née avec le « gène de la passion », s'il en existait un.

À présent, je peux voir que j'étais tellement détachée de mon cœur, que j'étais en réalité fermée à ce qui m'exaltait véritablement. Lorsque je repense à mon enfance, je peux encore ressentir les étincelles de passion de la petite fille qui aimait vraiment ses cours de danse, même si je les ai arrêtés parce que je ne me sentais pas à l'aise dans mon corps et que je m'étais aperçue que j'obtenais plus d'approbations de mon entourage avec d'autres activités. Aujourd'hui, je me perçois, comme je nous perçois tous, c'est-à-dire remplie d'une créativité sans limites et avec l'objectif unique d'aimer partager mes réflexions et mes idées avec les personnes qui m'entourent. Je suis envahie par les mêmes étincelles de passion créative qui font scintiller intérieurement chacun d'entre nous.

Après mon voyage à Bali avec Lolly, je savais que je devais recréer un lien avec mon cœur. Pour ce faire, je devais commencer par réguler mon système nerveux ; autrement, j'aurais trop été renfermée pour me connecter à quoi que ce soit se trouvant à l'intérieur ou à l'extérieur de moi. En me servant des nombreuses pratiques que j'ai déjà évoquées avec vous, j'ai commencé à apaiser mon système nerveux, en m'aidant à me sentir plus en sécurité. Je me suis également mise à observer mon ego, à examiner à quel moment et de quelle manière il teintait mes expériences émotionnelles et poussait mon cerveau à rejeter les messages de mon cœur. J'ai également entrepris de faire plus consciemment attention aux instants où je me sentais contrainte de prendre une décision en fonction de ce que je pensais que les autres voulaient ou ce dont ils avaient besoin. J'ai même supprimé les alertes sur mon téléphone afin d'être moins facilement joignable pour les autres ou toute autre obligation extérieure en général et plus disponible pour moi-même. Si quelqu'un me laissait un message et que je me rendais compte que je me sentais obligée de le rappeler immédiatement, je faisais une pause pour entrer en contact avec mon cœur. Cela m'aidait à m'extraire de mon mode faire plaisir, et je me laissais de l'espace pour évaluer ce que *je* voulais vraiment ou ce dont *j'*avais vraiment besoin à cet instant. Si j'étais stressée ou bouleversée, je me rappelais que je n'étais pas obligée de rappeler la personne dans l'instant ; je m'autorisais à dire non, à prendre du temps et de l'espace, à vérifier en moi et à me réguler, à choisir comment et quand répondre. En étant plus consciente et en faisant plus intentionnellement le choix de la manière et du moment où je serai présente pour les autres, je n'étais plus contrainte d'agir d'une certaine façon pour entretenir mes relations. Par ailleurs, si ou lorsque je me sentais coupable de faire ces nouveaux choix, ce qui est naturel lorsque nous mettons en place de nouvelles barrières ou dynamiques au sein de nos relations, je me souvenais que prendre soin de répondre à mes propres besoins était la plus belle preuve d'amour que je pouvais faire à quelqu'un d'autre.

Prenant conscience de mon peu de tolérance au stress physique et à l'inconfort émotionnel, j'ai commencé à m'exposer volontairement à des situations légèrement désagréables, telles que la cryothérapie. Je me suis mise à prendre de rapides douches froides ou à immerger mes mains dans de l'eau glacée pendant quelques minutes. Lorsque mon corps résistait à l'inconfort en contractant mes muscles, je respirais lentement et profondément au niveau de ces tensions, apprenant à mon organisme à se sentir suffisamment en sécurité face au stress. Peu à peu, avec une pratique régulière, j'ai aidé mon système nerveux à apprendre à se rétablir plus rapidement d'un stress, en élargissant ma fenêtre de tolérance à l'inconfort physique et émotionnel.

À cette époque, je m'étais aperçue à quel point j'évitais d'être seule avec moi-même. Entre vingt et trente ans, j'ai passé très peu de temps sans personne, vivant dans des villes surpeuplées et avec une vie sociale active. J'organisais régulièrement mon temps libre afin de rester toujours occupée et de prévoir des sorties avec les autres. Je me souviens très bien de la première fois où je suis sortie déjeuner seule, j'ai ressenti une sorte de malaise que je n'avais jamais connu auparavant. Au fur et à mesure que je créais un plus grand sentiment de sécurité et plus de tolérance face à l'inconfort, grâce à mes choix quotidiens, je me suis alors donné comme priorité de me réserver des moments pour rester assise seule.

Au début, ce calme était difficile à supporter, comme cela est peut-être le cas pour vous : lorsque nous sommes dans un mode de survie, nous sommes déterminés à rester en mouvement, car la réponse de lutte ou de fuite de notre corps s'active et si nous ne bougeons pas, il est possible que nous nous inhibions ou nous repliions sur nous-mêmes, en nous détachant de notre enveloppe physique afin de ne rien ressentir du tout.

Cependant, si nous pouvons apprendre à nous accorder du temps et à rester consciemment immobiles lorsque nous ne sommes pas stressés, nous sommes mieux à même de ressentir nos émotions au lieu de lutter contre elles, les fuir, nous inhiber ou nous replier sur nous face à elles. Même si au début, relier cette tranquillité avec les sensations de notre corps peut être inconfortable, cela pousse notre cerveau à se synchroniser avec notre cœur. Afin de reconstruire ma propre connexion cœur-cerveau, j'ai fait en sorte de prendre du temps tous les jours, pendant des mois, de m'asseoir tranquillement avec moi-même et d'explorer ce que mon cœur avait à dire, programmant un minuteur sur mon téléphone pour cinq minutes, et mettant parfois en application la méditation sur la conscience cardiaque que vous découvrirez à la page 302.

Peu à peu, j'ai commencé à discerner des schémas dans les messages de mon cœur. Certains choix et certaines relations lui donnaient un sentiment d'ouverture et d'expansion, tandis que d'autres lui donnaient une impression de renfermement et de compression. En passant du temps avec certains amis, je me suis aperçue que mon cœur ne se sentait pas léger et ouvert, j'ai donc limité l'énergie que je dépensais à entretenir ces liens. À cette époque, j'ai également commencé à entendre les difficiles messages que mon cœur m'envoyait à propos de mon épouse, ce qui m'a finalement aidé à prendre la douloureuse décision de mettre un terme à notre union.

J'ai également constaté à quel point j'avais du mal à supporter le silence en présence des autres. Lors de situations sociales, j'intervenais immédiatement pour remplir les temps morts, en faisant des remarques ou en partageant des histoires superficielles. Pendant longtemps, cette habitude a été ma manière de fuir l'inconfort que je ressentais tout en me permettant de divertir les autres, afin qu'ils puissent profiter du temps qu'ils passaient en ma présence. Être plus à l'aise avec ma propre immobilité et mon propre silence a fini par m'aider à être plus à l'aise avec l'immobilité et le silence des autres. Au lieu de réagir immédiatement pour combler les vides d'une conversation, je me suis entraînée à me donner le temps d'évaluer s'il y avait quelque chose que je voulais véritablement exprimer, puis à saisir l'opportunité de parler avec mon cœur et d'exprimer mes expériences émotionnelles les plus profondes au lieu d'une distraction divertissante. Aujourd'hui, je continue cette pratique de façon hebdomadaire lorsque j'enregistre mes podcasts, en résistant à l'envie de combler les moments de silence en basculant dans un « mode enseignement », même si je dois reconnaître qu'il y a encore des moments où la peur et la honte de partager mon parcours personnel le plus vulnérable font accélérer mon pouls et provoquent des tensions dans mes muscles.

Être plus connectée à mon cœur a changé ma vie professionnelle autant que personnelle. Au lieu de continuer à voir mes patients de manière clinique, je me suis rendu compte que ma véritable passion était d'enseigner aux autres comment créer du changement et retrouver leur pouvoir à travers leur propre parcours de guérison. J'ai décidé de lancer mon compte Instagram®, que j'ai initialement créé comme un espace pour partager avec les autres mon voyage personnel de manière authentique. Au début, il n'a pas été facile d'être vulnérable sur les réseaux sociaux, et je me souviens encore de nombreux moments où j'ai dû surmonter l'inconfort de longue date, et souvent intense, d'être vue, notamment lorsque j'ai dû apprendre de nouvelles compétences telles que m'exprimer devant la caméra. Je suis progressivement devenue plus capable de suivre un processus d'apprentissage afin d'être plus compétente dans de nouveaux domaines. En surmontant ma résistance et en choisissant une nouvelle carrière qui consiste à guider les autres, je ressens à présent une passion et un épanouissement professionnel plus grands qu'auparavant. J'entre plus facilement dans mon « état de *flow* », l'environnement autour de moi devient fluide lorsque je commence à écrire, à enseigner ou à parler, inspirée à la place par le sens le plus profond de ma connaissance intérieure.

Aujourd'hui, je continue d'utiliser mon JMF tous les matins afin de me souvenir de mes intentions quotidiennes et de rester connectée à mon cœur en affirmant ou écrivant ce qui suit : « *Je suis ancrée dans une conscience paisible et aimante. Mon âme est en adéquation avec mes intentions et mes choix quotidiens. Aujourd'hui, je choisis d'incarner l'amour.* » Je passe ensuite quelques instants supplémentaires dans une réflexion silencieuse, tout en lisant un ouvrage spirituel ou sur la méditation. Pour finir, tout au long de la journée je fais un point fréquent et intentionnel avec mon cœur, afin d'incarner la gratitude, la compassion ou l'amour en ayant accès à un état de cohérence cardiaque. Il y a encore des occasions, bien évidemment, où je me sens submergée ou stressée et où mon système nerveux se dérégule, ce qui est tout à fait normal dans la mesure où je suis humaine. Dans ces moments, je m'entraîne à apaiser mon corps afin de pouvoir retrouver le lien avec mon cœur. Ce faisant, je me sens davantage en paix et je suis mieux à même de m'exprimer dans le cadre professionnel et relationnel. Je me sens plus en sécurité lorsque je suis loin de mes partenaires, car je sais que nous sommes toujours connectées et que je suis toujours aimée. Je suis également bien plus fréquemment capable d'être vulnérable avec elles, de partager ce que j'ai dans la tête ainsi que dans le cœur. Je suis, en fin de compte, en mesure de soulager cet ancien de sentiment profonde solitude dans une salle bondée.

Le voyage d'Hassan vers la conscience cardiaque

Lorsqu'Hassan est devenu mon patient, il essayait anxieusement de terminer sa première année d'école de médecine afin de passer le concours d'entrée, alors qu'il rencontrait des difficultés pour obtenir sa licence de biologie. Aîné d'une première génération d'Indo-Américains, il a grandi avec des parents qui dirigeaient tout ce qu'il devait faire, y compris sa future carrière, le pressant à *devenir* docteur pour apporter de la fierté et une sécurité financière à sa famille.

En plus de son anxiété quotidienne au sujet de son parcours professionnel, Hassan rencontrait des difficultés avec son identité d'homme homosexuel. Exprimer ouvertement sa sexualité était la source d'une profonde insécurité, il avait donc caché les quelques courtes relations qu'il avait eues, même aux personnes les plus proches. Il se sentait régulièrement déprimé et engourdi, comme s'il se contentait de poursuivre machinalement sa vie. Bien qu'il souhaitât désespérément avoir un partenaire (et une carrière) qu'il aime, il était tellement détaché de son cœur, ainsi que de son corps, qu'il ne savait absolument pas comment se connecter à lui-même, et encore moins à une autre personne.

Tout comme je l'ai vécu, Hassan a commencé à rompre tout contact avec son cœur pendant son enfance. Lorsqu'il était jeune, ses parents étaient critiques envers chacun de ses centres d'intérêt ou ses désirs qui différaient de ce qu'ils considéraient comme acceptable. Il aimait l'art, dessiner dans sa chambre et marcher seul dans les bois et non jouer dehors avec des amis ou lire des ouvrages de biologie. Lorsque ses parents se sont aperçus qu'il passait beaucoup de temps à dessiner au lieu d'étudier, ils l'ont accusé de manquer de motivation et de procrastiner, allant même parfois jusqu'à le punir parce qu'il perdait son temps à ce qu'ils estimaient être des activités futiles. Il a donc commencé à cacher ses carnets de dessins et à ne plus parler de ses promenades dans les bois à ses parents, dissimulant en fin de compte les autres facettes de sa personnalité dont il craignait qu'elles leur fassent honte. Plus il grandissait, plus ses parents faisaient peser de pression sur lui, et plus il faisait en sorte de se faire petit et discret, dans l'espoir que personne ne remarque ses « imperfections ».

Au fil du temps, Hassan a commencé à incarner son conditionnement de premier de la classe, restant autant que possible invisible afin d'éviter toute critique. Face à cette menace constante du jugement, son système nerveux a progressivement commencé à se replier sur lui-même, créant ainsi un engourdissement émotionnel, un vide, une déconnexion et une dépression qu'il ressentait régulièrement.

Peu de temps après son dixième anniversaire, Hassan a pris conscience qu'il était homosexuel. Il n'osa pas en parler à sa famille par peur qu'elle le rejette, ce qui le poussa à être encore plus secret, cherchant en permanence à se faire le plus discret possible ou essayant de rester en retrait des événements familiaux. Nourrissant un sentiment de honte envers chaque aspect de son identité, il s'est mis à dévoiler encore moins sa personnalité, convaincu que celui qu'il était au plus profond de lui (un artiste, timide, amoureux de la forêt, introspectif, et homosexuel) n'était pas assez bien. Afin de se protéger de cette honte profondément enracinée qu'il ressentait envers son identité, il s'est de plus en plus déconnecté de lui-même ainsi que de ses sentiments.

Bien qu'il soit intelligent et qu'il apprenne vite, Hassan n'était jamais pleinement capable de s'intégrer en classe, handicapé par son sentiment de peu de valeurs, sa faible estime de soi et son habitude à se contraindre, qui lui permettaient de se sentir en sécurité en présence de ses parents. Il obtint son baccalauréat avec une mention assez bien, ce qui ne lui permit pas d'intégrer l'université que ses parents avaient choisie pour lui. Inscrit dans une école publique, Hassan avançait avec difficulté dans ses études de biologie (la spécialité vers laquelle ses parents l'avaient orienté) et il était malheureux. Il avait très peu d'amis et encore moins de partenaires amoureux. Ses relations étaient superficielles, car il refusait inconsciemment de s'ouvrir aux autres par peur qu'ils voient toutes ses imperfections et ses défauts. Par son autodérision, il repoussait ses amis et ses partenaires, se positionnant lui-même comme la cible de blagues afin d'apaiser la voix intérieure de sa critique qu'il avait développée au cours de ses toutes premières expériences avec ses parents.

Lorsqu'Hassan a commencé son parcours de guérison, il était déprimé, insatisfait, désespéré et tentait de terminer une formation intense qu'il s'était senti obligé de suivre pour des raisons qu'il ne comprenait pas. Son énergie était si faible qu'il semblait froid ou indifférent, et non le jeune homme sensible et passionné qui avait existé avant toutes ces années de conditionnement qui avaient érodé son estime de soi.

Après avoir découvert la théorie polyvagale ainsi que les différents états du système nerveux, il a commencé à se rendre compte à quel point il était renfermé. Il s'est donc demandé si ses symptômes dépressifs (l'apathie, la léthargie et la morosité) étaient les signes physiologiques d'une dominance parasympathique provoquée par un rythme cardiaque faible, une respiration superficielle, une digestion lente et une faible production d'énergie. Afin de stimuler son système nerveux, il a donc essayé de mettre en pratique la respiration Wim Hof, de prendre des douches froides et d'effectuer des exercices vigoureux, tels que faire des sprints sur une piste de course proche de chez lui. Ces activités l'ont aidé à faire sortir son système nerveux de cette dominance parasympathique dorsale, à stimuler son énergie et à lui donner le sentiment d'être plus éveillé, motivé et présent.

Commençant à se sentir à nouveau plus vivant, son système nerveux s'est ainsi mis à répondre à ses situations stressantes avec plus de flexibilité, à amorcer une réponse de lutte ou de fuite lorsque cela était approprié, avant de trouver un sentiment de paix et de calme. Il se sentait plus en sécurité dans son corps, ce qui lui a permis d'observer le récit de son ego : celui qui s'exhortait à s'isoler et à rester invisible, trop effrayé à l'idée que s'il dévoilait ses « imperfections » cela ne le rendrait pas digne que l'on crée des liens avec lui ou d'être aimé. Au fur et à mesure qu'il prenait confiance en lui et en ses choix, il s'est souvenu qu'il avait de la valeur et qu'il était possible qu'on l'aimât exactement tel qu'il était.

Grâce à cette nouvelle évolution corporelle et à cette conscience mentale, Hassan a commencé à faire des pauses tout au long de sa journée, en particulier lorsqu'il faisait face à d'importantes décisions, afin de prendre le temps de faire le point avec son cœur. Il se réservait également systématiquement cinq minutes quotidiennement pour rester assis et immobile afin d'essayer de se reconnecter avec ses différentes sensations physiques, prêtant attention à la zone située autour de son cœur. Pendant ce laps de temps, il s'entraînait à incarner ses sentiments d'attention, de compassion et de gratitude envers lui-même ou ses proches (nous aborderons ce sujet dans quelques instants).

Peu à peu, Hassan s'est aperçu que son cœur lui envoyait en permanence des messages. Au fur et à mesure qu'il continuait de mettre en pratique la conscience cardiaque, il a fini par être capable de reconnaître et d'accepter que les études de médecine ou devenir docteur, cela ne l'intéressait pas (pas étonnant que ses cours de biologie et de médecine aient été si difficiles !). En revanche, ce qui l'exaltait, c'était l'art et le design. Alors, pour la première fois depuis qu'il était petit garçon, il s'est senti excité par quelque chose tandis qu'il recherchait un emploi de designer-graphiste. Il s'est mis à repenser l'utilisation de son temps libre, s'éloignant des loisirs qu'il pensait devoir poursuivre, tels que regarder du sport et sortir dans des clubs gay, afin de se concentrer sur ce qu'il aimait vraiment, y compris visiter des musées et marcher dans les bois.

Se reconnecter à son cœur et à son intuition a permis à Hassan de réaliser qu'il désirait plus que tout créer des liens plus profonds avec ses partenaires, ses parents et ses amis. Physiquement plus à l'aise dans son corps et dépendant moins du récit de son ego, il s'est progressivement senti suffisamment en sécurité pour être vulnérable en leur présence, partager davantage son Soi authentique. Lorsqu'il le fit, il fut surpris de découvrir que personne ne l'avait finalement abandonné. Grâce à sa confiance grandissante, il était ainsi capable de demander du soutien à ses proches, ce qui lui a permis de commencer à accepter l'amour et l'attention qu'ils avaient à lui offrir. Il était compatissant et patient avec lui-même, tandis qu'il ouvrait progressivement son cœur. Au fil du temps, il s'est même senti plus à l'aise pour s'ouvrir aux autres au sein de nouvelles relations qui étaient en adéquation avec sa véritable nature.

Votre voyage vers la conscience cardiaque

Développer sa conscience cardiaque prend du temps. Ce n'est pas quelque chose que vous pouvez accomplir en cochant rapidement les cases d'une liste. Chaque voyage est différent, même si tout le monde devra commencer par réguler son système nerveux ; car si ce dernier reste dans un état de stress, quoi que vous fassiez, vous ne pourrez pas synchroniser votre cerveau et votre cœur. L'ensemble des exercices que nous avons explorés dans le chapitre 5 vous aideront à réguler votre système nerveux, à augmenter votre VFC et votre cohérence cardiaque. Toutes les autres activités de soin personnel qui vous procurent du plaisir, que ce soit écrire dans votre journal, faire du yoga ou prendre un bain chaud avec des bougies, peuvent également vous aider à mieux gérer votre stress, à stimuler votre VFC et à vous reconnecter avec votre cœur.

Pour développer votre conscience cardiaque, vous allez devoir apprendre à rester tranquillement assis avec vous-même, afin de pouvoir écouter votre cœur. Je sais, par expérience personnelle, à quel point il peut être difficile de se détendre en étant immobile, de rester assis avec soi-même afin de se connecter à son cœur et de canaliser certains sentiments tels que la reconnaissance et la gratitude, en particulier lorsque l'on se sent triste, contrarié ou seul. Pendant des années, mon corps a eu souvent du mal à se reposer ou à se détendre, sans parler d'incarner les sentiments profonds de mon cœur ; je me sentais généralement physiquement et émotionnellement incapable de le faire. Si vous aussi vous ressentez cela, rassurez-vous, rien ne cloche chez vous et vous n'êtes pas brisé. Créer un sentiment de sécurité pour votre système nerveux vous aidera à accéder à vos émotions les plus profondes, et plus vous prendrez le temps de mettre ces émotions en pratique, plus fréquemment vous pourrez les éprouver.

Réveillez votre exercice cardiaque

L'exercice suivant vous permettra de vous reconnecter à l'énergie de votre cœur, afin que vous puissiez consolider la communication entre celui-ci et votre cerveau, pour être à l'écoute de ses signaux intuitifs. Il est conseillé de pratiquer ces exercices d'activation cardiaque quotidiennement ou aussi régulièrement que possible, même (et surtout) lorsque vous êtes stressé. Comme beaucoup d'entre vous pensent, à juste titre, avoir du mal à étendre leurs sentiments profonds à ceux avec qui ils ont une expérience ou une relation difficile, il est essentiel de faire preuve de patience envers vous-même en chemin. Plus vous mettrez ces exercices en pratique, plus vous aurez le sentiment d'être connecté à votre cœur, quelles que soient les circonstances présentes.

1. Trouvez un lieu où vous pouvez vous allonger ou vous asseoir confortablement pendant quelques instants. Si vous vous sentez suffisamment en sécurité, vous pouvez choisir de fermer vos yeux.

2. Prenez quelles inspirations lentes et profondes. Au fur et à mesure que vous sentez votre corps s'apaiser, prenez un instant pour détendre vos épaules en faisant rouler vos omoplates dans votre dos. Laissez vos bras pendre de chaque côté de votre corps, les paumes de vos mains tournées vers l'avant. Laissez votre poitrine et votre cœur s'ouvrir.
3. Commencez par tourner votre attention vers la zone où se situe votre cœur, respirez pleinement et profondément dans l'espace de votre poitrine ; vous pouvez, par exemple, imaginer qu'une lumière dorée ou jaune brille à travers celle-ci. Si vous vous sentez suffisamment à l'aise ou que vous en avez envie, vous pouvez placer une main sur votre cœur afin de sentir la puissance de ses battements.
4. Passez les instants suivants à convoquer dans votre esprit une personne ou quelque chose dans votre vie qui vous procure un sentiment d'amour inconditionnel (cela peut être une personne, un animal domestique, une expérience ou quoi que ce soit d'autre), tout en invitant la compassion et l'amour à entrer dans votre cœur.
5. Lorsque vous avez l'impression de commencer à incarner cette compassion et cet amour, explorez et remarquez la sensation que son énergie guérisseuse vous procure. Entraînez-vous à retourner vers cet endroit aussi souvent que possible tout au long de la journée et étendez ce sentiment à vos proches, ainsi qu'au monde qui vous entoure, tout en vous rappelant que l'amour est votre véritable nature.

Vérification de l'intuition

Plus vous vous entraînerez régulièrement à vous connecter à votre cœur, plus vous aurez de chances d'être capable d'entendre les messages intuitifs transmis par votre Soi authentique. Les exercices suivants peuvent vous aider à prendre l'habitude de faire des pauses pour entrer en contact avec votre cœur, des pauses qui vous donneront l'espace nécessaire pour commencer à être à l'écoute de ses signaux. Une connexion régulière avec celui-ci vous permettra de vous servir et de puiser dans votre connaissance intérieure, afin de mieux comprendre et orienter vos choix tout au long de la journée.

- Faites une pause pendant un certain temps et commencez par respirer lentement et profondément au niveau de la zone de votre cœur, placez vos mains sur votre poitrine si cela vous semble sûr et utile.
- Commencez par focaliser votre attention sur l'endroit où se situe votre cœur, tout en l'écoutant activement et en vous demandant : « Qu'est-ce que mon cœur est-il en train de me dire ? » Entraînez-vous à rester ouvert et curieux à tout ce que vous remarquez et maintenez votre attention focalisée sur votre corps sans essayer de forcer, de trouver des mots ou bien d'appliquer une logique pour décrire ce que vous ressentez.
- Si vous avez une question spécifique ou que vous recherchez des conseils au sujet d'une décision en particulier, prenez quelques instants pour imaginer chacune de vos différentes possibilités ou chaque issue éventuelle et demandez-vous : « Que ressent mon cœur à propos de cette possibilité ou de cette issue ? Est-ce qu'il se sent vaste, léger et éthéré, ce qui est l'indication d'un "oui" envers cette possibilité ou cette issue ? Ou bien est-ce qu'il se sent comprimé,

oppressé et effrayé, ce qui est l'indication d'un "non" envers cette possibilité ou cette issue ? »

- Vous trouverez peut-être utile de prendre quelques instants après cet exercice pour écrire vos pensées et vos sentiments dans votre journal, sans juger vos réponses et en notant simplement tout ce dont vous prenez conscience.

Exercice d'écoute de la conscience cardiaque

Plus vous pourrez être à l'écoute de votre cœur, plus vous serez connecté à votre intuition lorsque vous interagirez avec les autres ou au sein de vos relations. Écouter votre cœur signifie que vous êtes véritablement présent pour l'entendre et créer un lien total avec quelqu'un d'autre. Commencez par prêter attention à la fréquence avec laquelle vous écoutez activement votre entourage lorsqu'il communique avec vous et notez les étapes suivantes :

- Commencez par vérifier et observer systématiquement vos habitudes d'écoute tout au long de la journée.
- Remarquez à quelle fréquence vous vous perdez dans vos propres pensées lorsque quelqu'un vous parle. Lorsque vous vous apercevez, sans vous juger, que vous êtes distrait par vos réflexions, entraînez-vous à réorienter votre attention vers votre cœur, peut-être même en plaçant la main sur votre poitrine, afin de vous aider à faire basculer votre concentration sur votre corps.
- Respirez lentement et pleinement dans la zone de votre cœur, et entraînez-vous à véritablement écouter les mots et les expériences d'une autre personne, tout en notant toute évolution ou changement dans les sensations qui l'entourent.

***

Lorsque vous commencez votre voyage, souvenez-vous que la mise en place d'une pratique régulière de la conscience cardiaque peut prendre du temps : des semaines, des mois voire des années, en fonction de votre degré de déconnexion actuelle et de la fréquence à laquelle vous utilisez ces outils. Souvenez-vous, vous ne parviendrez pas à maintenir une cohérence ou une conscience cardiaque constante pour le restant de vos jours ; se connecter et suivre son cœur est un voyage de chaque instant, qui évolue en fonction de ce qu'il se passe autour de vous et dans votre corps. Cependant, plus vous serez en mesure de créer le sentiment de sécurité dont vous avez besoin pour vous reconnecter à votre cœur, plus vous serez souvent capable d'écouter ses messages et de prendre des décisions dans votre vie et vos relations qui seront guidées par l'intuition, la compassion et l'amour. C'est uniquement lorsque nous sommes en contact avec notre cœur que nous pouvons créer des liens authentiques avec les autres. C'est d'ailleurs uniquement lorsque vous êtes connectés à celui-ci que vous pouvez véritablement *guérir vos relations*, grâce à une pratique que je nomme la co-régulation et que nous allons à présent aborder.

8

Devenez l'amour auquel vous aspirez

Il se passe encore et toujours la même chose, pensait Alejandra. Au cours de cette dernière année, chaque fois qu'elle avait abordé l'idée de s'installer avec son partenaire, Luca, il avait changé de sujet ou pris son téléphone, inventant une excuse à propos d'un courriel professionnel ou d'un message de dernière minute qu'il avait oublié d'envoyer. Son comportement évitant ne cessait de la blesser ; pourtant, après quatre ans de relation, cela ne la surprenait pas : éviter les conversations difficiles était le mode opératoire de Luca, se détournant ou cherchant une distraction lorsque les choses se rapprochaient trop de lui. Il se comportait de la même manière lorsqu'elle exprimait ses sentiments et elle avait vu à quel point il était compliqué pour lui d'évoquer ses propres émotions, en particulier celles qui le perturbaient. Lorsqu'il était irrité ou triste, au lieu d'expliquer ce qui n'allait pas, il préférait généralement faire des commentaires passifs-agressifs ou désobligeants.

Bien qu'Alejandra aimât Luca, sa réticence à exprimer ses sentiments, à parler de leur relation et à avoir des conversations difficiles, avait créé entre eux une dynamique de *fuis-moi je te suis*, ou elle cherchait en permanence à partager avec lui ce qui ne faisait que le pousser à s'éloigner davantage. La première fois qu'elle avait abordé le thème du mariage, en indiquant que c'était quelque chose qu'elle avait toujours désiré, sans faire de référence directe à lui, il avait immédiatement changé le sujet en parlant d'un collègue de travail divorcé qui fréquentait à présent une femme beaucoup plus jeune que lui, ce qui avait poussé Alejandra à quitter brusquement le restaurant. Elle aurait éventuellement pu comprendre, si elle avait abordé ce sujet seulement après six mois de relation, mais cette conversation était intervenue après qu'ils se furent fréquentés depuis plus de deux ans. *Deux années !* Ils s'étaient disputés pendant le reste de la soirée et l'incident avait créé une tension entre eux, le mariage demeurant ainsi un thème sensible par la suite.

Le couple est resté bloqué dans ce cycle pendant plusieurs années, jusqu'à ce qu'Alejandra se mette à réguler son système nerveux et à rompre les habitudes dysfonctionnelles qui découlaient de cette dérégulation. Elle s'est aperçue à quel point elle se sentait menacée lorsque Luca changeait de sujet ou cessait de l'écouter, lorsqu'elle abordait n'importe quel sujet en lien avec leur relation ou qu'elle exprimait ses sentiments à propos de ce qu'il se passait entre eux. Elle apprit, peu à peu, à prendre de lentes et profondes inspirations et à sentir ses pieds fermement ancrés dans le sol ou le poids de son corps soutenu par la terre au-dessous d'elle. Si elle avait du mal à s'apaiser en présence de Luca, elle s'excusait et allait dans la salle de bain jusqu'à ce qu'elle se sente suffisamment ancrée pour réengager la conversation, limitant ainsi le nombre de fois où elle quittait précipitamment la pièce ou qu'elle lui lançait des accusations blessantes.

Plus elle développait de compassion pour elle-même pendant ces moments difficiles, plus Alejandra comprenait et faisait preuve de compassion pour les autres, y compris Luca. En découvrant comment le traumatisme de son enfance continuait d'activer en elle des stratégies de défenses émotionnelles immatures, elle a commencé à percevoir pourquoi l'éducation de son compagnon avait rendu les sentiments et les conversations bouleversantes non seulement difficiles pour lui, mais également effrayantes.

Luca avait grandi avec un grand frère très doué sur le plan scolaire et une jeune sœur qui était un prodige du violon. Enfant du milieu sans aucun talent immédiatement évident, il était à la fois négligé et critiqué par ses parents, qui lui demandaient souvent : « Pourquoi est-ce que tu n'as pas de meilleures notes à l'école comme ton frère ? Tu n'as pas envie d'être doué pour quelque chose comme ta sœur ? » Luca se sentait souvent ignoré, laissé pour compte et finalement sans aucune valeur au plus profond de lui.

Submergé par divers sentiments que ses parents ne l'ont pas aidé à gérer, Luca a commencé à chercher n'importe quelle distraction possible. Il a découvert l'alcool très jeune, ce qui l'a aidé à apaiser la profonde douleur qu'il ressentait, en particulier après qu'il a été agressé sexuellement alors qu'il passait du temps avec un groupe d'enfants plus âgés. Malgré son besoin croissant de soutien, restant le moins souvent possible chez lui, où il se sentait le plus mal avec lui-même en présence de ses parents et de ses frère et sœur « parfaits ». Il s'est mis à sortir régulièrement tard le soir avec ses amis, à faire la fête et à avoir des ennuis. Lorsque ses parents essayaient de lui parler de ses mauvaises notes ou de son manque apparent de motivation, il rompait toute connexion avec eux en mettant de la musique dans sa chambre ou bien en trouvant une excuse, telle que la faim ou des maux de tête. Au fond de son cœur, il n'était pas du genre à se détourner ou à mentir, mais son enfant intérieur était tellement blessé qu'il était prêt à tout pour éviter la confrontation, la critique et en fin de compte encore plus d'humiliation. Ne se sentant pas en sécurité dans la plupart des formes d'intimités physiques ou émotionnelles, il entretenait uniquement des relations superficielles afin d'éviter de se sentir trop exposé et d'activer la honte profondément enracinée qu'il éprouvait inévitablement lorsque l'intimité se développait.

Lorsqu'Alejandra a commencé à comprendre dans quelle mesure le traumatisme passé de Luca affectait son comportement présent, elle a fait preuve d'empathie envers lui, au lieu de se mettre en colère, d'être contrariée ou de se sentir blessée lorsqu'il cherchait des distractions ou se détournait lors des moments difficiles. Elle voyait bien que ce n'était pas qu'il ne tenait pas à elle ou à leur futur commun, comme elle l'avait auparavant cru, mais plutôt que son système nerveux était activé, ce qui le poussait à se sentir physiquement menacé et en danger. Il n'avait jamais appris à gérer ou à tolérer les émotions pénibles ou les conversations difficiles, et il était souvent en mode distrait, l'une des quatre réponses au stress fréquentes que nous avons abordées dans le chapitre 3. C'est ainsi qu'il avait fait face au sentiment de menace dans son corps depuis qu'il était petit garçon, et sa réaction en présence d'Alejandra dans de tels moments n'avait rien à voir avec elle mais plutôt avec la programmation de son système nerveux.

Grâce à sa compassion grandissante, Alejandra fut en mesure d'utiliser une approche différente pour entamer des interactions sources d'activation. La solution n'était pas d'arrêter d'avoir des conversations difficiles avec lui ; car il était important qu'elle puisse exprimer ses sentiments et ses désirs. Mais, à présent, elle savait que le moment qu'elle choisissait pour aborder un sujet menaçant était la clé ; si le système nerveux de Luca était déjà activé parce qu'il avait eu une longue journée, qu'il avait mal dormi la nuit précédente, ou s'il avait récemment parlé ou vu sa famille, il y avait de grandes chances pour qu'il se replie complètement sur lui-même si elle essayait d'avoir une conversation qu'il percevrait comme stressante.

Dans le même temps, aucun moment stratégique ne pourrait empêcher Luca de se sentir mal à l'aise lorsque la conversation deviendrait difficile et de vouloir se distraire afin d'éviter l'inconfort physique et émotionnel que cela engendrait chez lui. À présent, Alejandra ne prenait plus sa réaction personnellement. À la place, si elle se sentait activée par ses réactions, elle faisait revenir son système nerveux vers un sentiment de sûreté, essayant de rester calme lorsqu'elle avait des conversations difficiles avec lui.

S'entraîner à réguler son système nerveux en temps réel a permis à Alejandra de les aider tous les deux, à avoir des discussions pénibles et plus profondes : elle s'est mise à co-réguler avec Luca, en se servant du sentiment de sécurité de son propre système nerveux pour aider celui de son compagnon à se détendre et à se sentir protégé, sans dire un seul mot. Ce qui est possible, car la co-régulation – qui est étudiée depuis des décennies par les psychologues et les spécialistes du développement – se produit en grande partie à travers des signaux invisibles que notre corps envoie aux personnes qui nous entourent.

Dans des moments de stress aigu, Alejandra était à l'écoute de Luca lorsqu'elle savait que son système nerveux était activé. Ancrée en toute sécurité dans son corps et sa force apaisante, elle pouvait sentir les changements d'énergie de son compagnon et remarquait lorsqu'il était physiquement tendu, visiblement agité ou s'il s'était éloigné d'elle, autant de signes d'un début de réponse au stress. Dans ces moments, elle faisait une pause et vérifiait avec lui, afin de savoir s'il s'était lui aussi aperçu que son énergie avait changé. S'il semblait un peu ouvert et réceptif au partage, elle pouvait même lui demander ce que leur conversation lui faisait ressentir.

Au début, Luca eut du mal à répondre à ces questions, mais petit à petit, la capacité d'Alejandra à l'aider à se sentir plus en sécurité lui a permis de commencer à s'ouvrir à elle. Au lieu de croire qu'elle était constamment en colère ou irritée contre lui, il a fini par avoir l'impression qu'elle s'adoucissait aussi et même qu'elle était capable de comprendre et d'exprimer son inconfort. Co-réguler de cette façon les a aidés à créer le sentiment de sécurité dont ils avaient individuellement besoin pour explorer, ensemble, leurs émotions et dissiper la menace que Luca ressentait souvent lors de leurs discussions.

Au fur et à mesure que le temps passait, Alejandra a fini par suggérer des solutions pour qu'ils travaillent avec lui afin d'aider à faire revenir le corps de Luca vers un sentiment de sécurité. Lors d'une conversation où il était particulièrement ouvert et réceptif, elle lui a proposé d'effectuer ensemble des exercices de respiration, en prenant cinq inspirations lentes et profondes avec le ventre. À d'autres moments, ils se prenaient dans les bras et posaient leurs mains sur le cœur de l'autre jusqu'à ce qu'ils se sentent tous les deux plus détendus. Si Luca était submergé ou mal à l'aise pendant ces exercices, elle lui suggérait de faire une pause jusqu'à ce qu'ils se sentent tous deux à nouveau prêts à recommencer.

En pratiquant la co-régulation, en approfondissant leurs conversations et en augmentant le sentiment de sécurité au sein de leur lien, Alejandra et Luca sont finalement parvenus à mettre en place un calendrier qui semblait sûr et réaliste pour chacun, afin d'emménager ensemble. Avant de vivre sous le même toit, ils se sont accordés sur des limites, ce qui les a aidés à se sentir tous deux plus à l'aise avec cette perspective. Alejandra acceptait qu'il sorte tous les vendredis soir avec ses amis, car les relations sociales représentaient encore une très grande partie de la vie de son compagnon, tandis que Luca réservait ses samedis pour des soirées avec elle. Ils se sont mis d'accord pour que l'une des pièces de leur nouvelle maison soit entièrement réservée à Luca, et qu'il pourrait y être aussi désordonné qu'il le voulait, sans qu'elle y fasse attention ou qu'elle émette de critiques. Cinq ans plus tard, Alejandra et Luca vivent toujours ensemble, ils partagent des conversations plus profondes et un lien authentique, tout en continuant de co-créer un sentiment de sécurité lorsque cela est nécessaire.

Comme nous allons le voir dans ce chapitre, la co-régulation ne peut pas résoudre tous les problèmes relationnels. Elle ne vous aidera pas non plus à pousser une personne émotionnellement repliée sur elle-même à s'ouvrir de force ; cette dernière doit en prendre la responsabilité et faire le choix conscient de se comporter différemment au sein de votre relation, afin de créer un changement véritable et durable. Cependant, lorsque deux personnes désirent faire un petit travail ensemble, cette pratique peut significativement faire évoluer la dynamique de leur relation, même celles qui sont bloquées ou dysfonctionnelles depuis des années.

Plongeons un peu plus profondément dans le sujet.

Le pouvoir de la co-régulation

Les humains sont des êtres relationnels. Cela fait partie de notre nature évolutive de créer des liens et de se connecter avec d'autres personnes. Nous appartenons à un écosystème complexe et commun dans lequel nous sommes tous physiquement, émotionnellement, et neurobiologiquement dépendants les uns des autres. Notre cerveau social est bien plus tributaire des autres et programmé par eux que nous en avons conscience. Tout au long de notre vie, les gens qui nous entourent, en particulier ceux avec qui nous passons le plus de temps, ont des effets sur la santé de notre système nerveux et vice versa.

Lorsque deux personnes sont à proximité, leurs corps communiquent directement et en continu, même s'ils restent physiquement séparés par la peau et l'air. Connu sous le nom de la *synapse sociale*, ce mode de communication est semblable à la façon dont nos cellules cérébrales « parlent » entre elles, ce que l'on appelle *synapse neuronale*. Dans le cadre de cette dernière, nos neurones envoient des messages électriques et chimiques à travers les espaces qui existent entre elles.

Bien que les synapses sociales se composent de signaux « visibles », tels que les mots, les expressions du visage et les sons, le plus souvent, notre communication avec les autres se fait sans que nous en soyons conscients et à travers des signaux invisibles, qui sont électriques, biochimiques, hormonaux, énergétiques et de nature émotionnelle. Même si nous parlons, regardons ou interagissons directement avec quelqu'un d'autre, nos corps émettent en permanence des hormones, des phéromones, une énergie électromagnétique et des influx neuraux qui affectent la régulation de notre système nerveux.

Vous avez probablement dû détecter ces signaux invisibles s'il vous est déjà arrivé d'entrer dans une pièce et de sentir qu'une personne n'était pas bien, sans que celle-ci ne dise ou ne fasse quoi que ce soit d'explicite qui puisse le suggérer. Vous avez capté l'énergie de son système nerveux ainsi que d'autres signaux biochimiques et hormonaux. Ou bien, vous êtes-vous déjà retourné après avoir senti un coup d'œil insistant ou la présence attentive d'une personne, pour finalement la surprendre en train de regarder dans votre direction, un phénomène qui a été confirmé par la recherche[47]. Ces signaux invisibles participent à la création de nos sentiments instinctifs, ou à ceux que nous ressentons sans aucune explication rationnelle.

Beaucoup d'entre nous réagissent aux autres en fonction des signaux qu'ils perçoivent, c'est-à-dire, leurs paroles ou leurs actions directes. Cependant, nous serions en mesure de réduire un grand nombre de conflits relationnels si nous commencions également à être plus attentifs à leurs signaux invisibles.

Ceux-ci nous ont aidés en tant qu'humains à rester en sécurité pendant des siècles, permettant à nos ancêtres d'informer les autres d'un danger au sein d'une famille ou d'un groupe sans avoir à parler, à crier ou à faire des gestes visibles ou audibles qui pourraient attirer l'attention des prédateurs ou d'un ennemi. En ces temps modernes, les signaux invisibles ont toujours la même utilité, ils alertent les personnes qui sont autour de nous d'un danger imminent ou proche, lorsque nous ne nous sentons pas suffisamment en sécurité pour transmettre directement cette information. Souvenez-vous, nos cœurs émettent de puissants signaux électromagnétiques invisibles qui peuvent transmettre des messages d'insécurité, à tel point que si l'on fait écouter à un bébé l'enregistrement des battements du cœur de ses parents, cela réduit de 40 à 50 % ses pleurs[48].

Bien que ces signaux invisibles aient un avantage du point de vue de l'évolution, ils ne fonctionnent pas toujours en notre faveur dans le cadre de nos relations. Si notre système nerveux est bloqué dans une réponse au stress et que notre cœur émet une énergie stressante ou incohérente, alors notre corps communiquera du stress, de la tension et un sentiment de danger aux personnes qui nous entourent, même si la seule menace est celle de notre corps dérégulé. Quelle que soit la cause, notre entourage va recevoir et absorber nos signaux de stress et les pousser à se sentir physiquement en insécurité et éventuellement à activer leur propre réponse au stress. Ensuite, comme dans un match de tennis, nous allons continuer de faire pression à l'aide de signaux de danger, pour finalement atteindre un stress collectif.

Or, pour que nous puissions recevoir et être ouverts à l'amour, ce dernier a besoin de se sentir en sécurité. Cependant, pour beaucoup d'entre nous, la réalité est que la seule version de « l'amour » que nous ayons vécu enfants, n'était pas systématiquement associé à un *sentiment* de sécurité. Les liens traumatiques étant neurobiologiquement conditionnés et familiers, nous continuons de rechercher cette sensation de protection dans des schémas habituels, même si ceux-ci donnent aux personnes qui nous entourent ainsi qu'à nous-mêmes une impression de danger. Peu d'entre nous se sentent sereins et à l'aise, c'est pourquoi nous restons enfermés dans ces cycles de réactivité au stress, agissant souvent les uns avec les autres comme des animaux acculés, créant ou aggravant un conflit, au lieu de nous unir dans des relations véritablement aimantes et collaboratives.

Cependant, il est possible d'exploiter le pouvoir de la co-régulation, ce processus interpersonnel et physiologique qui consiste à se servir de l'état de notre système nerveux pour nous connecter et faire basculer l'état physiologique d'un autre système nerveux. Pour dire les choses simplement, nous pouvons utiliser l'énergie apaisante et calme de notre corps pour aider ceux des personnes qui nous entourent à être plus sereins et détendus en notre présence.

Disons que vous êtes de sortie pour un dîner avec votre frère ou votre sœur pour célébrer la promotion que vous venez d'obtenir, lorsque vous faites une remarque sur le fait que votre repas était froid ou insipide. Votre proche, qui a choisi le restaurant et qui attendait avec impatience de vous y inviter, a tout à coup le sentiment que vous critiquez son choix, craint que vous soyez contrarié pour le restant du repas et commence à se comporter d'une façon qui pourrait finalement gâcher la soirée. Il se fige et est tout à coup silencieux, distrait, il se désintéresse de sa nourriture (l'un des effets secondaires fréquents des réponses d'inhibition ou de repli sur soi est la perte d'appétit et le ralentissement de la digestion).

Bien que vous ne trouviez peut-être pas sa réaction justifiée ou même très importante, il n'en va pas de même pour votre corps ; votre système nerveux va sentir ces signaux de stress et il va éventuellement activer votre propre réponse. Vous allez peut-être entrer dans un mode de lutte, vous mettre en colère parce qu'il « surréagit » et lui reprocher sèchement d'être trop sensible. Ou alors, vous pouvez entrer dans un mode de soumission et commencer à demander toutes les cinq minutes si tout va bien, lui proposant de partager votre dîner ou bien en abordant des sujets qui éveillent généralement son intérêt. Quelle que soit la réaction de votre système nerveux, votre corps et le sien vont continuer de s'envoyer des signaux de stress, faisant ainsi augmenter chez chacun un sentiment d'accablement, ce qui va pousser votre frère ou votre sœur à se replier sur lui-même et à se retirer encore plus, tandis que vous crierez plus fort ou chercherez encore plus à apaiser la situation. Le dîner va ainsi devenir rapidement insupportable et votre soirée sera gâchée.

La pratique de la conscience corporelle et de la co-régulation aurait pu vous aider à voir ce qu'il était en train de se produire en temps réel et éventuellement de changer l'issue de la soirée. En vous apercevant que vous avez été activé au restaurant (vos mâchoires commencent à se serrer, votre respiration s'accélère et votre cœur commence à tambouriner dans votre poitrine, tous des signes d'une réponse de lutte ou de fuite), vous auriez pu prendre quelques inspirations lentes et profondes avec votre ventre, orienter votre attention vers les sensations dans vos pieds posés au sol sous la table et vous dire que vous étiez en sécurité. Vous auriez pu vous rappeler que le perfectionnisme appris par votre frère ou votre sœur n'a rien à voir avec vous et qu'il s'agit d'un traumatisme qu'il ou elle a stocké, ainsi que d'une stratégie de défense qu'il ou elle a développée en essayant de rester en sécurité dans votre environnement globalement critique.

En vous aidant à vous sentir physiquement et émotionnellement en sécurité, vous n'êtes plus contraint d'être submergé par le stress de votre proche et vous pouvez éviter votre tendance habituelle à vous en prendre à lui ou à le harceler pour savoir ce qui ne va pas. À la place, vous changez la tonalité des signaux invisibles qui résonnent autour de la table, créant ainsi un sentiment de sécurité physique et émotionnelle pour vous deux. Il y a d'autres manières orales ou physiques de co-réguler dans une telle situation (nous aborderons ce sujet plus tard dans le chapitre) ; le travail qui est décrit ici est uniquement non verbal.

L'expérience de Don offre un autre exemple de co-régulation. Après avoir commencé à travailler chez lui pendant la pandémie du Covid, il a adopté une nouvelle routine de méditation. Chaque jour, au moment de sa pause déjeuner, il médite généralement pendant dix minutes, seul dans sa chambre. Toutefois, un après-midi, il a décidé de méditer dans le salon où son petit garçon était en train de jouer. Pendant le reste de la journée et de la soirée, il s'est aperçu que son fils était plus calme et qu'il faisait moins de caprices. C'est ainsi que Don a décidé de méditer chaque après-midi près de son fils, ce qui a engendré assez régulièrement le même résultat, car le corps du garçon absorbait l'énergie paisible et apaisante du système nerveux de son père. Lorsque Don a ajouté une seconde méditation courte avant l'heure du coucher de son fils, l'enfant parvenait mieux à s'endormir. Si la méditation ne fait pas partie de notre routine, nous pouvons également co-réguler avec les autres en mettant en place d'autres formes de comportements régulateurs, tels que des étirements doux, un bercement régulier ou en dansant gaiement avec eux.

Il peut être particulièrement utile de mettre en pratique une co-régulation intentionnelle, chaque fois qu'il y a un conflit ou des tensions au sein d'une relation. L'un des partenaires peut proposer de faire une pause dans la conversation afin de créer un sentiment de sécurité en procédant à un exercice de respiration commun ou en se prenant dans les bras jusqu'à ce que chacun se sente suffisamment détendu. Si enlacer la personne vous semble trop intime ou inconfortable, vous pouvez vous tenir les mains, vous asseoir l'un à côté de l'autre en silence ou vous regarder dans les yeux.

Pour beaucoup de personnes, le toucher et un contact visuel direct sont source d'un sentiment d'inconfort, c'est pourquoi il est utile de tenter des choses différentes afin de trouver ce qui est le plus facile pour vos proches et vous-même. Nous continuerons d'explorer d'autres moyens de co-réguler à la fin de ce chapitre.

La co-régulation commence avec l'enfance

Tout comme les bébés et les jeunes enfants, nous vivons une co-régulation apaisante si nos figures parentales nous souriaient souvent, nous offraient régulièrement des regards aimants, parlaient d'une voix calme, nous prenaient dans leurs bras ou nous faisaient des câlins, et s'ils étaient systématiquement dans un état parasympathique lorsqu'ils interagissaient avec nous. Lorsque nous étions stressés ou bouleversés et que notre système nerveux était activé dans un mode de lutte, de fuite ou d'inhibition, nos figures parentales utilisaient (sans le savoir) la sécurité de leur propre système nerveux pour nous faire revenir dans un état plus apaisé et réceptif.

Si nous avons vécu des moments fréquents de co-régulation apaisante, au fil du temps, nous avons appris que nous pouvions avoir confiance dans nos figures parentales, que nous pouvions prédire et nous fier à leurs capacités de nous offrir du réconfort et du soutien. Sur le plan physiologique, les recherches montrent que les bébés qui reçoivent cette écoute et cette sécurité émotionnelle de la part de leur mère, ont un tonus vagal accru pendant près de cinq années (les mères qui co-régulent avec leurs enfants ont également un meilleur tonus vagal)[49] et les jeunes enfants ont des taux de cortisol plus faibles[50].

Bien évidemment, aucun parent ne peut être présent et à notre écoute en permanence. Les études montrent que si nos figures parentales co-régulaient avec nous au moins dans 30 % des situations où nous avions besoin d'elles, alors nous avons grandi de façon quelque peu régulée ou sereinement ancrée[51]. De même, s'ils étaient incapables de nous apaiser lors d'une expérience bouleversante, mais qu'ils mettaient en œuvre un processus de réparation (un sujet que nous aborderons plus en détail dans le prochain chapitre) après qu'ils se furent eux-mêmes régulés, cela augmentait nos chances d'un attachement serein. Cependant, nous sommes peu nombreux à avoir reçu une régulation consistante et apaisante ou les moments de réparation dont nous avions besoin.

À la place, la plupart d'entre nous ont grandi sans parent émotionnellement à l'écoute et par conséquent, nous n'avons jamais appris à nous sentir véritablement en sécurité dans notre corps ou nos relations. Bien que beaucoup d'entre nous aient reçu des regards affectueux et des câlins occasionnels de nos mères ou de nos pères, si ces regards et ces étreintes disparaissaient lorsqu'il y avait un conflit ou toute autre émotion bouleversante à la maison, nous n'avons probablement pas reçu du réconfort ou du soutien lorsque nous en avions le plus besoin. Ceci a engendré chez l'enfant que nous étions de la peur, de la confusion ainsi qu'un décalage ou une insécurité émotionnelle, et nous n'avons jamais appris à réguler nos propres sentiments. Aujourd'hui, en tant qu'adultes, nous sommes probablement émotionnellement sous-développés, incapables de nous auto-réguler, en réagissant souvent aux conflits actuels, au stress, ou à toutes les autres contrariétés émotionnelles de la même manière que nous le faisions enfant. Certains d'entre nous essaient d'éviter les disputes et l'inconfort, en ignorant parfois les autres, afin de fuir toute interaction potentiellement contrariante, au lieu de directement communiquer. D'autres boudent et s'éloignent des conversations lorsqu'elles ne vont pas dans le sens qu'ils désirent ou alors ils deviennent silencieux, ignorant complètement toutes les personnes qui les entourent.

Même les figures parentales dont les intentions sont les meilleures, qui souhaitaient désespérément répondre calmement, n'ont pas été en mesure de nous aider à nous sentir en sécurité si leur propre corps ne leur semble pas sûr. Lorsque j'étais petite, ma mère était rarement capable de m'apaiser parce qu'elle ne se sentait jamais véritablement protégée dans son corps ravagé par la douleur. À la place, j'ai absorbé sa dérégulation et je suis entrée dans le cycle de la réponse au stress de mon propre système nerveux. Le moindre petit inconfort me faisait immédiatement entrer dans un mode de lutte ou de fuite. Sans la résilience émotionnelle ou les outils nécessaires pour faire face à cette agitation physique constante, j'ai grandi en courant dans la maison et en « rebondissant sur les murs » comme ma mère le disait, essayant de me décharger de cet inconfort énergétique et accablant. Avec le recul, je pense que l'agitation de mon énergie, associée au manque d'outil d'adaptation sain dans ma famille, était l'une des raisons principales pour lesquelles j'ai accumulé d'innombrables activités extrascolaires, qui étaient un exutoire socialement approuvé pour le stress que je refoulais.

Lorsque je n'étais pas occupée sept jours sur sept, comme le disait ma mère, je me plaignais de mon ennui et je harcelais les autres pour qu'ils jouent avec moi. Je le disais si souvent que ceci était devenu une blague familiale.

Malheureusement pour moi, aucun d'entre nous ne savait que pour mon corps dérégulé, « je m'ennuie » signifiait en réalité « je ne me sens pas à l'aise toute seule et j'ai besoin de me sentir connectée ou soutenue ».

Enfant, j'explosais facilement de colère et je me mettais à crier violemment, le plus souvent contre ma mère, au sujet de certaines attentes déçues, telles les imperfections de ma queue-de-cheval qu'elle me faisait lorsque je me préparais pour aller à l'école. Je lui criais : « Je te déteste ! » Sans aucune présence apaisante disponible, mes émotions étaient souvent hors de contrôle, à tel point qu'un matin, je me suis accidentellement cassé le petit orteil en sortant brusquement du couloir après m'être vue dans le miroir.

Il m'arrivait même parfois de réagir en présence d'un soutien apparent. Au cours d'un match de softball, alors que je m'apprêtais à faire un lancer particulièrement difficile, ma mère a essayé de me crier des conseils depuis les gradins où elle s'asseyait toujours. Incapable de tolérer l'inconfort que je ressentais à l'idée d'être vue, alors que je n'étais pas au meilleur de ma forme, je lui ai lancé un regard assassin depuis le sommet du monticule, sans me soucier que quelqu'un me voie, alors que toutes les personnes qui regardaient le match le pouvaient. À cet instant, je me suis sentie tellement menacée et honteuse de mes imperfections flagrantes, que je me moquais bien des autres. J'étais dérégulée et j'éloignais émotionnellement ma mère de moi pour essayer de gérer cette honte qui me submergeait.

Au fil du temps, mon stress et le dérèglement émotionnel qui en découlait sont devenus tellement réguliers que mon système nerveux a fini par basculer en mode *repli sur soi*, m'empêchant presque totalement de créer des liens pour co-réguler avec qui que ce soit d'autre.

Une fois adulte, j'outrepassais quotidiennement mes ressources corporelles internes et j'augmentais ma *charge allostatique*, ou les effets cumulés d'un stress chronique. Incapable de me détendre ou de co-réguler avec les autres, je dormais peu et je souffrais de problèmes digestifs chroniques qui ne faisaient qu'affaiblir mes ressources physiques et émotionnelles. Tandis que le cycle de mon stress se poursuivait et que sa fréquence augmentait, je me suis fiée aux stratégies de défense que j'avais apprises dans mon enfance, me distrayant en tentant de rester constamment occupée et finalement en me mettant à utiliser certaines substances afin de gérer mes sentiments et pour engourdir cette douleur profondément enracinée.

Après avoir pris conscience des habitudes conditionnées de mon corps, je me suis mise à réguler mon système nerveux. J'ai dû progressivement apprendre à me sentir protégée dans mon propre corps, mais aussi à me sentir suffisamment en sécurité pour m'ouvrir à la co-régulation. J'ai mis en place des vérifications de ma conscience (voir page 96) en évaluant mes niveaux de stress tout au long de la journée, en particulier si je remarquais une évolution ou un changement dans mon rythme cardiaque, ma respiration ou la tension de mes muscles. Je suis parvenue à reconnaître les moments où mon corps réagissait et percevait du stress dans mon univers externe ou interne, ce qui m'a donné la place et la possibilité de faire de nouveaux choix sur ma manière de le gérer.

Lorsque je m'apercevais que je me sentais intérieurement agitée, ce qui provoquait normalement chez moi une explosion émotionnelle et me poussait à dire des choses méchantes ou à me distraire en saisissant mon téléphone, je prenais une pause afin de vérifier dans mon corps, au lieu de laisser le pilote automatique de mon cerveau déterminer la manière dont j'allais ensuite me comporter. Si je remarquais que je repoussais les autres ou que j'étais émotionnellement froide ou distante avec eux, alors, si j'en avais les ressources énergétiques, je faisais de la place afin de me connecter à eux, au lieu de m'isoler. En revanche, si je n'avais pas les ressources suffisantes, j'en informais directement mon entourage et reconnaissais mon besoin de prendre du temps et de l'espace avant de me reconnecter à eux. Chaque fois que je distinguais ces réflexions d'hyperindépendance, où que je songeais par exemple : *je n'ai pas besoin d'eux* ou *je suis capable de prendre soin de moi et je ferai*, alors je faisais une pause et je me souvenais que j'avais envie d'être ouverte pour recevoir le soutien et créer ce lien avec les autres.

Faire ces pauses ne m'empêchait pas toujours de réagir comme je me sentais obligé ou comme j'étais habituée à le faire, néanmoins cela me donnait la possibilité de prendre des décisions différentes. Dans les moments où je retournais vers mes anciennes habitudes, je m'accordais un pardon et une compassion aimante, me souvenant que chaque instant m'offrait une nouvelle possibilité de m'entraîner à *être* celle que j'aspirai à devenir.

Comment savoir si les autres sont activés ?

Les modes de lutte, de fuite, d'inhibition ou de repli sur soi et de soumission engendrent des comportements extérieurs similaires. Si vous êtes capables de les reconnaître lorsque vous êtes dans l'une de ces réponses au stress, il y a de grandes chances pour que vous soyez également en mesure de savoir si les autres le sont aussi. Dans le chapitre 3, j'ai abordé les modes qui sont associés à ces trois réponses au stress : éruptif pour la lutte, distrait pour la fuite, détaché pour l'inhibition ou le repli sur soi et faire plaisir pour la soumission. N'importe qui peut basculer d'un mode à l'autre, pour certains cela arrive souvent tandis que pour d'autres, c'est permanent, en fonction des personnes avec qui nous sommes et de ce qui se passe autour ou à l'intérieur de nous.

Pour vous aider à identifier dans quel état se trouve le système nerveux des autres, prenez le temps de répondre aux questions ci-dessous. Si vous pensez qu'une réponse en particulier est celle qui décrit le mieux votre proche, évaluez la fréquence et les situations où il réagit ainsi, ceci vous donnera des indices qui vous aideront à percevoir à l'avenir les moments où la personne bascule dans un état basé sur un sentiment de peur.

• **Mode éruptif (réponse de lutte).** Un éruptif focalise l'essentiel de son attention vers l'extérieur. Il peut crier, hurler, sortir brusquement d'une pièce, lancer des objets ou claquer des portes. Il peut essayer de dominer ou de contrôler la conversation en prenant le pouvoir sur les autres ou sur la pièce grâce au volume sonore ou au contenu de son discours. Extérieurement, il peut sembler calme, alors qu'intérieurement il bout et est au bord de l'explosion. Lorsque vous êtes en présence d'un éruptif, il est possible que vous ayez un sentiment de peur ou que vous ayez l'impression de marcher sur des œufs, guettant le prochain éclat.

À quelle fréquence (et quand) est-ce que j'ai l'impression que je risque de dire ou de faire quelque chose, qui pourrait faire basculer presque instantanément les émotions de mon proche ?

À quelle fréquence (et quand) est-ce que j'ai l'impression que la colère ou la détresse de mon proche est sur le point de prendre le dessus sur l'ensemble de l'énergie émotionnelle de la pièce ?

À quelle fréquence (et quand) est-ce que je me retiens d'exprimer mes émotions, mes croyances ou mes opinions par peur de la réaction de mon proche ?

• **Mode distrait (réponse de fuite).** Le distrait focalise l'essentiel de son attention sur tout ce qui n'est pas en lien avec la situation actuelle et ce qu'il est en train de se passer autour de lui. Ce sont parfois des accros du travail, ils ont des listes de tâches interminables, ils sont obsédés par la technologie ou la télévision, cherchent à s'anesthésier à l'aide de substances, ou bien à faire en sorte d'être en permanence occupés. Parfois, un distrait prend la forme d'une Super Maman, d'un Super Patron ou d'un Super Partenaire : c'est-à-dire celui qui permet de tout faire avancer, mais qui est par ailleurs émotionnellement absent. Lorsque vous êtes en présence d'un distrait, il est possible que vous vous sentiez déconnecté ou ignoré (à moins que vous soyez activement impliqué dans le même type de distraction, par exemple, le travail, l'alcool, les corvées et ainsi de suite).

À quelle fréquence (et quand) est-ce que mon proche a tendance à être très occupé, vaquant d'une chose à une autre ?

À quelle fréquence (et quels) sont les moments où j'ai envie de créer un lien avec mon proche, mais ressens finalement un manque d'attention ou de présence de sa part lorsque nous sommes ensemble ?

À quelle fréquence (et quand) est-ce que mon proche passe son temps libre à jouer aux jeux vidéo, à surfer sur les réseaux sociaux ou concentré sur une autre activité, qui focalise complètement son attention sur une source extérieure et l'éloigne de notre interaction ?

- **Mode détaché (réponse d'inhibition ou de repli sur soi).** Le détaché focalise l'essentiel de son attention vers l'intérieur. Il n'est pas activement éruptif ou distrait ; il semble plutôt n'avoir aucune émotion ou n'être véritablement connecté à rien. Bien qu'il puisse être difficile d'identifier cette réponse, car le détaché est souvent physiquement présent et est même capable de paraître activement impliqué, il est en réalité émotionnellement vide, distant ou réservé. Lorsque vous êtes en présence d'un détaché, vous pouvez vous sentir vous-même distant ou renfermé, quoi que vous fassiez ou disiez. Il est également possible que vous vous sentiez régulièrement rejeté par cette personne lorsque vous essayez de créer un lien émotionnel avec elle.

À quelle fréquence (et quand) est-ce que je me retrouve à supplier mon proche pour qu'il me dise ce qu'il pense ou ce qu'il ressent ?

____

____

À quelle fréquence (et quand) est-ce que je me sens émotionnellement replié sur moi ou déconnecté de mon proche ?

____

____

À quelle fréquence (et quand) est-ce que je me sens rejeté ou critiqué lorsque je partage mon intérêt ou mon expérience pour quelque chose de nouveau avec mon proche ?

____

____

• **Mode faire plaisir (réponse de soumission).** Celui qui fait plaisir focalise l'essentiel de son attention à essayer de rendre les autres heureux. Il cherche en permanence à anticiper les désirs éventuels des autres, il essaie de répondre à leurs besoins, de leur rendre service ou d'éviter activement tout conflit. Celui qui fait plaisir sait ou dit rarement ce qu'il veut et préfère respecter les opinions des autres. Lorsque vous êtes en présence de celui qui fait plaisir, vous pouvez vous sentir submergé, émotionnellement étouffé ou amer.

À quelle fréquence (et quand) est-ce que j'observe mon proche faire certaines choses, parce que sa famille ou ses amis lui on dit de le faire ?

____

____

À quelle fréquence (et quand) est-ce que mon proche vient me voir en recherche de quelque chose (approbation, soutien émotionnel, contact apaisant) et à quelle fréquence est-ce que je me sens suffisamment à l'aise ou en sécurité pour faire la même chose avec lui ?

____

____

À quelle fréquence (et quand) est-ce que j'observe mon proche en train de faire ou de dire quelque chose afin de maintenir la paix ou pour que les autres soient heureux, ce qui sur la durée provoque souvent encore plus de conflits ?

____

____

Être capable de remarquer les moments où nos proches sont dérégulés peut nous aider à les faire revenir vers un sentiment de sécurité, en utilisant les outils de co-régulation ci-après. Cette pratique peut vous aider à dépersonnaliser leurs comportements, sachant que leurs réactions sont le reflet du manque de sécurité qu'ils ressentent et n'ont aucun lien avec nous.

Apprendre à co-réguler

Ce n'est pas parce que nous n'avons pas vécu régulièrement une co-régulation apaisante lorsque nous étions enfants, que cela signifie que nous ne pouvons pas apprendre à la pratiquer une fois adultes. Pour commencer, il est conseillé de connaître les moments où votre système nerveux est dérégulé. Si nous ne nous sentons pas en sécurité, nous serons dans l'incapacité d'aider qui que ce soit à l'être aussi, quoi que nous fassions. Nous aurons même, en réalité, l'effet inverse, en envoyant des messages de stress et de danger, que ce soit à travers des signaux visibles ou non, tels que des regards en colère, des commentaires blessants ou passifs-agressifs.

Lorsque nous prenons conscience que notre système nerveux est activé, nous pouvons alors aider nos proches à se sentir en sécurité en nous retirant de leur présence. Si nous y sommes contraints ou que nous voulons être avec ces personnes, nous pouvons faire des efforts conscients pour faire revenir notre système nerveux vers un sentiment de sécurité, en mettant en place des techniques d'autoapaisement, que nous avons abordées dans les chapitres précédents, y compris la respiration intentionnelle, l'ancrage, et nous rappeler que leur comportement est potentiellement basé sur un traumatisme passé et non la réalité présente. Bien entendu, nous pouvons également leur demander de nous aider à co-réguler, s'ils sont ancrés et s'ils se sentent en sécurité dans leur propre corps.

En continuant de réguler notre système nerveux, nous aurons plus de chances de ne pas être bloqués dans une réponse au stress. Comme nous l'avons vu, nous pouvons commencer par donner la priorité à une alimentation riche en nutriments et limiter celle qui est source d'inflammation ; bouger notre corps régulièrement d'une manière bénéfique ; avoir un sommeil de bonne qualité et suffisant ; accroître notre capacité de tolérance physique et émotionnelle à l'inconfort ; observer les récits de notre ego sur notre manque de valeur ; et entrer en contact avec notre cœur chaque fois que possible. Ces choix permettent d'augmenter notre résilience au stress, de nous donner la capacité à supporter un degré plus important de contrariété ou d'inconfort dans certaines situations, sans être trop activés et réactifs, sans chercher à nous en distraire ou à les éviter totalement. Plus nous apprendrons à tolérer le stress, moins nous serons susceptibles de projeter notre colère ou nos reproches sur les autres, d'avoir honte de nos réactions ou de refouler notre expression personnelle.

Dans ma vie, j'ai dû apprendre à tolérer la peur et l'inconfort que je ressentais lorsque j'étais physiquement distante ou que je m'apercevais que j'étais émotionnellement froide avec un proche, notamment dans le cadre de mes relations amoureuses. Si je sentais qu'il y avait une rupture dans ma connexion avec ma partenaire ou qu'elle était contrariée à cause de moi, je partais du principe que j'étais probablement la coupable, une supposition qui provoquait des tensions dans mon corps et l'occupation de mon esprit par le récit de mon ego sur mon manque de considération. Je redevenais physiquement et affectivement la petite fille qui avait été émotionnellement abandonnée par sa mère. Sans les mots pour en décrire le souvenir, mon corps rejouait ma profonde souffrance sous la forme de réactions comportementales en incarnant des sensations inconfortables.

En devenant une observatrice consciente de ces sensations et de ces réactions, j'ai commencé à apprendre que toutes les distances dans les relations ne sont pas mauvaises. D'ailleurs, pour avoir des rapports équilibrés, une certaine distance est nécessaire. Chaque être humain a besoin de temps et d'espace de solitude loin des autres pour recharger et régénérer son énergie, même si ce ne sont que quelques instants.

Avide de liens émotionnels, j'ai remarqué une tendance connexe à me forcer à être réceptive aux autres chaque fois qu'ils étaient disponibles ou qu'ils souhaitaient créer un contact et j'avais un sentiment de honte dans les moments où, pour quelque raison que ce soit, je ne me sentais pas ouverte ou disponible. J'apprends aujourd'hui à m'accorder ces moments de désirs d'espace afin de *profiter* de ma propre présence en écoutant de la musique apaisante avec des écouteurs, en allant au bord du lac pendant quelques heures, ou même en organisant un séjour en solo dans un hôtel tout proche. J'apprends aussi à trouver d'autres manières pour me soutenir émotionnellement, même si c'est uniquement en allant marcher ou en prenant un bain lorsque je ressens une agitation intérieure (ces moments où il y a des années de cela je déclarais : « je m'ennuie »), au lieu de me tourner vers les autres pour leur faire des reproches ou attendre d'eux qu'ils m'aident à me sentir mieux. À présent, je suis capable de voir ces moments tels qu'ils sont, c'est-à-dire le signe que j'ai peut-être besoin d'être seule afin de m'apaiser et de me reconnecter avec moi-même, avant de pouvoir plus pleinement me connecter à mon entourage.

Se calmer ou retrouver un sentiment de sécurité, que ce soit seul ou bien par la co-régulation avec une autre personne, est fondamental pour éprouver une véritable compassion. Chaque fois que nous nous sentons en danger ou menacés, nous nous concentrons principalement sur nous-mêmes, percevant uniquement les expériences selon notre point de vue et leurs effets sur notre survie immédiate. Par conséquent, nous pouvons finir par agir d'une façon qui va blesser les personnes qui nous entourent. Il en va de même avec ceux que l'on aime ; or, si nous pouvons apprendre à nous pardonner et à faire preuve de compassion envers nous-mêmes, alors nous pouvons en faire autant pour notre entourage. Les choses blessantes que les autres font de manière réactive lorsqu'ils ont peur, se sentent stressés, bouleversés ou en colère ne sont pas non plus le reflet de la personne qu'ils sont véritablement.

La compassion est l'incarnation d'une réponse qui dépend de la régulation et du sentiment de sécurité de notre système nerveux. Pour que celle-ci soit sincère et si nous voulons soutenir les autres dans leur souffrance, nous devons tout d'abord être en mesure de ressentir ou d'être à l'écoute de leur douleur. Or, pour être émotionnellement à l'écoute des autres, nous devons pouvoir nous extraire du mode de survie de notre propre corps, afin de pouvoir envisager les choses de leur point de vue. Ceci est uniquement possible si notre corps se sent suffisamment protégé pour laisser notre esprit réorienter son attention vers quelqu'un d'autre que nous. Faire preuve de compassion et de patience envers nous-mêmes, tout en développant cette nouvelle pratique de l'incarnation du sentiment de sécurité, est tout particulièrement important pour ceux d'entre nous qui ne connaissent rien de cette sensation de protection. Comme pour ce qui est inconnu, notre corps et notre esprit vont essayer de résister à cette nouveauté et vont tenter de retourner vers leurs habitudes familières plus stressantes, au fur et à mesure que nous nous aventurons dans un contexte incertain et menaçant.

Incarner la sécurité et la compassion est notamment utile dans les moments de stress actif ou de conflit. Si nous arrivons à rester calmes et ancrés dans notre corps, nous parviendrons mieux à dépersonnaliser la réaction de stress des autres, à comprendre qu'il s'agit d'une adaptation basée sur la menace. Par conséquent, nous sommes moins susceptibles de leur répondre, de les forcer à créer un lien ou de les secouer, sachant que ces types de comportements ont généralement uniquement pour effet de faire croître le niveau de leur stress interne, et que nous aurons plus de chances de répondre avec compassion.

Comment créer un sentiment de sécurité pour quelqu'un d'autre ? Lorsque nous savons que le système nerveux d'une personne est activé dans une réponse au stress, nous avons trois possibilités :

1. **Nous pouvons leur faire de la place** tout en réenvisageant notre manière de vivre la situation afin de ne pas prendre leur humeur, leurs paroles ou leurs réactions de manière personnelle. Comprendre qu'ils sont dans une réponse de stress nous permet souvent de continuer à faire preuve de compassion et de sensibilité envers leur souffrance. Nous avons ainsi plus de chances d'être réactifs et capables de les rejoindre dans leur expérience émotionnelle.
2. **Nous pouvons nous retirer de leur présence** jusqu'à ce qu'ils soient régulés. Il s'agit souvent de la meilleure approche dans le cas d'une personne qui est en mode éruptif. Pour vous retirer sans paraître condescendant ou dédaigneux, vous pouvez dire : « J'ai besoin de faire une pause dans cette discussion ou dans cette expérience pour le moment. » Même si cette démarche peut aggraver l'humeur d'une personne éruptive, en particulier si elle est déjà activée, il est malgré tout essentiel de lui faire savoir que ce qui est essentiel pour vous, c'est de maintenir votre propre sentiment de sécurité. Souvenez-vous que si un jour vous vous

sentez en danger physique, émotionnel ou sexuel, il est important d'appeler les services de secours.

3. **Nous pouvons co-réguler** en utilisant les techniques que nous avons déjà vues et celles que nous allons maintenant aborder.

La co-régulation active avec les autres

Notre capacité à co-réguler de manière continue est, au sein des relations, la base d'une sécurité émotionnelle. Si dans l'enfance nous avons eu des exemples de réactivité ou de déconnexion émotionnelle, nous aurons sans doute du mal à rester connectés aux autres lors de désaccords ou de conflits perçus. Néanmoins, il est possible de développer de manière régulière et avec le temps cette « sensation » de confiance émotionnelle, en réparant ou en retrouvant un sentiment de sécurité et une connexion après une dispute. Cette démarche est fondamentalement importante, en particulier pour les enfants, qui se retrouvent souvent confus, seuls et bouleversés par les émotions réactives ou explosives (si on leur crie après ou si on les ignore) d'un parent contrarié.

Bien que l'essentiel de la co-régulation se produise largement à travers les signaux invisibles de notre corps, ainsi qu'à travers le sentiment de sécurité de notre propre système nerveux, nous pouvons volontairement choisir de co-réguler activement avec quelqu'un d'autre en nous enlaçant, nous tenant la main, en échangeant des regards tendres, en nous asseyant l'un près de l'autre dans un silence partagé, ou en mettant en pratique l'exercice centré sur le cœur, de la page suivante.

Si nous décidons de co-réguler avec une autre personne, il est important d'anticiper toute résistance possible, en particulier si elle ne connaît pas le concept. Pour introduire cette pratique, il est préférable d'avoir une conversation avec votre proche, à un moment où il n'est pas activement contrarié, afin de lui demander s'il a envie d'essayer cette approche lors d'un conflit ou d'un moment de stress futur. Vous trouverez ci-dessous certains éléments essentiels sur ce concept, que vous pourrez partager avec votre proche afin de l'aider à comprendre le pouvoir et le potentiel de la co-régulation.

Cinq faits sur la co-régulation

- Notre corps est programmé pour se connecter à celui des autres.
- La co-régulation est le processus qui permet de nous donner le sentiment de sécurité dont nous avons besoin pour nous ouvrir à la création de liens.
- Le système nerveux de notre corps communique avec celui des autres à travers des signaux électriques, hormonaux et énergétiques invisibles.
- Lorsque nous avons du mal à apaiser nos émotions (ou notre système nerveux), nous pouvons utiliser la sérénité et le calme du corps d'une autre personne pour retrouver notre propre paix.
- Nous pouvons commencer dès à présent à utiliser divers outils et techniques pour nous sentir plus en sécurité et plus connectés l'un à l'autre.

Exercice de co-régulation centré sur le cœur

Vous trouverez ci-après un exercice facile qui vous aidera à mettre en application la co-régulation avec un proche. Lorsque vous commencerez cette pratique, il est préférable que l'un de vous soit dans un état parasympathique apaisé.

1. Asseyez-vous l'un en face de l'autre, et placez une main là où se trouve le cœur de l'autre. Vous allez sentir la poitrine de votre proche se soulever et retomber, prenez le temps de synchroniser vos respirations.
2. Respirez lentement et profondément.
3. Commencez par visualiser votre système nerveux qui est en train d'envoyer des signaux de sérénité et de calme à votre proche. Puis, imaginez que votre système nerveux est en train de recevoir la paix et la sérénité de votre proche.

Cet exercice est tout particulièrement utile avant d'avoir une discussion potentiellement difficile ou une expérience stressante, car il permet d'augmenter le sentiment de connexion entre les gens et il peut aider à rééquilibrer l'énergie collective d'une relation.

La carte de la co-régulation

Ce qui suit est une liste des choses supplémentaires que vous pouvez utiliser pour co-réguler avec un proche en période de stress ou de conflit.

- Souriez ou envoyez-vous mutuellement des regards apaisants, cela permet d'augmenter les signaux de sécurité et aide à activer l'état vagal ventral de toutes les personnes qui sont autour de vous.
- Entraînez-vous à respirer lentement et profondément synchroniquement, tout en étant assis l'un en face de l'autre ou bien dos à dos.

- Touchez-vous tendrement ou bien enlacez-vous pour activer l'hormone de « l'amour », l'ocytocine, et faire croître un sentiment de confiance et de connexion.
- Regardez-vous confortablement dans les yeux.
- Demandez à votre proche de jouer avec vos cheveux ou caressez doucement les siens afin de vous apaiser et de vous connecter.
- Enlacez-vous afin de faire croître l'ocytocine et de vous aider à détendre la tension de vos muscles.
- Embrassez-vous pour faire croître l'ocytocine et faire baisser le niveau de cortisol.
- Allez vous promener ensemble, en vous concentrant sur la synchronisation de vos pas et de vos mouvements au lieu d'avoir une conversation active ; ceci peut aider à réduire le stress et à favoriser un lien relationnel ainsi que la communication.

Si vous êtes seul ou que vous ne parvenez pas à co-réguler avec quelqu'un d'autre, vous pouvez imaginer un moment de connexion avec une personne, ce qui permettra également de faire croître votre taux d'ocytocine et votre sentiment de sécurité. Vous pouvez même créer un lien avec le système nerveux régulé d'un animal pour vous aider à retrouver un sentiment de sécurité dans votre corps. Caresser ou simplement vous allonger à côté d'un animal de compagnie détendu peut vous aider à obtenir les mêmes effets apaisants.

***

Comme nous l'avons vu ensemble, c'est uniquement lorsque nous comprenons l'influence qu'a notre système nerveux sur les personnes qui nous entourent que nous pourrons avancer pour créer un véritable sentiment de sécurité au sein nos relations. Incarner ce sentiment nous permet de mieux gérer les conflits avec les autres, souvent sans dire un seul mot, et cela peut nous aider à devenir des partenaires plus collaboratifs. En exprimant notre sentiment de sécurité avec les autres, à travers le processus de co-régulation, nous pouvons faire évoluer nos interactions et la dynamique qui existe entre eux et nous, même dans des moments de stress, d'adversité ou de désaccord. Au fur et à mesure que nous retrouvons le contact avec la compassion qui vit dans notre cœur, nous retrouvons le pouvoir de commencer à rompre les schémas dysfonctionnels qui résident dans n'importe quelles relations.

9

Redonnez du pouvoir à vos relations

Dans l'introduction, vous avez pu découvrir les cinq langages de l'amour, créés par le Dr Gary Chapman au début des années 1990. Son hypothèse est que nous avons chacun une manière préférée de recevoir de l'affection, et en informer nos proches peut permettre de créer ou de maintenir l'amour auquel vous aspirez. Selon le Dr Chapman, nos cinq langages de l'amour sont les suivants :

- **Paroles d'affirmation.** Nous désirons des affirmations ou des éloges verbaux de la part de nos proches.
- **De bons moments.** Nous désirons passer fréquemment un temps préparé ou conscient avec nos proches.
- **Recevoir des cadeaux.** Nous désirons que nos proches nous offrent des symboles d'amour visibles ou quantifiables.
- **Rendre des services.** Nous désirons que nos proches réalisent des tâches ou d'autres faveurs pour nous.
- **Contact physique.** Nous désirons que nos proches nous montrent leur affection à travers un contact physique ou du sexe.

Ce concept bouleversant a aidé un grand nombre d'entre nous à reconnaître que nous avions tous des préférences différentes et souvent distinctes. Certains se sont même servis de ces catégories pour communiquer directement leurs goûts émotionnels au sein de leurs relations et ont ainsi transformé leurs expériences interpersonnelles.

Accepter l'unicité de nos expériences, de nos préférences et de nos perspectives permet de nous ouvrir à une infinité de possibilités d'expressions personnelles et de connexions émotionnelles. Il existe cependant une énorme différence entre communiquer nos préférences affectives aux autres et attendre d'eux qu'ils les satisfassent d'une manière spécifique.

Lorsque nous demandons à nos proches de changer leur façon naturelle de s'exprimer, nous prenons le risque de nous fermer à d'autres formes d'expressions émotionnelles ainsi que d'autres possibilités de créer des liens. Si nous négligeons ce qui vient naturellement aux personnes que l'on aime, nous pouvons par inadvertance, restreindre l'espace que nous laissons aux autres pour qu'ils *soient* eux-mêmes.

Pour ne rien arranger, la manière dont nous avons chacun appris à être valorisés ou aimés par les autres est basée sur notre conditionnement et nos expériences passés. Lorsque nous nous limitons à ces marques d'affection familières, nous demandons tout simplement à nos proches de recréer nos toutes premières relations, ou notre manière de ressentir l'amour. En attendant qu'ils nous traitent d'une façon qui nous est familière, nous risquons de reproduire les dynamiques dysfonctionnelles de notre enfance.

Pendant des années, j'ai uniquement cru être aimée si mes partenaires amoureuses me rendaient des services, tels que faire la vaisselle, la lessive, ou le ménage dans la maison. Lorsqu'elles ne répondaient pas spécifiquement à cette attente, les récits de mon ego basés sur l'abandon teintaient mes expériences, ce qui me donnait le sentiment de ne pas être considérée, que l'on ne faisait pas attention à moi et en fin de compte que je n'étais pas aimée. Ces sentiments n'étaient pas fondés sur la réalité de mes relations actuelles, mais sur mes blessures de l'enfance. Lorsque j'étais petite, la principale manière dont ma mère me montrait de l'affection était en cuisinant, en me servant mes repas, en faisant ma lessive et en nettoyant derrière moi. Le reste du temps, à moins que je réussisse quelque chose dans le cadre scolaire ou sportif, elle était généralement distraite par les émotions douloureuses et bouleversantes qui s'accumulaient dans son corps ou par des pensées préoccupantes qui se bousculaient dans son esprit.

Une fois adulte, lorsque je ne recevais pas le même genre d'affection de la part des autres, cela me ramenait à ces premiers souvenirs qui vivent encore dans mon corps et dans ma tête. Lorsque Lolly et moi avons commencé à nous fréquenter, je me suis sentie blessée et ignorée lorsqu'elle ne me préparait pas à manger, ne lavait pas la vaisselle ou ne m'aidait pas aux tâches ménagères. Même si elle répétait sans cesse à quel point elle tenait à moi et qu'elle me montrait de l'affection d'une autre manière, je cherchais régulièrement des disputes ou agissais de manière passive-agressive, si je rentrais à la maison et que mon repas n'était pas prêt, la maison était en désordre ou des vêtements s'entassaient un peu partout dans l'appartement. Non seulement cela créait des conflits au sein notre relation, mais en plus cela activait Lolly : en effet, lorsqu'elle était jeune sa mère explosait de colère chaque fois qu'elle se rendait compte qu'elle avait laissé de la vaisselle dans le salon ou qu'elle n'avait pas rangé derrière elle.

Comme ce fut le cas dans mes relations, demander à quelqu'un de changer ce qui est confortable pour lui ou elle peut augmenter les conflits, créer de l'amertume et même déclencher le sentiment profondément enraciné de manque de valeur, qui nous empêche de créer et d'entretenir des liens plus profonds. Aussi bien intentionnée que puisse être notre requête de recevoir de l'amour d'une certaine façon, cela peut cependant encore plus éloigner deux personnes.

À vrai dire, nous avons besoin de nous sentir en sécurité dans notre corps et d'être ouverts à notre propre cœur avant de pouvoir recevoir *toute forme* d'amour, quelle que soit la manière dont les autres ou nous l'exprimons. Si notre système nerveux dérégulé ainsi que les récits connexes de notre ego nous maintiennent déconnectés de notre cœur, ce que disent ou font nos proches n'a aucune importante ; il y a de grandes chances pour que nous continuions de rejeter, sous l'effet de la crainte, toutes leurs tentatives d'exprimer leur amour ou leur affection. Si notre cœur est fermé, pour nous protéger de toute douleur possible, nos liens et nos relations vont continuer de s'éroder. De plus, en comptant sur les autres pour qu'ils adaptent à nos besoins leurs manières naturelles de l'exprimer, cela peut faire germer la graine de la rancœur et créer des cycles dysfonctionnels de conflits au sein de nos relations, qui continueront d'affaiblir nos liens.

Afin d'apporter notre contribution à la création de cette sécurité relationnelle, nous pouvons pratiquer la *conscience stimulante*, en prenant la responsabilité de nous assurer que nos besoins sont comblés dans nos relations. En favorisant systématiquement le bien-être de notre système nerveux grâce à des actes quotidiens de soin de soi, nous pouvons ainsi plus facilement nous détendre dans notre état naturel, ou notre Soi authentique, tout en donnant aux autres l'espace pour en faire autant. En mettant en pratique la conscience stimulante, nous n'avons pas « besoin » que nos proches expriment leur affection ou se comportent d'une certaine façon ; nous assumons la responsabilité de notre propre sentiment de sécurité en nous assurant de répondre à nos besoins et en demandant du soutien supplémentaire quand cela est nécessaire ou que nous le souhaitons.

Réclamer l'aide des autres, cela peut être : envoyer un message à un ami pour savoir s'il a le temps et l'énergie de vous écouter exprimer vos sentiments, lui demander de passer du temps avec vous en silence, de proposer mutuellement du réconfort lorsque cela est nécessaire. Cela peut aussi être : demander à un membre de votre famille de surveiller votre ou vos enfant(s) pendant quelques heures, lorsqu'ils sont disponibles, afin que vous puissiez prendre un long bain, rattraper un peu de sommeil ou faire quelques courses personnelles. Cela peut encore être : demander à un collègue de travail, en qui vous avez confiance, de lire votre rapport et de vous faire des commentaires avant que vous l'envoyiez à votre patron. Ou bien, cela peut être : écrire sur les réseaux sociaux ou au sein d'une communauté virtuelle, afin de créer une relation avec d'autres personnes qui font face aux mêmes problèmes que vous pour vous aider à vous sentir moins seul dans vos difficultés. Demander du soutien de ces différentes manières n'est pas toujours facile, en particulier si dans notre enfance nous n'y avons pas été encouragés. Vous trouverez plus loin des idées qui pourraient vous aider à commencer à vous sentir davantage en sécurité et à communiquer plus efficacement avec les autres lorsque vous avez besoin d'aide supplémentaire.

Dans ce chapitre, nous allons également apprendre à bâtir une conscience stimulante en nous servant des *cinq étapes qui redonnent du pouvoir à vos relations*, ce qui est mon approche de la guérison de nos rapports humains, qu'ils soient amoureux ou platoniques, sans déclencher de conflit, créer d'amertume ou essayer de changer les autres.

L'interdépendance

Avant de nous plonger plus en profondeur dans la conscience stimulante, commençons par aborder le concept d'*interdépendance*. Celle-ci se produit lorsque deux entités séparées, que ce soient des personnes, des plantes, des animaux, des entreprises ou des pays, conservent chacun leurs propres identités tout en partageant un lien. Dans les relations humaines, une interdépendance existe lorsque notre sentiment de sécurité et de soutien repose sur les autres, tout en préservant notre intégrité et notre valeur en tant qu'individus séparés et distincts.

Pour avoir des relations interdépendantes, nous devons bâtir les fondations d'un sentiment de sécurité relationnel qui donnera à chacun la possibilité d'exprimer ses talents et ses passions uniques. Lorsque nous nous sentons véritablement sereins pour exprimer notre créativité et apporter nos compétences singulières dans nos rapports humains, cela nous permet de rester formidables seuls, mais d'être encore meilleurs ensemble. Un peu comme dans une équipe sportive, où l'on donne à chaque joueur le temps, le respect et la liberté de travailler pour le poste qu'il occupe personnellement, tout en lui demandant d'apporter les efforts les plus complets et intenses aux entraînements collectifs et aux matchs.

Nous fonctionnons de manière interdépendante dans nos relations lorsque nous parvenons à créer un lien ou que nous nous unissons de façon coopérative en tant d'individus complets et entiers. Comme nous l'avons vu, nous pouvons nous connecter à notre Soi authentique, si nous mettons régulièrement en place les choses suivantes :

- Réguler notre système nerveux, notamment dans les périodes de stress ou de conflit, afin de nous sentir physiquement et émotionnellement en sécurité.
- Observer les effets des divers récits de notre ego qui provoque souvent des moments de réactivité et de dérégulation dans notre système nerveux.
- Nous connecter avec notre cœur afin de prendre des décisions plus authentiques et en adéquation, et de nous sentir plus ancrés dans nos choix.

La véritable interdépendance, ce que nous appelons une *intimité séparée*, offre au sein d'un groupe de membres, harmonie et collaboration. Que vous soyez deux ou vingt, nous envisageons les différents besoins et intérêts de chacun au sein du groupe, ainsi que les besoins et les intérêts du collectif en lui-même[52]. Si nous avons confiance dans la sécurité de nos liens avec le « nous », alors nous faisons en sorte de laisser la place nécessaire pour voir les choses selon différentes perspectives, afin d'être à l'écoute de nous-mêmes, mais également de soutenir les autres. En examinant les intérêts du groupe, nous stimulons non seulement notre propre bien-être, en augmentant la production de notre dopamine, mais cela fait également croître notre motivation et notre sentiment de récompense[53].

L'interdépendance ne vient pas toujours naturellement. Un grand nombre d'entre nous ayant été élevés par des parents émotionnellement sous-développés, nous avons donc grandi sans nous sentir suffisamment en sécurité pour prendre la place dont nous avions besoin pour nous explorer avec curiosité et nous connaître en tant que personne à part entière. À la place, nous continuons de suivre des schémas familiers d'autotrahison en jouant souvent un rôle conditionné, au lieu d'incarner notre Soi authentique. Enfermés dans un mode de survie, nous donnons inconsciemment la priorité à nos propres pensées, sentiments et points de vue. Cependant, nous devons être capables d'être à l'écoute de l'opinion des autres si nous voulons entretenir une relation compatissante. Par ailleurs, afin d'être en mesure d'être à l'écoute des gens, nous devons surmonter l'état de survie de notre corps afin de saisir leur vision du monde.

Bien que notre estime personnelle ait été affectée par notre conditionnement, nous pouvons apprendre à cultiver et à faire croître notre lien avec nous-mêmes, ainsi que l'amour que nous nous portons, en utilisant les pratiques décrites tout au long de ce livre, quel que soit le statut de nos relations. Pour reconstruire notre estime et notre amour de soi, nous devons apprendre à fixer des limites avec les autres afin de pouvoir commencer à explorer nos pensées, nos sentiments et nos centres d'intérêt. Plus nous ferons de la place pour être à l'écoute de notre monde intérieur, plus nous pourrons remarquer les moments où nous avons besoin de changer la façon dont nous nous impliquons dans nos relations. Nous pouvons commencer par apprendre à reconnaître nos limites en prenant une pause et en observant les moments où certaines relations ou expériences sont systématiquement source de stress ou de bouleversement émotionnel. C'est uniquement lorsque nous percevons et acceptons nos propres frontières, que nous pouvons commencer à assumer la responsabilité de notre espace énergétique individuel, ou, simplement, notre Soi.

Comme vous l'avez probablement compris, la cohérence cardiaque est nécessaire si nous voulons être capables de créer cette interdépendance au sein de nos relations. Une fois qu'elle est bâtie, nous pouvons nous ouvrir à la mise en place de liens durables et aimants avec une autre personne. Nous devenons émotionnellement résilients et matures, ce qui nous permet d'être mieux à même de faire de la place à l'expression personnelle unique des autres et d'être à leur écoute, de co-réguler et de nous unir dans une coopération et une co-création. Nous sommes également davantage capables de tolérer les mésententes qui se produiront naturellement au fur et à mesure de notre vie au contact des autres, laissant ainsi de la place à nos différences et à nos individualités inhérentes.

La stimulation de la conscience

Nous parvenons à une véritable interdépendance lorsque nous procédons à une *stimulation de notre conscience*, un état qui nous permet de faire honneur aux aspects inhérents et beaux de nos proches, qui les rendent spéciaux et uniques. Nous pouvons rester ouverts et curieux de nos différences, en tentant de comprendre leurs points de vue uniques. Nous laissons ainsi tomber l'idée que nous avons besoin de recevoir de l'affection d'une certaine façon afin de nous sentir aimés ou choisis, et à la place nous pouvons identifier et célébrer toutes les autres manières dont nos proches nous valorisent et nous aiment, et qui leur sont plus naturelles.

Une fois notre pouvoir retrouvé, nous n'attendons plus que les autres lisent dans notre esprit ou qu'ils sachent intuitivement ce que nous ressentons afin qu'ils satisfassent, à notre place, nos besoins émotionnels. Nous acceptons que la responsabilité de nous sentir mieux ou de faire disparaître notre tristesse, notre solitude, notre irritation, notre désespoir ou toute autre émotion douloureuse est uniquement la nôtre. Nous pouvons ainsi, à la place, nous exprimer et directement demander du réconfort d'une manière qui semble sûre et confortable pour toutes les personnes qui sont impliquées. Nous sommes émotionnellement résilients et capables à la fois de nous autoréguler et de co-réguler avec les autres.

Ayant été élevée par des parents dérégulés, émotionnellement sous-développés et indisponibles, comme ce fut le cas d'un grand nombre d'entre vous, j'ai toujours eu beaucoup de mal à demander aux autres du réconfort et cela m'est encore quelquefois difficile aujourd'hui. Désirer du soutien me procure un sentiment de vulnérabilité, comme si je n'étais pas à la hauteur de ma relation, et cela active mon sentiment profondément enraciné de manque de valeur. De la même manière, si un proche me réclame directement de l'aide ou du réconfort, cela peut aussi m'agacer. Je fais la grimace si on me demande un rapide massage des pieds. Je lance un regard noir à la personne qui m'informe qu'elle va s'enfermer dans la chambre du fond pour la journée, afin de passer un peu de temps seule. Je sais à présent que ce sentiment d'agacement est le signe de l'inconfort que je ressens encore lorsque je dois exprimer mes propres besoins, car je me sens bien trop mal à l'aise pour prendre le temps ou l'espace qui m'est peut-être nécessaire ou parce que je suis trop vulnérable pour demander directement le soutien et la connexion que je désire peut-être. Même si je pense que je suis fâchée contre la personne, en réalité je suis simplement en colère contre moi-même à cause de mon autotrahison et de la négligence de mes besoins qui l'accompagne. Ma réaction me laisse penser que mes ressources ne sont peut-être pas suffisantes et que j'ai, moi aussi, potentiellement besoin de prendre soin de moi ou de réconfort.

En lisant ceci, j'imagine que certains d'entre vous seront effrayés ou inquiets à l'idée que vos proches soient sincèrement incapables ou peu désireux de vous apporter le soutien que vous demandez. Même dans ces moments où nous avons un sentiment de désespoir ou d'impuissance, si nous retrouvons notre pouvoir et que nous sommes connectés à notre cœur, nous pouvons puiser dans notre intuition et avoir confiance dans nos choix si nous décidons finalement de quitter une relation ou que nous nous engageons à faire notre part du travail pour qu'elle soit davantage un espace de soutien commun. Pour ce faire, nous pouvons agir intentionnellement en faisant évoluer la dynamique de la relation, en fréquentant moins souvent un ami, en choisissant de dormir ou de vivre séparément dans un couple, ou en prenant plus souvent du temps et de l'espace pour nous afin de pouvoir être plus ouverts et source de réconfort au sein de la relation.

Pour beaucoup d'entre nous, il peut être difficile de demander du soutien, en particulier pour ceux dont les figures parentales n'ont pas été capables de se battre pour elles-mêmes ou ont permis aux autres d'adopter des habitudes dysfonctionnelles. Poussés par ce dont nous avons été les témoins et ce que nous avons vécu dans nos toutes premières relations, il est possible que nous continuions à incarner aujourd'hui les mêmes habitudes dysfonctionnelles. Pour ceux d'entre nous qui se sentent systématiquement obligés d'intervenir pour aider un ami à gérer la dernière crise dont il est lui-même à l'origine, trouver des excuses pour couvrir les mensonges d'un partenaire, ou apaiser un parent afin d'éviter une réaction explosive, cela permet aux autres de poursuivre leurs schémas comportementaux blessants ou autodestructeurs. Bien que nous puissions être convaincus d'agir avec compassion ou même de faire preuve de soutien ; en réalité, nous laissons les autres, ainsi que nous-mêmes, bloqués dans des cycles dysfonctionnels, souvent au détriment de notre corps et de nos émotions.

Une fois notre pouvoir retrouvé, nous ne laissons plus les autres nous traiter comme ils le veulent. Nous nous sentons suffisamment en sécurité pour quitter la pièce ou prendre l'espace dont nous avons besoin, sans nous soucier si cela risque de provoquer la rupture de notre connexion. Nous avons confiance dans la sécurité de notre lien, car nous savons qu'il peut survivre et survivra à un conflit naturel. Si ce dernier ou la relation en elle-même deviennent menaçants, nous avons confiance dans notre capacité à nous retirer et à trouver un moyen d'être à nouveau sereins, même si cela signifie qu'il va falloir faire appel aux services sociaux ou à la police. Bien que nous ne soyons jamais personnellement responsables d'un comportement abusif ou violent, il est de notre responsabilité de savoir lorsque nos limites sont outrepassées et de rechercher la sécurité que nous avons perdue.

Avec la stimulation de la conscience, notre objectif est d'apprendre à soutenir l'unicité des autres, ainsi que leurs manières d'être différentes, tout en prenant le temps de s'assurer que nos propres besoins ne sont pas négligés ou que nous ne sommes pas en train de favoriser le comportement blessant d'une autre personne. La prochaine fois qu'un proche vous appelle ou vous envoie un message, car il a besoin de soutien émotionnel et que vous êtes vous-même en train de traverser quelque chose de stressant ou de difficile, souvenez-vous de faire une pause avant d'offrir immédiatement votre aide. Parfois, la chose la plus attentionnée que vous puissiez faire est d'utiliser les ressources qu'il vous reste pour aider vos propres besoins émotionnels, ce qui peut grandement contribuer à éviter de futures rancœurs au sein de votre relation.

J'espère que vous commencez à comprendre que c'est uniquement lorsque nous sommes présents pour nos propres besoins, que nous pouvons en faire de même pour ceux de nos relations. Nous pouvons exprimer le besoin naturel de prendre soin de nous en utilisant des phrases telles que : « J'aimerais pouvoir te soutenir en ce moment, mais je traverse moi-même une période difficile, il me reste donc peu de ressources émotionnelles. Je reprendrai contact avec toi dans quelques heures ou quelques jours, lorsque je pourrai être plus pleinement présent et en capacité d'être là pour toi. »

La prochaine fois que vous voyez que vous êtes en train de vous déréguler à cause du message qu'un ami vous a envoyé, par exemple, sur la façon dont votre relation l'affecte ou si votre partenaire vous dévoile qu'il ou elle a été infidèle dans une précédente relation, souvenez-vous de ceci : vous pouvez faire une pause avant de réagir, que vous soyez contrarié par le comportement de la personne ou bouleversé par vos propres émotions. Ce temps d'arrêt vous permettra de prendre en compte le sentiment de vulnérabilité que votre proche a dû accepter d'affronter pour partager cette information, tout en ayant conscience de l'effet émotionnel que celle-ci a sur vous. Afin d'éviter une future contrariété, la chose la plus attentionnée que vous puissiez faire pour vous deux, c'est de vous donner le temps de traiter et de comprendre ce que *vous* ressentez avant de répondre. Vous pouvez faire part de ce besoin de temps et d'espace en disant quelque chose d'aussi simple que : « Je te remercie d'avoir partagé [ajoutez ici quelque chose de personnel à propose de son propos] avec moi et j'imagine que cela n'a pas dû être facile. Cela a engendré chez moi des émotions que j'ai besoin de traiter, je te serais donc très reconnaissant si tu acceptais de me laisser exprimer ce que je ressens plus tard, lorsque toi aussi tu seras disponible. »

Malgré ce que votre esprit conditionné vous dit sans doute, vous n'avez pas besoin d'une raison « valide » ou « valable » pour prendre du temps et de l'espace pour vous-même, que ce soit pour faire une pause avant de répondre ou pour poursuivre votre propre créativité, entrain ou passion. Vouloir rester dans un espace équilibré, productif ou créatif à l'intérieur de vous-même, vous permettra seulement d'être présent pour vous connecter aux autres et les soutenir. J'essaie de mettre ceci en pratique en me gardant de la place, non seulement lorsque les autres sont de bonne humeur, mais également lorsqu'un proche est contrarié, stressé ou renfermé pour n'importe quelle raison. Rester ancrée dans mon propre espace émotionnel n'a rien d'égoïste, cela me permet en réalité d'offrir un soutien encore plus compatissant et empathique.

En vous focalisant sur la construction et le maintien d'un lien émotionnel sain et interdépendant, nous allons immanquablement faire diminuer la rancœur au sein de nos relations. Nous nous sentons plus en sécurité avec nos liens et nous élargissons notre capacité à nous sentir aimés au-delà de certains gestes d'affections limités. Ainsi, nous amorçons un changement en faisant de nouveaux choix chaque fois que nous remarquons que nous reproduisons les habitudes conditionnées de notre passé.

Vos relations sont-elles stimulées ou affaiblies ?

Examinez le tableau des pages suivantes sur les relations stimulées ou affaiblies, au fur et à mesure que vous prenez du temps pour observer les interactions que vous avez avec les autres, ainsi que vous-même. Cet exercice d'exploration peut vous aider à identifier les schémas habituels de vos différentes relations.

Comment exprimer vos besoins émotionnels

Ce n'est pas parce que la satisfaction de nos besoins émotionnels ou la disparition de nos émotions douloureuses ne devraient pas exclusivement dépendre des autres, que cela signifie que nous ne devons pas reconnaître et exprimer nos attentes ou demander du réconfort si cela est nécessaire. En ayant davantage conscience de nos besoins émotionnels, nous pouvons bâtir un sentiment d'appartenance envers les expériences de notre vie. Cet état nous permet de comprendre que nous avons plus de pouvoir d'action sur notre existence et cela diminue notre tendance à faire porter la faute sur les autres ou les circonstances de la vie. Au fur et à mesure que nous prenons la responsabilité de nos diverses situations émotionnelles et que nous les exprimons, nous pouvons cultiver une intimité. Nous pouvons, ainsi que les autres, nous sentir en sécurité, valorisés et aimés au sein de nos relations. Nous sommes en mesure de demander, en toute vulnérabilité, l'aide et le réconfort dont nous avons besoin.

En étant de plus en plus conscients des différentes raisons pour lesquelles certains de vos besoins (voire tous) ne sont pas satisfaits dans vos diverses relations, il est conseillé de prendre un peu de temps pour étudier les questions suivantes.

Redonnez du pouvoir à vos relations

Relation affaiblie	**Relation stimulée**
Nous comptons chacun sur l'autre pour qu'il nous rende heureux et qu'il satisfasse l'essentiel, voire l'ensemble, de nos besoins et désirs, sans directement exprimer ce qu'ils sont.	Chacun d'entre nous assume la responsabilité de son propre bonheur et entreprend régulièrement de prendre soin de lui-même, afin de s'assurer que ses besoins soient satisfaits, et nous exprimons directement ce dont nous avons besoin et ce que nous voulons.
Nous ne fixons pas ou ne faisons pas respecter nos limites, nous ignorons ou permettons souvent des comportements inacceptables ou dysfonctionnels (en les percevant parfois comme des punitions ou quelque chose que l'on mérite).	Nous sommes autonomes, nous respectons les limites et nous disons *non* sans qu'il y ait de réaction émotionnelle (par exemple, colère, explosivité, repli sur soi, froideur), sentiment de pression, de culpabilité ou de contrainte à faire quoi que ce soit.

Relation affaiblie	Relation stimulée
Les conversations ou expériences difficiles nous mettent mal à l'aise, nous nous sentons en danger ou blessés lors de désaccords ou de conflits, ou alors nous évitons complètement ces deux types de situations.	Nous accueillons l'expression émotionnelle authentique en créant un espace sûr où nous pouvons exprimer nos sentiments et prendre de la place lorsque cela est nécessaire, pour faire une pause avant de nous reconnecter.
Nous avons l'habitude d'argumenter, de nous interrompre, de nous faire des reproches mutuels ou d'en vouloir au monde extérieur au sujet de nos pensées et de nos sentiments, agissant uniquement en fonction de nous ou de nos expériences et nous souciant principalement de notre intérêt, nous impliquant rarement, voire jamais, dans des actes de réparation.	Nous pratiquons régulièrement une écoute centrée sur le cœur, afin de pouvoir être émotionnellement à l'écoute et capables de modifier notre point de vue afin d'apprendre à « ressentir » les expériences de l'autre et à agir en équipe pour trouver une solution réalisable.
Nous entretenons de la rancœur ou de la rancune envers les expériences passées et nous adoptons souvent une communication ou des comportements qui nous font honte.	Nous nous pardonnons à nous-mêmes et mutuellement, nous sommes souvent capables de voir ce qu'il y a de bon en chacun de nous et confiants dans le fait que nous faisons tous deux du mieux que nous pouvons.

Relation affaiblie	Relation stimulée
Nous faisons régulièrement passer les besoins ou les désirs de l'autre avant les nôtres, ou alors nous nous sentons responsables de ses comportements, ressentant ainsi souvent de la colère ou de la rancœur. Nous pouvons manquer de reconnaissance ou nous faire des reproches mutuels (par exemple, « Si tu n'avais pas *X*, je n'aurais pas *Y* » ou « C'est à cause de toi si j'ai fait *X* »).	Nous laissons chacun de la place à l'autre et nous lui accordons notre soutien afin de satisfaire nos désirs et nos besoins individuels (responsabilité personnelle) et nous permettons ainsi à chacun de grandir et d'évoluer (responsabilité relationnelle).
Nous nous retrouvons souvent bloqués dans un mode de survie ou une gestion de crise et nous sommes incapables de prendre quelques instants de solitude ou de donner la priorité à nos propres centres d'intérêt, loisirs ou passions.	Nous nous engageons à créer du temps libre pour le jeu et des activités qui sont source de joie pour chacun d'entre nous, à l'intérieur et à l'extérieur de la relation, y compris du temps et de l'espace pour être seuls ou bien pour poursuivre des centres d'intérêt, des loisirs ou des passions personnelles.

Est-ce que j'ai directement informé mon ou mes proches de ce dont j'ai besoin ou non et ce que je désire ou non ? Beaucoup d'entre nous sont capables d'exprimer les problèmes que nous rencontrons avec nos proches ou de répéter ce que nous ne voulons pas. Cependant, afin de nous assurer que nos besoins sont satisfaits, il est conseillé d'indiquer précisément ce que nous désirons ou ce dont nous avons besoin, car cela offre plus de clarté, favorise un environnement collaboratif et permet à tous ceux qui nous entourent d'être sur la même longueur d'onde que nous. Au lieu de dire : « Quand tu n'es pas là, tu n'en as rien à faire de moi », nous pourrions demander : « Est-ce que tu peux m'envoyer un message avant d'aller te coucher, pour que nous puissions nous raconter notre journée ? Cela me donnerait le sentiment d'être toujours connecté à toi lorsque tu n'es pas là. » Ou alors, avant de crier : « Tu ne m'écoutes jamais ! », nous pourrions calmement demander : « Est-ce que nous pouvons avoir une conversation où aucun de nous n'est distrait par son téléphone ? Cela m'aiderait à exprimer l'ensemble de mes pensées et de mes sentiments. »

Comment puis-je satisfaire seul ces besoins ou ces désirs si mon proche est incapable ou réticent à le faire ? Si vous n'êtes pas certain de la manière dont vous devez répondre à cette question, ce n'est pas grave ; soyez patient et compatissant avec vous-même. Continuez de prendre le temps et l'espace de l'introspection et d'une exploration curieuse de vous-même, en vous servant des exercices décrits tout au long de cet ouvrage. Souvenez-vous, même dans une relation où l'on est émotionnellement à l'écoute, il faut savoir faire des concessions mutuelles sur la disponibilité de nos ressources pour aider l'autre, et il est normal et même nécessaire de jouer tour à tour un rôle de soutien en fonction des ressources énergétiques dont chacun dispose. Comme personne n'est en mesure de satisfaire en permanence l'ensemble de vos besoins, il peut également être préférable de trouver des relations ou des communautés de soutien en dehors de votre entourage principal.

Pour beaucoup d'entre nous, exprimer leurs émotions n'est pas chose facile, même au sein d'une relation de longue date. Nous désirons si désespérément être aimés par les autres et avons tellement peur de les « perdre », que nous ne demandons pas d'aide ou ne fixons pas de limites. Ceci est notamment vrai si nos sentiments ont été ignorés ou mis de côté dans notre enfance. D'ailleurs, si nous nous fions aux récits de notre ego, selon lesquels nous ne méritons pas que nos besoins soient satisfaits, nous continuerons de les refouler ou de les renier. En revanche, si nous prétendons être « indépendants » et « forts » en permanence ou si nous agissons comme si nous n'étions jamais contrariés ou n'avions jamais besoin de soutien (comme c'était mon cas), nous ne pouvons pas développer le sentiment de sécurité et le lien dont nous avons besoin pour survivre et évoluer.

Si nous n'exprimons pas nos sentiments et que nous ne fixons pas de limites, nous ne pouvons pas nous attendre à nous sentir en sécurité, à être vus ou aimés au sein de nos relations. Pour commencer à communiquer avec plus d'efficacité nous pouvons :

1. **Trouver le bon moment.** Si nos proches sont distraits, sur la défensive, déprimés, blessés, jaloux, manquent de confiance en eux ou sont en train de réagir à leur propre traumatisme, ils ne seront pas en mesure d'entendre nos besoins, quelle que soit l'efficacité ou la clarté avec laquelle nous les exprimons. Nous devons également nous-mêmes nous sentir en sécurité dans notre propre corps et être capables de communiquer directement et diligemment nos besoins. Malheureusement, un grand nombre d'entre nous tentent de les exprimer alors qu'ils sont contrariés, au milieu d'une conversation houleuse, ou sont ignorés par une personne qui est

réactive, distraite ou dissociée. Dans ce genre de situations, personne n'est en mesure de se sentir en sécurité. Assurez-vous que chacun d'entre vous soit calme, ancré et présent lorsque vous décidez d'évoquer vos attentes.

2. **Exprimez votre intention.** Beaucoup d'entre nous n'indiquent pas précisément ou explicitement la raison pour laquelle nous exprimons nos désirs et nos besoins avec quelqu'un d'autre, que ce soit parce que nous voulons nous sentir plus en sécurité en leur compagnie ou bien pour nous sentir plus sereinement connectés au sein de la relation. Avant d'avoir une conversation à propos de vos désirs, songez à la raison pour laquelle vous voulez lui en faire part, même si c'est uniquement parce que vous voulez améliorer vos rapports. Lorsque nous exprimons le motif qui se cache derrière notre communication, nous augmentons les chances que l'autre personne soit capable de voir et de comprendre notre point de vue.
3. **Choisissez bien vos mots.** Lorsque nous exprimons nos besoins émotionnels avec les autres, il est préférable d'éviter un langage critique, accusateur ou basé sur le « tu » (optez plutôt pour des déclarations qui commencent par « je »). Il est conseillé d'éviter des termes tels que « toujours ou jamais », par exemple : « Tu dis toujours *X*, *Y* ou *Z* » ; « Tu ne fais jamais *A*, *B* ou *C* ». Ce genre de réflexions extrêmes activent votre ego ainsi que celui de votre proche, au point que chacun finit par se sentir menacé, se concentre sur les différences de l'autre et est incapable de voir clairement le point de vue adverse ou même le conflit en lui-même. Ceci a naturellement des conséquences sur notre capacité à nous exprimer de manière productive et à envisager le problème ou la difficulté de façon collaborative, en gardant l'intérêt de chacun à l'esprit.

Voici quelques exemples de phrases que nous pouvons utiliser pour communiquer nos besoins émotionnels plus clairement et efficacement :

- « J'ai eu une dure journée et j'ai besoin de réconfort. Est-ce que tu as l'espace et l'énergie nécessaires pour m'écouter maintenant ou dans les prochaines heures ? »
- « J'ai du mal à trouver une solution à ce problème professionnel et j'aimerais avoir ton avis. Est-ce que je peux t'expliquer ce qu'il se passe et te demander des conseils ? »
- « Je me sens triste et j'ai besoin de réconfort. Est-ce que tu serais prêt à t'asseoir avec moi pendant quelques minutes ? »
- « J'ai l'impression qu'entre nous le contact est rompu et j'aimerais le recréer. Est-ce que tu serais prêt à passer quelques heures avec moi pour [ajouter une activité] ? »
- « Je me sens submergé par toute l'aide que j'apporte à ma mère (ou à mon père, mon enfant, mon conjoint, etc.) et j'ai besoin d'un peu de temps seul. Est-ce que tu pourrais me laisser seul pendant quelques heures, afin que je puisse prendre cette pause ? »
- « Le soir, il m'arrive d'être anxieux ou agité. J'ai besoin de passer une demi-heure à [ajouter une activité] afin de me détendre. Est-ce que tu peux me donner ce temps ? »
- « J'ai parfois besoin de pouvoir vider mon sac sans que tu essaies de résoudre mon problème. Est-ce que tu peux essayer de m'écouter sans me prodiguer des conseils ou me dire ce que je dois faire ? C'est ainsi que je me sentirais soutenu. »
- « Lorsque je rentre à la maison, j'ai remarqué qu'il m'est difficile de créer immédiatement un lien avec

toi. J'aurai besoin qu'il me soit possible d'avoir un peu d'espace et de temps pour m'adapter au fait d'être rentré, avant que nous puissions nous connecter l'un à l'autre. Est-ce que tu accepterais de me donner [ajouter le temps dont vous auriez besoin] seul avant de nous retrouver ? »

- « Je ne me sens pas à l'aise lorsque tu partages avec moi certains détails à propos de ta relation avec les autres, en particulier avec ta famille. J'ai besoin de clarifier certaines choses entre nous. Est-ce que nous pourrions aborder le sujet des limites concernant la famille, qui nous permettraient de nous sentir tous les deux à l'aise ? »
- « Cela me met mal à l'aise de partager certains détails à propos de mes relations personnelles en présence d'autres collègues autour de la table du déjeuner professionnel. Est-ce que nous pourrions parler des limites avec nos collègues, qui nous aideraient à nous sentir tous les deux le plus à l'aise possible ? »
- « Dans mon enfance, le conflit a toujours été synonyme d'une destruction et d'une déconnexion totale, c'est pourquoi, pour me sentir en sécurité, j'ai besoin d'être rassuré après une dispute. Est-ce que tu peux dire que tu m'aimes toujours même lorsque tu es contrarié ? »
- « Lorsque tu te moques de moi ou me taquines devant tout le monde, cela me blesse. Tu n'en as peut-être pas conscience et j'ai besoin que tu comprennes ce que je ressens. »
- « Contrairement à toi, la spontanéité n'est pas quelque chose de naturel pour moi. C'est une qualité que j'apprécie beaucoup chez toi et j'ai besoin que tu comprennes que m'organiser m'aide à me sentir plus en sécurité. »

- « Je sais à quel point tu aimes faire [ajouter une activité]. Pour être honnête, cela ne me passionne pas autant que toi, et même si je désire que tu continues à faire ce qu'il te plaît, je ne vais pas me joindre à toi aussi souvent qu'auparavant. »
- « Lorsque nous allons rendre visite à la famille, j'ai besoin de soutien. Si de temps en temps, tu faisais le point avec moi, en me demandant si je vais bien, en me prenant dans tes bras ou [ajouter toute autre action qui vous donnerait le sentiment d'être soutenu], cela m'aiderait. »

En bâtissant une conscience stimulante, nous pouvons même nous rendre compte des moments où une personne a besoin de notre soutien. Nous sommes ainsi mieux à même de sentir si un proche est irrité ou surexcité et de lui proposer de l'aider avec ses problèmes ou partager avec lui notre vision des choses. En faisant part avec compassion de notre expérience, dans ces moments dérégulés, nous pouvons parfois, avec douceur, encourager notre proche à prendre le temps et l'espace dont il a besoin pour mieux se réguler lui-même. Si nous sommes conscients de ce qu'il se passe en nous, nous sommes plus capables de faire de la place aux divers besoins changeants des personnes qui nous entourent. En prenant de plus en plus conscience de notre propre valeur et en nous sentant de plus en plus en sécurité au sein de nos relations, nous pouvons mieux répondre aux besoins des autres sans percevoir leurs préférences comme un signe de notre inutilité.

Surmonter les croyances affaiblissantes sur nos relations

Assumer la responsabilité de nos besoins et bâtir une conscience stimulante, nous permet d'incarner le changement que nous désirons au sein de nos relations, afin de les rendre plus viables et aimantes. En nous concentrant sur ce que nous aimerions voir changer chez les autres, nous créons une dépendance envers des circonstances extérieures et nous renions la vérité, ainsi que le pouvoir que nous possédons tous, de transformer la manière dont nous vivons nos expériences. Vous pouvez vous servir de la technique des affirmations pour vous aider à changer et en fin de compte à reprogrammer votre état d'esprit.

Vous trouverez ci-dessous une liste d'exemples de croyances affaiblissantes, ainsi que les affirmations connexes que nous pouvons utiliser pour retrouver le lien avec notre pouvoir inhérent d'engendrer du changement dans toutes nos relations. À la fin de cette liste, vous trouverez des conseils pour vous aider à créer des affirmations plus personnelles et qui répondront mieux à vos expériences individuelles.

Ancienne croyance : Mon partenaire est la source du problème, il aurait véritablement besoin de guérir ses blessures.
Affirmation stimulante : Les relations sont des cocréations ou chacun joue un rôle. Au fur et à mesure que je prends conscience de cela, j'ai la possibilité de faire le choix de construire plus de rapports sains.

Ancienne croyance : Mon ex est un menteur, un infidèle et un véritable psychopathe.

Affirmation stimulante : La dynamique de mes tout premiers liens avec mes figures parentales ou d'autres traumatismes de l'enfance, a été reproduite dans une relation qui manquait de sécurité, était instable ou chaotique.

Ancienne croyance : Mon ami profite sans cesse de moi.
Affirmation stimulante : Fixer des limites et maintenir les barrières dont j'ai besoin est ma responsabilité.

Ancienne croyance : Mon proche dit, qu'entreprendre les efforts nécessaires pour que notre relation soit saine ne l'intéresse pas.
Affirmation stimulante : La connaissance de son état d'esprit est très utile et me permet, à présent, de choisir si j'ai envie ou non de l'accepter.

Ancienne croyance : Ma mère, mon père, ma sœur ou mon frère ne cesse de refuser de reconnaître ma réalité (également appelé manipulation psychologique).
Affirmation stimulante : La manière dont ma mère, mon père, ma sœur ou mon frère communiquent avec moi est un indicateur puissant de leur développement émotionnel, et à présent, je suis capable de choisir le genre de rapport que je veux avoir avec eux.

Ancienne croyance : Mon ami dit une chose et fait le contraire, ce qui me blesse et me donne le sentiment d'être manipulé.
Affirmation stimulante : J'ai conscience de ses actions et je suis capable de faire des choix en fonction de celles-ci, et pas uniquement en me basant sur ses paroles.

Ancienne croyance : Ma mère m'implique toujours dans les disputes familiales.

Affirmation stimulante : À présent, je suis capable de choisir comment je veux utiliser mon temps ainsi que mon énergie, et communiquer clairement mes limites aux autres, même à ma mère.

Vous pouvez commencer à faire évoluer les croyances relationnelles affaiblissantes que vous observez en vous-même, en changeant les termes de vos réflexions. Pour ce faire, entraînez-vous à soustraire votre attention de ce que vous êtes convaincu que l'autre personne vous a fait ressentir. Puis, prenez le temps d'explorer une vision différente des choses qui vous permettra de changer votre situation ainsi que les émotions qui sont liées, en vous comportant autrement.

Les cinq étapes à franchir pour stimuler vos relations

À ce stade de notre voyage, nous avons abordé toutes les étapes nécessaires pour comprendre nos habitudes relationnelles dysfonctionnelles et commencer à créer des liens plus profonds, viables et authentiques avec les autres. Dans le même temps, je sais que nous avons traité de nombreux sujets qui peuvent paraître difficiles ou inconfortables, et il est normal de se sentir un peu submergé par toutes ces nouvelles informations et outils.

Pour rendre ce travail plus accessible, vous trouverez ici tout ce que nous avons abordé jusqu'à présent, présenté en cinq piliers ou étapes. Ce processus vous aidera à mieux prendre conscience de vous-même, de votre sécurité et de celle de toutes les personnes qui vous entourent.

1. Incarner votre Soi.
2. Créer et partager la sécurité de votre système nerveux.
3. Observer avec compassion votre Soi conditionné.
4. Recréer un lien avec votre Soi authentique.
5. Cultiver la conscience stimulante.

Bien que nous ayons abordé tous ces concepts dans les chapitres précédents, vous trouverez ici comment vous pouvez véritablement les mettre en pratique.

1. **Incarner votre soi.** La première étape est de prendre conscience que nos relations avec les autres ne sont pas uniquement affectées par nos pensées, nos actes ou ce que les autres pensent, disent et font. Comme nous interagissons avec eux selon l'incarnation de notre Soi, notre corps, notre esprit et notre âme, nous devons répondre à nos besoins physiques, mentaux et spirituels avant de pouvoir être présents en tant que Soi tout entier.
2. **Créer et partager la sécurité de votre système nerveux.** L'état de notre système nerveux affecte nos pensées, nos paroles et nos actes. Si celui-ci est bloqué dans une réponse au stress, comme cela est le cas de la majorité d'entre nous, nous penserons, ferons et dirons des choses qui créeront ou attiseront nos conflits avec les autres. Notre système nerveux va transmettre notre sensation de menace aux personnes qui nous entourent, faisant ainsi augmenter d'un cran le niveau de stress collectif. Lorsque nous avons conscience de la pression que subit notre système nerveux, nous pouvons alors choisir de faire revenir notre corps vers un sentiment de sécurité, attendre d'interagir avec d'autres jusqu'à ce que nous soyons à nouveau calmes

et ancrés, ou nous pouvons co-réguler en toute sécurité avec les autres.

3. **Observer avec compassion votre Soi conditionné**. Nous avons tous un Soi conditionné, qui est créé par les rôles que nous avons appris à jouer dans nos toutes premières relations ou, simplement, ce que nous avons appris à ressentir, valoriser et aimer lorsque nous étions enfants. Une fois adultes, quand nous endossons ces rôles, nous attendons inconsciemment que les autres satisfassent nos besoins et jouent leur part dans la reconstitution de notre enfance. Ce n'est pas uniquement en étant l'observateur de notre conditionnement que nous pouvons faire de nouveaux choix qui seront en meilleure adéquation avec ce que nous désirons vraiment et ce dont nous avons véritablement besoin.
4. **Recréer un lien avec votre Soi authentique.** En nous engageant systématiquement à mettre en application ces trois pratiques, nous allons naturellement commencer à vivre selon notre intégrité et faire des choix qui sont en adéquation avec notre Soi authentique. Nous sommes capables d'exprimer avec sincérité nos pensées et nos émotions, de partager nos passions et nos objectifs les plus profonds, en ayant confiance dans les décisions que nous prenons et en nous sentant plus entiers et complets à l'intérieur ainsi qu'en présence des autres. En retour, cela va nous permettre de créer des liens plus authentiques avec les personnes qui font partie de nos vies.
5. **Cultiver la conscience stimulante.** Lorsque nous avons la force d'assumer la responsabilité de créer la sécurité dont nous avons besoin pour nous exprimer de façon authentique ou *être* tels que nous sommes, nous offrons aux autres la possibilité d'en faire autant. En

étant authentiquement connectés à notre cœur, nous sommes en mesure de puiser dans notre connaissance et notre intuition les plus profondes, d'apprendre à retrouver et à reconstruire la confiance dans nos instincts. Ainsi, recréer un lien avec notre propre source d'énergie nous permet de *véritablement guérir nos relations.*

L'exploration personnelle de la conscience stimulante : conseils pour écrire dans votre journal

Les questions suivantes peuvent vous aider à identifier les domaines dans lesquels vous vous sentez déjà stimulé et interdépendant au sein de vos relations, et ceux sur lesquels vous auriez peut-être besoin de travailler. Prenez le temps de penser à chacune de vos relations. Noter vos réflexions et vos sentiments dans un carnet ou un journal séparé peut également vous aider.

Qu'est-ce que je ressens lorsque je suis en présence de cette personne ? Comment est-ce que je me sens avant et après avoir passé du temps avec elle ?

___

___

Qu'est-ce que j'aime à propos de cette personne ? Qu'est-ce que je n'aime pas à propos de cette personne ou bien quels sont les éventuels signaux d'alarme que je détecte ?

___

___

Cette personne est-elle honnête et constante dans sa communication (par exemple, elle fait ce qu'elle dit) ? Cette personne est-elle malhonnête et inconstante dans sa communication (par exemple, elle dit une chose et en fait une autre) ?

___

___

Y a-t-il de la place dans notre relation pour l'expression émotionnelle et l'écoute ? Autrement dit, est-ce que mes sentiments sont entendus et compris ?

___

___

Est-ce qu'elle écoute mes demandes et respecte mes limites ? Est-ce qu'elle demande clairement ce dont elle a besoin ?

___

___

Est-ce qu'elle comprend et assume la responsabilité de son rôle et de ses émotions au sein de la relation ?

___

___

Est-ce que nous voulons les mêmes choses et est-ce que nos valeurs sont en adéquation ?

___

___

À cet instant précis, suis-je ouvert à ce genre de relation ?

___

___

Est-ce que notre dynamique me paraît saine, et est-ce que je souhaite poursuivre cette relation telle qu'elle est ? Qu'ai-je besoin de changer dans notre dynamique pour que cette relation me semble saine et que j'aie envie de la poursuivre ?

Il est tout à fait normal que certaines réponses à ces questions vous mettent mal à l'aise ou vous découragent. Il est essentiel que vous les voyiez comme une occasion ou un point de départ qui vous permettra d'identifier et de clarifier les domaines que vous aimeriez traiter. Comprendre ce qui ne fonctionne pas peut souvent aider à finalement trouver le chemin vers ce qui marche, même si cela signifie qu'il faut changer la dynamique d'une relation actuelle ou que vous vous aventurez seul vers l'inconnu. Souvenez-vous, ce n'est pas la même chose de quitter une relation qui n'est plus harmonieuse, où vous vous sentez accompli et où vous avez grandi autant que possible, que de quitter une relation pour tenter de trouver quelque chose de mieux, ce que nous sommes nombreux (moi y compris) à avoir déjà fait par le passé. Soyez patient et accordez-vous le temps et l'espace de faire le deuil de chaque changement ou perte au sein de toutes vos relations, même celles que vous avez choisi d'entamer.

Au fur et à mesure que vous explorez votre situation actuelle ou que vous commencez à en créer une nouvelle, continuez de faire preuve de pardon et de compassion, souvenez-vous également que nous sommes tous des œuvres en cours de création et que nous faisons de notre mieux. Le fait que vous soyez arrivé aussi loin dans ce travail est une preuve incroyable de votre désir et de votre engagement à créer un changement pour vous-même ainsi que pour vos relations.

Comment avoir une conversation difficile ?

Comme vous l'avez déjà appris, prendre des moments de pause et créer un lien avec votre cœur peut vous aider à avancer vers un espace de cohérence cardiaque, plus connecté et collaboratif. Avant d'entamer ce qui pourrait être une interaction ou une conversation bouleversante, mettez votre main sur votre cœur et faites quelques lentes et profondes respirations, tout en vous rappelant ce qui est véritablement important pour vous à propos de cette personne ou de cette relation. Cela peut simplement être de vous souvenir de quelque chose que vous aimez ou que vous appréciez dans sa personnalité et sa façon de s'impliquer dans votre lien. Prenez autant de temps que vous le désirez avant de commencer l'interaction ou la conversation, examinez si votre ressenti ou votre point de vue a changé d'une façon ou d'une autre. Prêtez tout particulièrement attention à votre manière différente d'envisager l'interaction et à la façon dont la personne répond à l'évolution de votre énergie.

Ceux d'entre vous qui souhaitent commencer à traiter des sujets ou des réalités plus difficiles trouveront peut-être ci-dessous quelques conseils utiles :

- Demandez à avoir avec les autres des conversations explicites et ouvertes, qui traitent directement de la source du conflit ou du problème. Essayez de rompre avec les habitudes qui peuvent vous pousser à éviter ou à vous détourner des sujets difficiles.
- Entraînez-vous à approuver les pensées, les sentiments et les points de vue des autres, même si vous

n'êtes pas d'accord. Vous n'êtes pas obligé d'adhérer à ce qu'ils disent ou d'éprouver la même chose, pour essayer de comprendre ou d'approuver et accepter ce qu'ils ressentent. Afin de montrer que vous essayez de comprendre la personne, vous pouvez dire : « Je comprends que cela te blesse énormément » ou « Je comprends pourquoi tu ressens cela ».

- Rompez avec votre habitude naturelle de trouver un sens aux pensées, aux sentiments ou aux intentions des autres, ou de présumer ce qu'elles pourraient être. Entraînez-vous plutôt à poser des questions et à écouter avec curiosité, en vous connectant à votre cœur. Laissez la personne parler sans discuter ou l'interrompre.
- Assumez votre rôle au sein des expériences que vous partagez, soyez ouvert et humble, excusez-vous ou assumez vos responsabilités lorsque vous blessez quelqu'un.
- Entraînez-vous à faire des compromis et à gérer les conflits telle une équipe, afin de trouver des solutions qui sont mutuellement viables. Rompez avec toute habitude qui vous pousserait à vous concentrer uniquement sur vous-même ainsi que vos propres intérêts (lorsqu'il est suffisamment sûr et adéquat de le faire).
- Essayez de ne pas dévier du problème ou du sujet présent, et rompez avec toute habitude de toujours vouloir évoquer le passé ou d'utiliser des déclarations péremptoires, telles que : « Tu fais toujours *X* » ou « Tu ne fais jamais *Y.* »
- Pendant le conflit, affirmez votre amour et le lien qui vous unit à la personne, souvenez-vous que la situation peut être stressante et bouleversante pour vous deux, même si l'autre semble distrait ou détaché. Si vous êtes incapable de faire cela pendant l'interaction, faites-le

une fois que vous êtes tous deux calmes, afin de faire savoir à l'autre que vous l'aimez, que vous l'appréciez et que vous restez impliqué dans cette relation (ceci est particulièrement important pour les personnes qui ont grandi dans des foyers où le conflit était synonyme d'importants coups de colère ou de perte d'amour, tels que l'ignorance).

Comment réparer un lien après un conflit ?

Les conflits font naturellement partie de la vie avec les autres qui ont inévitablement des idées, des sentiments, des opinions et des expériences passées différents. Apprendre à accepter le rôle personnel de chacun dans un désaccord ou la rupture de liens, y compris les conséquences de notre réactivité émotionnelle, aide à faire croître notre sentiment de sécurité et de confiance au sein de la relation. Les couples émotionnellement sains peuvent réparer leur relation après un conflit, au lieu d'ignorer leurs problèmes ou de prétendre que ceux-ci ne se sont jamais produits. Entraînez-vous à utiliser les conseils de la liste ci-dessous pour vous aider à réparer votre relation ou à recréer un lien après des moments houleux ou une déconnexion.

- **Faites le point avec votre système nerveux afin de vous assurer que vous êtes régulé.** Votre corps doit être dans un état de calme et d'ancrage lorsque vous vous excusez ou que vous essayez de réparer un lien brisé. Si vous êtes stressé ou contrarié, vous serez incapable de penser ou parler clairement ou bien de faire de la place pour les sentiments de l'autre personne.

- **Soyez précis.** Nommez le comportement, ses conséquences (soyez curieux et demandez si vous n'êtes pas sûr), ainsi que le rôle que vous avez joué. Par exemple : « L'autre soir, lorsque j'ai fait cette blague devant nos amis, j'essayais d'être drôle, mais je suis vraiment désolé de t'avoir blessé. » Ou : « J'aimerais savoir ce que tu as ressenti lorsque j'ai fait cette blague devant nos amis l'autre soir ? »
- **Écoutez sans être sur la défensive.** Ce sera difficile si vous êtes issu d'un foyer où les gens se détournaient ou désapprouvaient les sentiments des autres. Souvenez-vous, vous avez le droit de ne pas être d'accord avec ce que dit l'autre personne, mais entraînez-vous à la laisser exprimer malgré tout son expérience avec vous.
- **Concentrez-vous sur les sentiments de l'autre et non sur les vôtres.** Si, comme moi, vous avez été élevé par des parents émotionnellement sous-développés, vous allez avoir le besoin pressant de recentrer la conversation autour de vos propres sentiments. Essayez de sortir de cette habitude, car des excuses sincères et profondes sont centrées autour des sentiments des autres et non sur les vôtres.
- **Déclarez ce qu'à l'avenir vous allez faire différemment.** Déterminez votre rôle ou votre responsabilité dans la mise en place du changement ou pour limiter la possibilité qu'une telle situation se reproduise. Par exemple : « Lorsque je suis fatigué ou irritable, je vais faire en sorte de prendre un peu de distance et de comprendre ce qui m'active, parce que je n'ai pas le droit de m'en prendre ainsi à toi. » J'ai moi-même souvent été contrainte de prononcer ces mots !
- **Entraînez-vous à vous pardonner.** Souvenez-vous, tout au long de notre vie, nous blessons tous des gens ; cela

fait partie de l'être humain. Après vous être excusé, n'oubliez pas de prendre soin de vous, de faire preuve de pardon et de compassion envers vous-même, et souvenez-vous que vous faites du mieux que vous pouvez. Accordez-vous un instant pour vous féliciter d'avoir pris vos responsabilités. Entraînez-vous à éloigner votre attention de toute pensée critique ou de honte de soi.

***

Nous voulons majoritairement et naturellement nous sentir aimés de la même manière que nous avons appris à être aimés lorsque nous étions enfants. Pour l'essentiel d'entre nous, ces habitudes sont ancrées dans un traumatisme et elles sont ce dont nous avions besoin pour nous sentir en sécurité, valorisés et aimés dans le contexte de notre enfance. Au fur et à mesure que nous prenons conscience des attentes que nous plaçons dans les autres et que nous assumons la responsabilité de nos propres besoins insatisfaits, nous devenons les créateurs intentionnels de nos expériences avec les autres, au lieu de laisser notre traumatisme passé guider et dicter notre manière d'interagir avec eux. En reprenant le pouvoir dans nos interactions et au sein de nos relations, nous sommes en mesure de créer des liens plus authentiques avec les gens avec lesquels nous partageons du temps et de l'espace. Nous sommes également mieux à même de nous connecter avec le pouvoir énergétique du monde naturel dans lequel nous vivons, un pouvoir capable de changer une vie et que vous découvrirez plus en détail dans le prochain chapitre.

10

Se reconnecter aux autres

À Washington DC, l'été 1993, fut à la fois étouffant et meurtrier. À cette époque, la ville possédait l'un des taux de criminalité les plus élevés du pays et enregistrait des températures qui ont même poussé les plus fervents adeptes des rayons du soleil à se réfugier sous l'air conditionné. Malgré la chaleur et la violence, quatre mille personnes ont choisi de descendre dans les rues de la ville pour s'asseoir en silence et méditer avec une intention en tête : celle de faire baisser le taux de criminalité en concentrant leur énergie mentale sur la diffusion d'un sentiment de paix et de sécurité vers les autres.

Cela a fonctionné. Au plus fort de cette expérimentation de deux mois, les crimes violents ont baissé de 23 % dans la capitale[54]. Avant cette étude, qui a été conduite par un spécialiste de la physique quantique, John Hagelin, le chef de la police de Washington DC avait dit aux journalistes que seuls quelques centimètres de neige en plein été auraient pu entraîner une telle diminution notable des crimes[55].

Ce qui s'est produit cet été-là n'était pas un incident exceptionnel. Des décennies de recherches ont apporté la preuve que lorsqu'un groupe de personnes concentre son attention à promouvoir la paix, l'harmonie, la santé ou le bien-être, ils atteignent le résultat souhaité de manière quantifiable. Une autre étude notable a découvert que pendant la guerre de 1983, entre Israël et le Liban, le nombre de morts a chuté de 76 % à la suite d'une méditation groupée quotidienne centrée sur le cœur[56]. Tous les traumatismes, tels que les crimes, les accidents de la route et les incendies ont également diminué dans les zones alentour.

Le « champ des effets de la conscience », comme l'a appelé Hagelin, va bien au-delà de la méditation : toute pratique qui engendre un sentiment de sécurité psychologique au sein de notre système nerveux ainsi qu'une cohérence entre notre cœur et notre cerveau, peut avoir des conséquences sur l'ensemble du bien-être des autres. Plus étonnant encore, lorsque nous nous unissons afin de concentrer notre énergie mentale sur des sentiments, des intentions ou des issues spécifiques, cela peut les transmettre aux gens du monde entier, et pas seulement à ceux de votre ville ou de votre pays. On appelle cela la *conscience non-locale*.

Certaines recherches sur ce sujet parmi les plus approfondies ont été menées avec des prières ou d'autres pratiques de définition d'intentions. Des cardiologues de l'université de Duke ont découvert que lorsque des personnes de diverses confessions religieuses du monde entier ont prié pour cent cinquante patients cardiaques en les nommant, ces derniers ont eu un taux de guérison 50 à 100 % meilleur que ceux pour lesquels personne n'avait prié ; alors même que ces patients et leurs bienfaiteurs se trouvaient à plusieurs centaines, voire des milliers de kilomètres de distance[57]. Une autre étude de près de mille patients cardiaques a obtenu des résultats identiques, montrant que les personnes pour lesquelles on avait prié de façon non-locale, obtenaient des résultats plus positifs que les autres[58]. Comme les chercheurs l'ont souligné, leurs résultats ne prouvent pas que Dieu existe, ou qu'Il(s) ou Elle(s) a répondu à ces prières, mais que la conscience collective est extrêmement puissante[59].

Bien que le terme ait des significations variables, je définis la *conscience collective* comme l'énergie combinée d'un groupe de personnes, que celui-ci soit votre famille, un cercle d'amis, des collègues de travail, une équipe sportive, des personnes de votre université, de votre entreprise, de votre ville ou de votre pays. Il existe également une *conscience mondiale*, qui est l'état énergétique de masse de l'ensemble des personnes vivant sur Terre à un moment donné.

Notre conscience collective peut être calme, collaborative, productive et harmonieuse ; ou bien stressée, agitée, craintive et chaotique. Si vous avez déjà songé que tous ceux que vous rencontriez lors d'une même journée semblaient nerveux ou que l'énergie au travail, au sein de votre communauté ou même de l'ensemble de la planète était éteinte, il y a de grandes chances pour que vous ayez ressenti les effets d'une conscience collective ou mondiale.

Qu'est-ce qui détermine cette conscience collective ? Nous le faisons tous, en fonction du sentiment physiologique de sécurité que nous éprouvons dans notre système nerveux et si nous nous trouvons dans un état de cohérence. On explique cela par le fait que les émotions et la physiologie de chaque individu affectent celles de l'ensemble des personnes qui se trouvent dans un groupe et le reste du monde, comme si nous jouions tous un rôle dans une partie de dominos géants.

Avec près de huit milliards de cœurs et de systèmes nerveux qui communiquent entre eux en permanence, des signaux invisibles ne cessent de faire le boomerang à travers le monde, plus vite, et avec plus d'efficacité que n'importe quel réseau sans-fil. Que nous en ayons conscience ou non, nous nous affectons tous les uns les autres dans une boucle de rétroaction continue.

Pour plus de preuves sur la conscience collective et mondiale, il est intéressant d'étudier les recherches menées par le *Global Consciousness Project* (GCP – le projet de conscience mondiale). Cette collaboration internationale entre scientifiques a permis d'analyser les effets de centaines d'événements, notamment le décès de la Princesse Diana, le 11 septembre 2001, ainsi que diverses attaques terroristes qui ont activé une réaction ou une effusion émotionnelle mondiale. Au cours de ces dernières décennies, le GCP a découvert que de nombreux événements bouleversants avaient altéré les données d'un certain nombre de générateurs (des dispositifs quantiques souvent utilisés dans la recherche) d'une façon statistiquement significative, que le hasard à lui seul ne peut expliquer. Ceci a conduit les scientifiques à conclure que notre énergie collective a des conséquences sur ces résultats[60]. Bien que le GCP ait été critiqué par certains pour sa partialité, à ce jour le projet a permis d'analyser les données quantiques de plus de cinq cents événements dans le monde, permettant aux scientifiques de soutenir que leurs résultats ne peuvent pas être mal interprétés[61].

Il est indéniable que nous, les êtres humains, sommes interconnectés dans un état de conscience collective ou mondiale. Nous sommes tous constitués des mêmes éléments naturels, nous partageons tous le même espace sur Terre et nous transmettons tous l'énergie de notre système nerveux les uns aux autres, chaque seconde de chaque jour. Même si nous accordons l'essentiel de notre attention et de notre énergie à interagir avec les personnes qui se trouvent dans nos relations immédiates, nous sommes toutefois également reliés à des groupes, des réseaux, des systèmes plus larges, ainsi qu'à l'humanité dans son ensemble. D'ailleurs, c'est cette connexion qui fait que nous pouvons, en tant que personne, nous servir de la sérénité de notre propre corps pour affecter celui des personnes qui nous entourent.

Votre cœur affecte celui des autres

Dans le chapitre 8, nous avons découvert la co-régulation ainsi que certaines autres façons d'utiliser la sécurité de notre système nerveux, pour aider nos proches à se sentir eux-mêmes en sécurité et ouverts à une connexion plus profonde avec nous. À présent, nous allons explorer de quelles manières nous pouvons utiliser la co-régulation pour transmettre ce sentiment de sécurité, non seulement aux personnes qui se trouvent dans notre environnement immédiat, mais également à celles qui appartiennent à notre groupe ou à notre communauté et même aux gens avec lesquels nous n'interagissons pas ou que nous ne connaissons pas directement. Je fais ici référence au phénomène que l'on appelle la *cohérence sociale* et qui se produit lorsque notre cohérence cardiaque se transmet aux personnes appartenant à des groupes, des réseaux ou des systèmes plus vastes.

À son niveau le plus simple, la cohérence sociale est possible parce que la gentillesse est contagieuse : littéralement. Lorsque nous éprouvons des sentiments profonds venus du cœur, tels que la compassion, la reconnaissance, l'acceptation, la tolérance, la patience, le pardon et l'amour, ces sentiments irradient dans notre comportement, y compris nos paroles, nos actions, l'intonation de notre voix, ainsi que les expressions de notre visage, en plus des signaux invisibles, tels que l'énergie que notre système nerveux et notre cœur émettent. Cette diffusion de la cohérence sociale est une forme d'*entraînement*, elle intervient lorsque des rythmes coopératifs sont générés entre les individus. Chaque fois que nous interagissons les uns avec les autres, que nous soyons à proximité ou non, notre système va activement se coordonner à la communication énergétique des autres. Cet entraînement énergétique transforme le « moi », en tant que personne, en un « nous » au sein d'une relation interpersonnelle.

Les preuves de cette synchronisation de la communication énergétique humaine ont été apportées par un phénomène appelé la *contagion émotionnelle.* Je l'ai déjà évoqué au début du chapitre, lorsque j'ai abordé les études sur la méditation, qui illustrent les effets généralisés qu'un petit pourcentage d'individus sereins peuvent avoir. La contagion émotionnelle est la transmission des émotions entre et parmi des individus. Celles-ci se diffusent parce que nous reproduisons inconsciemment le comportement des autres, car notre cerveau active des neurones miroirs, des cellules qui fonctionnent lorsque nous observons les actes de quelqu'un d'autre[62]. Ces neurones nous aident à être à l'écoute ou à ressentir l'état affectif des gens, ce qui permet de répandre une énergie émotionnelle et d'approfondir notre lien avec eux[63].

Un grand nombre de recherches ont été menées sur la contagion émotionnelle, notamment parce que les entreprises et les sociétés se sont servies de leurs résultats pour influence les décisions et les achats des consommateurs, ainsi que la satisfaction et la loyauté de leurs employés[64]. En suscitant certaines émotions à travers la publicité et le marketing, les entreprises ont compris comment influencer les choix des clients. Bien que cela puisse naturellement être considéré comme une source de préoccupation, la recherche peut nous aider à comprendre pourquoi notre sécurité individuelle est aussi importante pour la conscience collective.

Une étude massive, menée sur les utilisateurs de Facebook®, a révélé que lorsque les chercheurs manipulaient le fil d'actualité pour qu'il offre davantage de contenu négatif, les gens postaient encore plus de publications négatives et inversement, plus de publications positives engendraient plus de contenu positif[65]. Une autre étude célèbre a montré que les individus ont plus de chances d'être généreux lorsqu'ils voient d'autres personnes l'être, et sont généralement plus avares lorsqu'ils voient les gens agir de la même façon. Les personnes qui sont témoins de comportement généreux sont également plus amicales, plus empathiques et sources d'un plus grand soutien envers des inconnus[66].

Le puissant message que cela transmet, est que lorsque nous générons un sentiment de sécurité et de cohérence, que nous interagissons directement ou non avec d'autres, nous avons le pouvoir de diffuser de la cohérence sociale à de nombreuses autres personnes, y compris celles qui n'appartiennent pas à nos cercles immédiats.

Votre cohérence offre une plus grande réussite à vos groupes

En incarnant la cohérence cardiaque, nous aidons nos groupes à être plus harmonieux, productifs, efficaces et en fin de compte plus accomplis. Nous sommes plus à même de développer les compétences, les talents et les dons qui nous sont propres et nous pouvons plus facilement entrer dans un état de *flow*, ce qui permet d'augmenter notre productivité, notre créativité et notre capacité personnelle à résoudre des problèmes. Être dans notre propre état de *flow* peut même activer les mêmes régions cérébrales que les personnes qui nous entourent, ce qui nous aide à atteindre plus facilement cette condition[67].

En revanche, selon les recherches, lorsque nous sommes incohérents, nous risquons davantage de rester enfermés dans des cycles de stress, emplis de compétition, de conflits et de fonctionnements inefficaces[68]. C'est uniquement lorsque nous nous sentons en confiance et sociables, que nous sommes capables de tolérer les différences des autres, et par conséquent, de nous sentir moins en compétition et stressés. Lorsque nous sommes en mesure de prendre un peu de distance par rapport aux choses, nous pouvons mieux envisager les intérêts du groupe et œuvrer pour le bien commun, au lieu d'être principalement concentrés sur nos propres désirs et profits. La recherche sur le sentiment de sécurité personnel et la cohérence cardiaque a même montré qu'une seule personne est capable d'atténuer un conflit au sein d'une famille, d'une entreprise, d'une organisation, d'une équipe sportive ainsi que d'autres entités plus larges[69]. D'ailleurs, dans le cadre scolaire, plus les influx cérébraux entre un orateur et ses élèves sont synchronisés, plus la communication est efficace, le taux d'implication de la classe est ainsi plus élevé et la dynamique sociale est meilleure.

Partager un sentiment de sécurité commun permet aux individus d'être plus présents dans l'instant, ce qui peut offrir de nouvelles possibilités au sein de leurs relations pour rompre des cycles répétitifs. Lorsque nous sommes pleinement dans le présent, nous avons plus de chances de nous servir de notre créativité et de notre imagination, ce qui nous permet de voir et d'honorer celles des personnes qui nous entourent. Notre sentiment de sécurité et notre énergie encouragent les autres à partager les compétences, les talents ainsi que les dons qui leur sont propres, avec le reste du groupe. Cela permet ensuite à ce dernier de disposer de plusieurs perspectives à prendre en compte pour trouver de nouvelles solutions plus innovantes aux problèmes. En d'autres termes, la cohérence sociale permet à chaque membre d'un groupe de trouver son *flow* et de se spécialiser dans ce pour quoi il est le meilleur. Selon certaines études, des entreprises, des hôpitaux, des équipes sportives et des unités militaires qui ont travaillé pour développer une cohérence sociale, ont des taux de stress physiques et mentaux plus bas et ont amélioré leur communication, la satisfaction, la productivité ainsi que la résolution des problèmes parmi leurs équipes[70].

J'ai vécu les effets de la cohérence sociale dans plusieurs de mes communautés, notamment avec la création de *The Holistic Psychologist*. Après le début de mon parcours de guérison, je me suis mise à rechercher des relations plus authentiques avec des personnes qui partageaient les mêmes centres d'intérêt et les mêmes objectifs que moi, et dans lesquelles je pouvais être *moi-même*. En comprenant l'importance de tout ceci, j'ai créé le compte Instagram® *@the.holistic.psychologist* et je me suis mise à utiliser le *#selfhealers* pour me connecter à des personnes qui partageaient les mêmes idées et qui suivaient le même parcours de guérison. J'avais l'espoir, qu'au fil du temps, je pourrais créer une communauté socialement cohérente dans laquelle la sécurité collective rendrait le processus de guérison plus accessible à tous ; pour véritablement aller mieux, nous avons besoin de nous sentir suffisamment en sécurité pour nous exprimer sans nous focaliser sur nos différences ou craindre d'être jugés.

Peu de temps après avoir créé le compte et le hashtag, des personnes du monde entier ont commencé à communiquer, à se connecter et à me rejoindre, honorant nos différences et nos voyages individuels. Sensible au fait que tant de personnes n'ont pas les ressources pour accéder aux services dont ils ont besoin, je me suis notamment donné pour mission de m'assurer que les informations et les outils que nous partagions sur la plateforme gratuite étaient disponibles pour tous.

Quelques mois après l'ouverture du compte, j'ai commencé à recevoir de plus en plus de demandes de la part de followers pour que je crée un espace sûr en dehors des réseaux sociaux. Inspirée par ces messages, j'ai donc créé le cercle des *SelfHealers*, une communauté privée où les membres peuvent partager une communication compatissante et leur exploration de Soi. Deux choses qui sont essentielles à la guérison et à la cohérence sociale. Je suis sans cesse remplie d'humilité lorsque j'entends les effets que cet environnement commun et sûr est source de réconfort sur la guérison des autres.

En plus de ses avantages au sein de nos communautés choisies, la cohérence sociale peut changer la dynamique d'un groupe non organisé, telle que l'atmosphère que nous ressentons dans un restaurant, au cinéma, dans une soirée ainsi que d'autres événements sociaux ou publics. Voici un exemple.

Vous avez récemment participé à un événement de groupe avec quelques collègues de travail, mais vous êtes arrivé un peu en retard. Lorsque vous êtes entré dans la pièce, vous avez pu sentir que l'énergie collective était tendue et inconfortable ; les gens ne se connaissaient pas et la conversation semblait hésitante. Comme ce soir-là vous vous sentiez particulièrement en sécurité, cohérent et joyeux, vous étiez l'incarnation même de la cohérence cardiaque : vous avez souri à tout le monde, vous avez transmis de la compassion et de la reconnaissance aux personnes qui étaient dans la pièce et vous vous êtes sincèrement intéressé à leurs expériences et leurs histoires. Peu de temps après votre arrivée, la dynamique de l'événement a commencé à changer ; les autres ont commencé à sourire et à parler plus ouvertement aux personnes qui étaient à côté d'elles. Leur langage corporel s'est détendu, leurs rires ainsi que leurs conversations douces et fluides ont allégé l'atmosphère de la pièce.

Voici un autre exemple. Imaginez un restaurant bondé où un serveur arrive dans un état sûr et ancré. Cet employé socialement cohérent fait preuve de compassion envers tous les clients irrités et exigeants, il est capable de se connecter de manière plus authentique avec les personnes qui l'entourent. Il ne se plaint pas aux autres serveurs à quel point ses tables sont épouvantables, ce qui empêche ses collègues de travail de rechercher des expériences similaires ou sources de confirmation. Ce serveur serein émet des signaux invisibles de cohérence et aide les autres personnes de la salle à se réguler. Les clients et le personnel qui étaient stressés, irrités et se sentaient contrariés peuvent éventuellement commencer à s'adoucir et à sourire. Peu de temps après, l'énergie du restaurant change et devient plus chaleureuse et harmonieuse. Ressentant lui-même ce changement d'énergie, le serveur continue de bénéficier des effets secondaires de sa compassion initiale. Nous sommes tous capables de faire cela, chaque fois que nous choisissons d'incarner des réponses plus compatissantes au sein de nos propres interactions quotidiennes.

Cet état harmonieux et socialement cohérent a permis à l'espèce humaine d'évoluer et de prospérer. Se regrouper de manière collaborative permet à certains de répondre à nos besoins fondamentaux en nourriture, en logement, en garde d'enfants ainsi qu'en soins de santé ; tandis que d'autres recherchent l'art, la musique, les technologies et d'autres centres d'intérêt qui leur apportent de la joie ainsi qu'aux autres ou qui leur permettent de vivre plus longtemps et de manière plus épanouissante.

Développer la cohérence sociale

Créer une cohérence sociale durable nécessite plus que l'assurance que nous ne sommes pas individuellement dérégulés ; nous devons également être en mesure de faire preuve de compassion, d'empathie et même de soutien envers les autres. En incarnant la compassion, nous envoyons des signaux régulés aux personnes qui nous entourent afin qu'elles soient elles aussi mieux à même de se sentir en sécurité, cohérentes et davantage connectées au groupe. Nous sommes capables de faire preuve d'empathie ou d'être présents dans l'univers émotionnel des autres en les écoutant attentivement pendant qu'ils partagent leurs expériences, au lieu d'être distraits par nos pensées ou nos sentiments à propos de ce qu'ils sont en train de dire. Nous sommes d'ailleurs en mesure de poser des questions pour mieux comprendre le point de vue de l'autre, au lieu de faire des suppositions ou de désapprouver ses idées.

Au fur et à mesure que nous développons notre cohérence sociale, nous sommes plus facilement capables de remarquer les moments où nous nous sentons en insécurité ou combatifs, nous donnant ainsi la possibilité de nous calmer et de nous ancrer, en nous écartant du groupe ou en nous tournant vers une personne de confiance pour qu'elle nous aide à co-réguler. Une fois que nous avons retrouvé un état plus ouvert, nous pouvons mettre en pratique la collaboration en faisant honneur aux différences de chacun, tout en nous concentrant sur les objectifs communs du groupe. Nous pouvons être curieux les uns des autres, même si nous ne sommes pas d'accord sur certains sujets, et nous trouvons le moyen d'avancer tout en conservant notre sentiment individuel de sécurité. Grâce à la cohérence sociale, nous sommes restés dans un *je* même si nous nous connectons aux autres en tant que *nous*.

Pour faire croître la cohérence sociale, il est conseillé de remarquer ou de rechercher des personnes qui nous permettent de nous sentir en sécurité et à l'aise. D'un autre côté, si nous nous apercevons que nous avons du mal à être détendus ou calmes en présence de certaines personnes, nous pouvons exprimer nos besoins d'espace et choisir de recréer un lien avec elles lorsque nous nous sentirons prêts et capables ; et non lorsque nous n'avons pas les ressources intérieures nécessaires pour gérer nos interactions. Bien qu'il ne soit pas possible d'éviter toutes les interactions ou toutes les expériences stressantes ou contrariantes, la cohérence sociale augmente notre capacité à tolérer le stress, ainsi que d'autres émotions qui nous activent. En favorisant une communauté dans laquelle tous les membres se sentent protégés et à l'aise, nous pouvons tous développer des rapports plus profonds et plus authentiques. Trouver et vous implanter dans une seule communauté où vous éprouvez un sentiment d'appartenance ou de cohérence sociale peut vous aider à bâtir et à maintenir la sécurité dont vous avez besoin pour étendre plus largement votre cohérence à votre univers intérieur.

Liste de vérification de la cohérence sociale

La liste ci-dessous peut vous aider à évaluer votre état actuel de cohérence sociale. Soyez aussi honnête et objectif que possible avec vous-même ; et souvenez-vous que pour parvenir là où vous le désirez, vous devez tout d'abord être réaliste avec la situation dans laquelle vous vous trouvez actuellement. Lisez les affirmations ci-dessous et notez la ou les réponse(s) qui font le plus écho en vous.

_______ *Je remarque ce que je ressens après avoir regardé certains contenus (émissions de télévision, podcasts, réseaux sociaux, etc.).*

_______ *Je suis capable d'identifier les relations, les circonstances ou les expériences qui me poussent à me sentir léger, plein d'espoir, ainsi que plus expansif ou ouvert et désinvolte.*

_______ *Je suis capable d'identifier les relations, les circonstances ou les expériences qui me poussent à me sentir mal à l'aise, pensif, effrayé, inquiet, étouffé ou tendu.*

_______ *Je sais à quel moment je suis bouleversé et où je peux demander et recevoir ou accepter du soutien.*

_______ *Je suis connecté en toute sécurité avec les personnes qui m'entourent et je suis capable de m'exprimer de manière authentique avec elles.*

_______ *Je suis capable de prendre en compte mes propres besoins, ainsi que ceux du groupe ou du collectif en général.*

_______ *Je connais les activités que j'aime faire pour le plaisir et ce qui m'apporte de la joie.*

_______ *Je sais ce qui est important et essentiel pour moi, je m'assure ainsi régulièrement d'incarner ces valeurs et de mettre tout en œuvre pour atteindre ces objectifs au sein de mes relations.*

_______ *Je sais ce qui m'inspire ou ce qui me donne un sentiment d'élévation.*

_______ *Je suis capable de gérer une communication active et ouverte avec les autres, ce qui permet un échange calme et curieux des pensées et des émotions.*

_______ *Je mets tout en œuvre pour résoudre les conflits en essayant de comprendre les expériences que vivent les autres et leur vision des choses.*

_______ *Je célèbre mes propres réussites ainsi que celles des personnes qui m'entourent.*

Plus vous cocherez d'affirmations, plus il y a de chances que vous soyez en train d'avancer vers une cohérence sociale et que vous soyez capable d'influencer ce que vivent les personnes qui vous entourent. Au fur et à mesure de votre voyage, vous pouvez reprendre cette liste et vous en servir pour célébrer vos progrès.

Puiser dans la conscience mondiale

Notre corps est sans cesse en train de rassembler des informations énergétiques au sein de notre environnement. Lorsque nous sommes dans un état de cohérence cardiaque, nous sommes capables d'évaluer intuitivement ces données et de ressentir les changements qui se produisent dans la conscience collective ou mondiale. Plus nous sommes connectés à notre cœur, plus nous sommes en mesure d'utiliser notre corps comme un détecteur qui interpréterait correctement ce qu'il se passe dans le monde qui nous entoure.

Toutes les personnes vivant sur la Terre aujourd'hui affectent la conscience mondiale parce que chaque corps émet de l'énergie. De la même manière, la Terre produit elle-même de l'énergie, en partie à travers quelque chose que l'on appelle les résonances de Schumann, qui sont des ondes électromagnétiques basses fréquences qui se situent entre la Terre et l'ionosphère, la couche extérieure de l'atmosphère[71]. On surnomme également parfois les résonances de Schumann, les « battements de cœur de la Terre ». Des siècles avant que les scientifiques ne découvrent et nomment ce champ énergétique, les savants antiques et les guérisseurs indigènes le décrivaient comme une « toile de création », ou une force énergétique unificatrice qui maintient le tout ensemble. D'ailleurs, les êtres humains étant constitués des quatre mêmes éléments (hydrogène, azote, oxygène et carbone) qui composent notre univers, nos corps physiques sont facilement affectés par les changements qui se produisent dans le monde naturel, y compris les altérations des battements du cœur de la Terre.

La résonance de Schumann naturelle de la Terre est de 7,8 hertz (Hz), ce qui permet au corps humain de se détendre, alors que, selon les recherches, des niveaux plus bas ou plus élevés nous rendent somnolents ou nous poussent à avoir une réaction de lutte ou de fuite[72]. Les résonances de Schumann fluctuent en fonction des changements ionosphériques, et lorsque cela se produit, ils affectent notre système nerveux, font croître ou baisser notre niveau de stress, et altèrent la santé ou le comportement de l'Homme[73]. Une augmentation de l'activité solaire et géomagnétique affecte également notre système nerveux autonome (SNA), en modifiant l'équilibre de notre mélatonine, de notre sérotonine et de notre pression artérielle, ainsi que nos processus immunitaires, de reproduction, cardiaques et neurobiologiques. Certaines études montrent également que notre corps ressent une « réaction anticipée », deux à trois jours avant un événement géomagnétique qui altère notre pouls, la variabilité de notre fréquence cardiaque, notre pression artérielle ainsi que notre conductance cutanée[74].

Il est extrêmement bénéfique d'être exposé aux résonances de Schumann lorsque nous sommes détendus (à une fréquence de 7,8 Hz). Une étude a d'ailleurs découvert que les participants qui avaient vécu pendant un mois dans un bunker souterrain spécial permettant d'éliminer toute résonance de Schumann souffraient de troubles du sommeil, de détresse émotionnelle et de migraines[75]. Leur santé s'est stabilisée après avoir été de nouveau immergée dans le monde naturel. Une autre recherche a découvert que l'exposition aux résonances naturelles de Schumann nous aide à sombrer plus rapidement dans le sommeil et à rester endormis tout au long de la nuit[76]. Je sais qu'il m'arrive souvent de ressentir ces effets, car je dors bien mieux la nuit après avoir passé du temps au contact du soleil et de la nature pendant la journée.

Tout comme la Terre affecte notre énergie et notre santé, l'énergie globale de notre système nerveux peut modifier les fréquences naturelles de la planète, ou pour dire plus simplement les choses, avec la Terre les humains font partie d'une boucle de rétroaction continue[77]. La société moderne est même capable d'altérer l'énergie naturelle de la Terre avec sa production d'*électrosmog*, ou les champs magnétiques de l'homme qui sont générés par les nouvelles technologies, telles que le Wi-Fi, les télévisions, les microondes et les dispositifs de suivi GPS. Selon les recherches, ces fréquences électromagnétiques basses font bondir les résonances de Schumann naturelles de la terre de 7,8 Hz vers des niveaux qui peuvent faire croître le stress mondial[78].

Étant donné la relation, scientifiquement établi, entre l'énergie de la Terre et la nôtre, un nouveau projet inspirant, appelé *The Global Coherence Initiative (GCI)***, a été lancé afin de donner la possibilité aux individus d'affecter les champs énergétiques et géomagnétiques de la Terre en s'unissant dans une cohérence cardiaque. Afin de mesurer les effets de la conscience mondiale, les chercheurs ont installé de façon stratégique et à travers le monde entier, un réseau de détecteurs de champs magnétiques ultras sensibles qui ont été conçus pour mesurer les résonances magnétiques de la Terre. Cette étude peut être un puissant rappel pour chacun d'entre nous qu'il faut participer à la diminution de la présence et des effets de notre stress individuel et mondial sur cette planète que nous partageons.

Avoir à la fois connaissance de notre conscience mondiale et de l'énergie de la Terre peut nous aider à comprendre pourquoi certains jours nous nous sentons anxieux ou stressés, même si rien n'est en train de nous contrarier personnellement. Dans ces moments d'angoisse, n'ayant aucune raison apparente, nous pouvons prendre soin de nous ou faire le choix de l'auto ou de la co-régulation afin d'atténuer les effets que la conscience mondiale peut avoir sur notre sentiment de sécurité. Dans ces circonstances, nous pouvons également faire preuve d'une plus grande empathie envers les autres, nous apercevoir qu'ils sont peut-être plus agités, anxieux ou contrariés à cause de l'excitation énergétique de notre conscience mondiale. Lorsque cela est possible, certains d'entre nous peuvent décider de reprogrammer

---

** Initiative pour une cohérence mondiale. (N.d.T.)

des réunions dont la pression est forte ou des conversations difficiles pour des moments plus sereins.

La carte de la résonance de Schumann

Vous trouverez ci-dessous les différentes solutions que nous pouvons utiliser pour nous reconnecter avec l'énergie naturelle de la Terre : le battement de son cœur. Envisagez de mettre régulièrement en pratique celles qui vous attirent le plus.

- Passer plus de temps dans la nature en allant dans un parc, une forêt, à la plage ou dans tout autre environnement naturel.
- Établir un contact direct avec la terre en marchant pieds nus, en faisant une sieste dans l'herbe, en respirant lentement et profondément l'air frais ou en regardant les étoiles.
- Lorsque cela est possible, limiter le temps passé sur les technologies modernes, ainsi que l'exposition aux champs électromagnétiques, en utilisant des lunettes anti-lumière bleue ou des protections contre les champs électromagnétiques.
- Écouter en fond sonore pendant la journée de travail, de la musique qui comporte une fréquence de Schumann (YouTube® est un très bon endroit pour trouver ce type d'enregistrements).

Comme pour tous les autres outils que je vous ai fournis à travers ce livre, plus vous mettrez ces éléments en pratique, plus vous vous sentirez connecté à la Terre.

Élargissez votre conscience

Comme la Terre, nous sommes faits d'énergie. Mettez en pratique les exercices suivants pour vous aider à être plus conscient de votre relation énergétique et votre interdépendante avec la nature. Choisissez l'une des trois modalités sensorielles listées (visuelle, auditive ou énergétique) et commencez vos exercices de façon aussi régulière que possible.

Exercices pour élargir votre conscience

Vision élargie. Concentrez votre attention sur un objet qui se trouve dans votre champ visuel immédiat, puis élargissez progressivement votre conscience afin d'inclure plus d'objets qui se trouvent sur la gauche et la droite, puis tout objet se trouvant au-dessus et en dessous. Le but de cet exercice n'est pas de scruter votre environnement, mais d'élargir doucement votre conscience naturelle afin que votre champ de vision inclue davantage d'éléments.

Audition élargie. Si vous vous sentez suffisamment en sécurité, fermez vos yeux. Concentrez votre attention sur tous les sons que vous entendez dans votre environnement immédiat, puis élargissez progressivement votre conscience afin d'inclure des sons plus faibles, ainsi que ceux qui sont plus éloignés. Une fois de plus, le but n'est pas de filtrer ce que vous entendez, mais d'élargir doucement votre conscience naturelle afin que votre champ auditif inclue davantage d'éléments.

Conscience énergétique élargie. Faites trois respirations profondes, concentrez votre attention sur votre ventre qui se soulève et qui s'abaisse lors de chaque inspiration et expiration. Élargissez doucement votre conscience afin d'inclure l'ensemble de votre corps tandis qu'il monte et descend lors de chaque respiration. Étirez une nouvelle fois doucement votre attention, afin d'inclure l'espace qui se trouve autour de vous et qui se déplace avec le flux d'air qui sort de votre corps vers votre environnement. Pour terminer, élargissez doucement votre conscience une dernière fois, afin d'inclure tout ce qui circule dans l'espace qui se trouve entre vous et les choses qui vous entourent, ainsi qu'entre vous et tout ce qui vous a précédé et qui viendra après vous.

Les exercices qui suivent peuvent vous aider à élargir votre perception afin d'inclure la conscience mondiale, en vous aidant à être à l'écoute de votre nature énergétique.

1. Trouvez un lieu où vous pouvez vous allonger ou vous asseoir confortablement pendant cinq à dix minutes. Si vous vous sentez suffisamment en sécurité pour cela, vous pouvez également fermer vos yeux.
2. Faites deux respirations profondes et lentes, sentez votre corps qui se détend.
3. Prenez un peu de temps pour élargir en douceur votre conscience afin de remarquer l'air lui-même, ainsi que vos différentes sensations lorsqu'il caresse votre peau, nourrit vos poumons et votre corps et vous apporte des sons.
4. Prenez un peu de temps pour élargir doucement votre conscience afin de prendre note des différentes pensées qui circulent dans votre esprit, sans vous laisser

distraire ou vous concentrer sur une en particulier, laissez-vous reposer confortablement dans l'espace et élargissez votre conscience.

5. Au fur et à mesure que vous continuez de reposer dans cette immobilité, prêtez attention à votre corps dans l'espace et élargissez doucement votre conscience à :
   - L'espace qui se trouve devant vous, en examinant aussi loin que vous pouvez le sentir.
   - L'espace qui se trouve derrière vous, en examinant aussi loin que vous pouvez le sentir.
   - L'espace qui se trouve sur votre gauche, en examinant aussi loin que vous pouvez le sentir.
   - L'espace qui se trouve sur votre droite, en examinant aussi loin que vous pouvez le sentir.
   - L'espace qui se trouve au-dessus de votre tête, en étudiant tous les sons ou les mouvements qui se trouvent aussi loin que vous pouvez le sentir.
   - L'espace qui se trouve au-dessous de vous, en étudiant les zones où votre corps touche la terre et ressentez toutes les vibrations les plus subtiles.
6. Prenez un peu de temps pour étirer doucement votre conscience afin de remarquer les différents sons qui viennent de l'extérieur et de l'intérieur de vous, soyez attentif à la fois aux bruits ainsi qu'aux espaces entre ces bruits, tout en écoutant sans prêter intérêt à vos jugements ou vos commentaires mentaux. Acceptez de reposer confortablement dans cette conscience élargie.
7. Prenez un peu de temps pour étirer doucement votre conscience afin de remarquer les différentes odeurs ou parfums qui vous entourent, acceptez de reposer confortablement dans cette conscience élargie.
8. Prenez un peu de temps pour étirer doucement votre conscience afin de remarquer les différents souvenirs

du passé qui peuvent refaire surface dans le présent, acceptez de reposer confortablement dans cette conscience élargie.

9. Prenez un peu de temps pour étirer doucement votre conscience afin de remarquer les différentes sensations physiques à cet instant dans votre corps, acceptez de reposer confortablement dans cette conscience élargie.
10. Prenez un peu de temps pour étirer doucement votre conscience afin de remarquer l'immensité et l'interconnexion de la vie elle-même, laissez vos sens explorer les divers soutiens illimités de chaque instant. Acceptez de reposer confortablement dans cette conscience élargie.

Les exercices ci-dessus vous aideront à être à l'écoute de la conscience que vous êtes un être énergétique, interconnecté avec le monde naturel qui vous entoure. Exploiter l'énergie de la Terre vous aidera à créer une meilleure cohérence cérébrale et corporelle qui pourrait ensuite être élargie à l'univers qui vous entoure, afin de créer une conscience collective plus harmonieuse. En incarnant ou en vivant avec plus de paix et de compassion, chacun d'entre nous, en tant qu'individu, peut avoir un réel effet sur l'ensemble de l'humanité lorsque nous nous unissions dans une collaboration énergétique ultime, changeant ainsi véritablement le monde qui nous entoure !

***

Bien que nous atteignions les quelques dernières pages de ce livre, ce n'est pas ici que votre voyage se termine. Celui-ci, je l'espère, va changer à la suite de la lecture de cet ouvrage. Comme je l'ai appris, la vie est un processus évolutif. Pendant des décennies, j'ai cru que j'atteindrais inévitablement une forme d' « accomplissement », d'« aboutissement » ou de « conclusion », où je pourrais me détendre dans une paix, un amour et une connexion sans fin. Cependant, je me suis rendu compte qu'il n'existe aucune fin ou destination à laquelle nous devons arriver. Nous portons en nous la paix, l'amour et la connectivité dans chaque instant de notre vie. D'ailleurs, comme pour la nature et l'existence elle-même, nous sommes dans une évolution perpétuelle, et devenir la personne que nous sommes est un processus sans fin.

Nos tout premiers environnements ont façonné chacun d'entre nous pour que nous devenions celui ou celle que nous avons besoin d'être à cette époque, afin de nous intégrer et de survivre. Nous continuons tous de porter en nous le stress accumulé par les générations qui nous ont précédés, et dont le manque de connaissances et de ressources affecte nos propres corps et esprit, nous maintenant bloqués dans un mode de survie. Aujourd'hui, beaucoup d'entre nous sont à peine capables de répondre à leurs propres besoins et nous ne nous sentons pas en sécurité dans nos corps. Ces deux éléments nous empêchent d'exposer notre Soi authentique ou de créer un lien avec les autres, peu importent nos paroles, nos efforts ou les personnes qui nous entourent.

Guérir votre relation la plus importante, celle que vous avez avec vous-même, est la meilleure façon d'aimer les autres et de trouver la joie ainsi que la paix dans vos rapports avec vos proches. C'est uniquement lorsque vous vous sentirez connecté en toute sécurité avec la personne que vous êtes (corps, esprit et âme), que vous serez en mesure de bâtir des liens authentiques avec les autres et de rompre les cycles qui vous maintiennent enfermé dans le passé des personnes qui vous ont précédé.

Une fois que vous vous sentirez plus en sécurité à l'intérieur de votre Soi, vous serez mieux à même de gérer les émotions qui teintent vos expériences humaines et qui sont source d'importantes informations pour vos décisions quotidiennes. Vous êtes plus à l'écoute des messages de votre cœur – cette boussole intérieure qui ne cesse de battre en vous – qui peut ainsi mieux vous orienter au fur et à mesure que vous avancez dans votre voyage vers l'inconnu. Vous parvenez ainsi plus fréquemment à avoir accès à l'amour et à la compassion qui sont toujours présents dans votre cœur qui les offre à l'ensemble de vos relations, ainsi qu'au monde qui vous entoure. Lorsque vous êtes véritablement connecté à votre cœur, vous êtes plus capable de percevoir et de recevoir l'amour qui est présent et disponible chez les autres.

Je continue, en même temps que chacun d'entre vous, ce même voyage. Chaque jour, je choisis de rester impliquée dans ma relation avec mon Soi, afin de pouvoir continuer de prendre soin des personnes et de la communauté qui m'entourent. Pour maintenir cette intention, je fais le choix quotidien de consolider la connexion avec mon cœur et je continue d'apprendre ce que l'amour authentique me fait ressentir dans mon corps ainsi que dans mon esprit.

Il se trouve que l'amour ne vient pas de n'importe quoi ou de n'importe qui autour de nous ; il vit en chacun de nous. Lorsque nous renouons avec la réserve infinie de gentillesse et de compassion qui se trouve dans chacun de nos cœurs, nous sommes guidés par l'amour.

D'ailleurs, lorsque nous agissons en adéquation avec cette orientation aimante, nous incarnons l'amour lui-même.

Épilogue :
La vérité inattendue de mon cœur

Au fil des ans, il vous est peut-être déjà arrivé que dans l'une de vos relations et pendant une période, presque chaque mot, chaque regard ou chaque incident – aussi insignifiant qu'il puisse paraître – se transformait en dispute, en blessure ou en raccrochant le téléphone. Vous ressentiez potentiellement une tension sous-jacente dans chacune de vos interactions avec cette personne, et même si à un moment donné vous vous entendiez bien, vous ne vous sentiez plus du tout détendu et plein d'affection.

J'ai vécu cette situation avec Lolly et Jenna, il y a quelques années et pendant plusieurs mois. Le problème n'était pas que nous n'étions pas déterminées à être en contact avec notre cœur, c'était que nous n'écoutions pas véritablement ce que celui-ci nous disait. Pour beaucoup d'entre nous, les signaux d'alerte intuitifs de celui-ci peuvent être difficiles à entendre et encore plus compliqués à prendre en compte ; c'est tout particulièrement le cas si ces messages sont différents des conventions ou des attentes que nous ou la société avons envers nous-mêmes. Parallèlement, si nous ne vivons pas selon la vérité de notre cœur, quel que soit le malaise (ou la nouveauté) que ces messages puissent induire au début, nous pouvons rester bloqués dans une relation de cycles dysfonctionnels, être incapables de soulager une tension ou de résoudre un conflit avec les autres. Bien qu'intellectuellement je sois consciente de tout cela, il m'a fallu une matinée particulièrement marquante avec Jenna avant de véritablement le comprendre réellement.

Jenna a été la première personne à rejoindre l'équipe de *The Holistic Pyschologist*. Si vous avez lu *Guéris tes blessures,* vous vous souvenez sans doute de cette histoire : le jour où nous avons lancé le cercle des *SelfHealers*, le serveur externe de notre site a planté, submergé par le nombre de personnes qui essayaient de s'inscrire. Lolly et moi, désireuses d'aider les personnes qui souhaitaient rejoindre notre communauté, nous avons progressivement plongé dans la panique, tandis que nous tentions de tout gérer de front. C'est à ce moment-là que Jenna, une membre de longue date de la communauté, a suivi les appels intuitifs de son cœur et nous a envoyé un message pour nous dire qu'elle partageait la même vision des choses que nous et qu'elle était disponible pour nous aider. Nous avons lu son message seulement quelques secondes après qu'elle l'a envoyé, ce qui est remarquable et s'est même avéré synchrone, dans une communauté composée de millions de personnes.

Nous avons discuté au téléphone et il est devenu évident que Jenna partageait nos valeurs, notre vision et notre voyage de guérison. Elle nous a proposé un partenariat professionnel que Lolly et moi n'avions pas envisagé possible, et c'est ainsi que toutes trois, nous avons commencé à travailler à distance pendant plusieurs mois, avant que Jenna ne vienne à Philadelphie depuis la Californie, où Lolly et moi vivions à cette époque, afin que nous nous rencontrions enfin en personne.

Jenna est très rapidement devenue un membre essentiel de notre équipe, en apportant son sens de la communication et du leadership, qui complétait nos forces, nous permettant à chacune de nous concentrer sur certains domaines spécifiques de notre entreprise particulièrement florissante. Notre relation professionnelle s'est très vite épanouie de façon synergique, nous sommes ainsi rapidement devenues des amies.

Quelques mois après que Jenna nous a rejointes, Lolly et moi avons déménagé à Los Angeles, une transition que nous avions déjà plusieurs fois envisagée, car le climat ainsi que les possibilités qu'il y avait là-bas semblaient plus en accord avec nous-mêmes. Jenna qui avait elle-même quitté la côte est pour la Californie, quelques années auparavant, s'est installée dans un appartement à Venice Beach, seulement à quelques minutes à pied de notre nouvelle résidence, et nous avons continué de travailler étroitement ensemble, mais à présent en personne.

Au cours de la première année, nous avons toutes trois travaillé en équipe, sans incident et de manière collaborative. La plupart du temps, le matin, Jenna faisait le court trajet à pied jusqu'à notre appartement et nous prenions le café toutes ensemble ; puis nous travaillions jusqu'au déjeuner, nous mangions ensemble et nous continuions de travailler, souvent jusqu'à tard le soir. Au fur et à mesure que de plus en plus de gens rejoignaient notre mouvement de *SelfHealing*, Jenna, Lolly et moi avons commencé à passer encore plus de temps ensemble, nos heures de « bureau » finissant par se confondre avec des soirées plus tardives, des petits-déjeuners plus matinaux, des dîners et des week-ends communs.

Très vite, nous avons adopté toutes les trois des rituels hebdomadaires, tels que les tacos du mardi et le marché fermier du vendredi, ou bien nous achetions des produits et des fleurs dans le centre commercial en plein air qui se trouvait à quelques pas de notre porte d'entrée. Nous avons commencé à célébrer ensemble certaines étapes importantes, par exemple, lorsque *Guéris tes blessures* a atteint la première place de la liste des meilleures ventes du *New York Times* et que notre communauté de membres continuait de s'agrandir toujours plus à travers le monde. Nous avons même commencé à célébrer ensemble nos anniversaires ainsi que les fêtes.

Toutefois, peu à peu, des tensions, de l'irritabilité et de l'insécurité ont commencé à se frayer un chemin dans notre relation. Au début, lentement et insidieusement, comme de l'huile qui se dépose à la surface de l'eau. Nous avons commencé à nous disputer à propos de petites choses, y compris des sujets tout bêtes, comme un article que l'une d'entre nous aurait oublié d'acheter au supermarché ou un mot spécifique que l'une d'entre nous n'aurait pas utilisé dans un texte. Bien que Jenna passât la majorité de son temps avec nous, elle avait toujours son propre appartement à quelques pâtés de maisons. Le soir, elle était souvent triste lorsque nous avions terminé de travailler, désireuse de rentrer chez elle, mais ne voulant pas non plus nous quitter. Lolly et moi nous sentions tiraillées, nous voulions qu'elle reste, mais nous ne savions pas non plus quoi faire de la tristesse et du sentiment de culpabilité que nous ressentions parfois lorsqu'elle finissait par partir. Nous avons toutes trois commencé à nous isoler, à agir de manière passive-agressive et à prendre les choses de manière personnelle. Plus nous passions de temps ensemble, plus la tension augmentait et s'épaississait, devenant tellement pesante qu'elle était palpable.

Avec toute l'attention et la compassion que nous avions les unes envers les autres, nous nous sommes rendu compte que nous avions du mal à communiquer en tant qu'équipe, à la fois sur le plan personnel, mais aussi professionnel. Nous étions toutes trois engagées et disposées à avoir des conversations difficiles, cependant aucune confrontation aimante ou conversation mature ne semblait pouvoir changer la dynamique qui s'était installée entre nous.

Finalement, un vendredi, Jenna s'est arrêtée de bon matin à notre appartement, à six heures, et nous a demandé si elle pouvait nous parler séparément en privé. Elle était en route pour aller boire un café avec un ami au marché fermier, avant que Lolly et moi ne les rejoignions pour notre rituel habituel du milieu de matinée du vendredi.

L'appartement que Lolly et moi partagions était assez petit, alors, avec Jenna nous avons trouvé un espace au calme dans la chambre du fond et nous avons fermé la porte. Je me suis assise sur le lit et je me suis tournée vers elle, tandis qu'elle s'asseyait en face de moi, me regardant dans les yeux et prenant une profonde inspiration. Je voyais bien qu'elle avait besoin d'exprimer quelque chose qui pesait sur son cœur et son esprit : lorsqu'elle m'a regardé, son visage s'est mis à rougir, tandis qu'elle cherchait ses mots. Voyant qu'elle était sur le point de partager quelque chose avec moi qui semblait difficile à dire, je l'ai regardé, avec calme. J'ai essayé de me connecter volontairement à mon cœur, tout en lui laissant de l'espace et le temps de dire ce qu'elle voulait ou avait besoin d'exprimer, en restant assise en silence.

Jenna a pris une profonde inspiration, a mis une main sur son cœur et a commencé par reconnaître qu'il y avait une tension grandissante entre nous. Elle m'a expliqué qu'elle passait beaucoup de temps à regarder en elle, à se connecter à son cœur et à explorer le rôle qu'elle avait joué dans l'escalade de cette tension, ce qui ressemblait bien à sa personnalité : Jenna a passé l'essentiel de sa vie à plonger de manière intuitive et intentionnelle dans son cœur, écoutant sa vérité et suivant ses conseils. Elle m'a également dit que le travail que nous étions en train d'enseigner, ce mois-là, au sein du cercle de *Self Healers* (un cours sur l'authenticité courageuse, qui consiste à parler et à vivre selon la sagesse de votre cœur), avait été inspiré par une récente prise de conscience venue de son propre cœur.

Parlant courageusement, Jenna a évoqué l'amour qu'elle ressentait pour Lolly et moi et qui allait au-delà de l'amitié ou de la camaraderie. Elle avait pour nous des sentiments amoureux, et bien qu'elle n'eût aucune idée de ce que nous ressentions ou si nous étions ouvertes à l'idée d'explorer une forme différente de relation amoureuse, elle voulait faire honneur à son cœur et explorer la vérité de celui-ci. Elle m'a proposé de prendre autant de temps que nécessaire pour savoir ce que nous ressentions et m'a dit que quoi que nos cœurs respectifs puissent dire, elle était bien décidée à continuer de travailler avec nous. Si nos sentiments n'étaient pas réciproques ou qu'une dynamique relationnelle élargie n'était pas envisageable, elle était prête à l'accepter et elle fixerait des limites afin de pouvoir avancer pour que notre relation professionnelle soit mieux définie.

Tandis que je regardais Jenna et que je l'écoutais parler, mon cœur s'est mis à battre plus vite. Un mélange de nervosité et d'excitation a inondé mon corps. Dans le même temps, j'ai éprouvé un immense sentiment de soulagement, même si j'étais incapable de savoir s'il s'agissait d'un soulagement personnel, pour Jenna ou pour nous trois. En revanche, ce qui était évident pour moi à cet instant, c'est que Jenna venait d'identifier les raisons tacites de notre conflit sous-jacent.

Toujours assise sur le lit, je ne lui ai rien dit en dehors d'un remerciement des plus sincères pour avoir partagé tout ceci avec moi. Je savais que j'avais besoin de temps pour traiter ce qu'elle venait de me dire, avant de pouvoir répondre ; je savais également que j'avais envie de me plonger et de me connecter avec la vérité de mon propre cœur avant de réagir. Elle m'a tendrement souri, nous nous sommes enlacées, puis elle est partie pour aller retrouver son ami, ce qui m'a permis de prendre quelques instants pour intégrer cette conversation. Cela a également donné à Lolly et moi la possibilité d'explorer nos réponses personnelles à ce que Jenna avait dit.

Nous avons toutes deux décidé de partir à pied au café le plus proche. Comme Jenna avait également parlé en privé avec Lolly, je n'avais pas besoin de l'informer de ce qu'il venait de se produire. À la place, nous nous sommes regardées et nous nous sommes chacune demandées comme l'autre allait. Notre conversation n'a pas duré longtemps : nous nous sommes rapidement aperçues que nous étions toutes les deux ouvertes et intéressées par ce que Jenna avait partagé avec nous et nous étions prêtes à suivre notre curiosité. Je savais que Lolly avait toujours vu et désiré ce qu'il y avait de mieux en moi, et je ressentais la même chose pour elle, ce qui nous a aidées à prendre la décision de nous accorder l'une à l'autre cette liberté d'exploration.

En repensant aujourd'hui à cette situation, Lolly et moi sommes capables de voir toutes les fois où nous avons ignoré les signaux d'alerte intuitifs de notre cœur. Je sentais celui-ci se serrer lorsque Jenna évoquait les personnes qu'elle fréquentait, ou Lolly roulait des yeux lorsque Jenna nous disait qu'elle avait revu une ex : des réactions qui étaient pour chacune notre façon de refouler ou de négliger les messages de notre cœur. Ce matin-là, il est devenu évident à toutes les deux que nous n'avions pas vécu selon la vérité de notre cœur et que toutes trois nous ressentions en réalité de l'attrait envers la possibilité d'élargir notre amour. Bien que je ne connusse aucun exemple de ce type de relation non conventionnelle, mon cœur m'exhortait à suivre ses alertes. Au point où j'en étais dans mon voyage, je savais que je devais l'écouter.

Après avoir quitté le café avec Lolly, nous sommes allées retrouver Jenna et son ami au marché fermier. Nous n'avons rien dit de ce qu'il venait de se passer ; nous avions toutes besoin de prendre du temps et de la distance pour nous retrouver les unes les autres, sans la pression de devoir expliquer notre décision. Nous avons donc fait un tour, tout en discutant et en profitant du kaléidoscope de couleurs et de parfums qui emplissait le marché, y compris celui des orchidées et des lys frais, ainsi que des melons mûrs et des pêches aux couleurs du soleil couchant de Californie. Pour moi, ce matin-là, le marché fermier m'a semblé plus vibrant, plus beau, plus vivant, plein des parfums des agrumes frais, de l'abondance de fleurs coupées et d'un sentiment de plus grande joie et d'une harmonie retrouvée au sein des deux relations les plus importantes de ma vie.

Ce vendredi matin, la décision de Jenna de partager la vérité de son cœur a changé pour toujours la dynamique qui existait entre nous trois. Les tensions, les disputes, les commentaires passifs-agressifs et les blessures mutuelles se sont presque immédiatement évanouis, tandis que notre communication était plus honnête, efficace et facile. Nous ne sommes pas seulement devenues des partenaires amoureuses, mais également des amies ainsi que des collègues de travail encore plus cohérentes. Nous avons émotionnellement évolué vers un amour plus épanouissant qui a permis à chacune d'entre nous de *se* faire honneur et d'être valorisée telle qu'elle *est*, tout en faisant grandir ensemble notre relation et notre amour comme un tout. Je suis éternellement reconnaissante envers Jenna pour son authenticité courageuse et sa capacité à honorer et à exprimer la vérité de son cœur, parce que son honnêteté m'a permis d'accéder à la mienne.

De toute ma vie, je n'ai jamais songé que j'en arriverai là, dans cette relation élargie, et pourtant c'est le cas. Cela m'a surprise, et je suppose qu'une partie d'entre vous l'est aussi. Sachez toutefois, qu'en aucun cas je ne vous suggère que tel est le chemin que vous ou vos relations devez suivre.

Je continue de partager mon voyage afin de vous illustrer les conséquences que la déconnexion avec votre cœur peut avoir, ainsi que pour vous montrer le pouvoir de ce lien et des actes qui en découlent. Votre cœur vous murmurera des choses différentes : une nouvelle maison, une nouvelle ville, une nouvelle carrière ou pas de carrière du tout, qui seront aussi variées que l'est l'espèce humaine. J'espère qu'à présent vous réalisez que les messages de votre cœur valent la peine que vous preniez le temps de les écouter, de les interpréter et d'en avoir besoin. Ils sont la source de vos conseils les plus profonds. Celui-ci est en train de vous parler, en ce moment même, et sa connaissance est sans limites. La question est : êtes-vous prêt à l'écouter ?

Votre cœur humain est incroyablement puissant et capable d'aimer de tant de manières différentes et uniques. Chacun de vos cœurs possède la capacité infinie d'aimer, peu importe la personne qui vous regarde.

À tous les cœurs qui sont en train de lire ces mots : *vous avez déjà guéri vos relations.*

Remerciements

Comme avec tout ce que j'ai un jour créé, je voudrais exprimer ma reconnaissance infinie à toutes les personnes qui se sont senties suffisamment inspirées pour partager ou se saisir de mon travail. C'est en étant ouverts et curieux des idées et des points de vue des uns et des autres que nous avons la possibilité de nous voir, ainsi que le monde qui nous entoure, plus clairement.

Bien que je ne puisse tout simplement pas nommer toutes les personnes qui, jusqu'à présent, ont marqué mon voyage, je suis reconnaissante envers toutes les relations qui ont croisé et croiseront mon chemin et qui m'ont permis et me permettront d'élargir ma propre capacité à me connaître et à m'aimer, afin que je puisse apprendre à mieux connaître et à aimer les autres.

À notre communauté mondiale de *SelfHealers*, je veux vous dire merci de m'avoir aidée à poursuivre mon propre voyage vers l'expression authentique de mon Soi dans ce monde. C'est grâce à mes interactions avec chacun d'entre vous que je suis capable de voir avec autant de clarté et par conséquent que je me sens moins seule.

À ma famille, en particulier mon père et ma sœur, qui continue de me laisser de la place pour donner la priorité à ma propre guérison et pour reconstruire des fondations plus solides pour des relations sources de plus de confiance et de sécurité, merci à vous deux de soutenir mon processus d'évolution.

À mes partenaires, Jenna et Lolly, qui continuent de me montrer l'amour le plus élargi que je n'ai jamais connu. Lolly, je te serai éternellement reconnaissante et pour toujours inspirée par ta capacité inhérente à t'accepter pleinement ainsi que pour ta curiosité naturelle à comprendre les points de vue des autres. Jenna, je te serai éternellement reconnaissante et pour toujours inspirée par ta capacité inhérente à te connecter pleinement à ton cœur et pour ta tendance naturelle à mener une existence guidée par celui-ci.

À tous les enseignants ayant vécu à travers les âges et qui ont transmis leurs connaissances et leurs expériences, puisse mon voyage vous offrir un aperçu et certaines valeurs de notre savoir collectif, afin que les générations futures puissent en bénéficier.

À tous nos ancêtres, c'est à travers le lien qui m'unit à tous ceux qui m'ont précédée que je peux prendre conscience de ma connexion avec tout ce qui existe et tout ce qui viendra. Puisse chacun de vous qui êtes en train de lire ceci, commencer à recréer un lien avec votre propre nature infinie.

À mon équipe : Brittany, Cristen, Furkan, Mike, MJ et Tia, merci pour votre travail quotidien qui vous permet d'incarner ces enseignements ainsi que pour vos efforts collaboratifs mis au service de notre communauté.

À Dado, qui est à présent une partie intégrante et un champion de l'inspiration de toutes nos créations, merci d'avoir choisi de partager tes talents pour nous aider à diffuser des messages aussi bouleversants.

À Sarah Toland, dont le désir franc et curieux de véritablement comprendre et traduire ce travail nous a aidés à créer ce magnifique cadeau pour la collectivité.

À l'équipe de Harper Wave : Amanda, Emma, Karen, Julie, Yelena, qui continue de comprendre notre vision et soutenir avec sincérité la création de ce travail ; et l'équipe de conception de Harper Wave : Jo, Leah et Suzy, dont les efforts dévoués ont permis de produire une œuvre d'art aussi belle ; ainsi qu'à l'équipe de production dont les efforts inépuisables ont permis de donner vie à ce livre.

Enfin, à tous ceux qui vont continuer leur propre voyage de retour vers la vérité de leur cœur, qui vont rejoindre collectivement notre mouvement mondial afin de changer l'univers qui nous entoure, et qui vont inspirer d'autres personnes à faire de même.

Notes

1. E. Ron de Kloet, Melly S. Oitzl, et Marian Joels, « Stress and Cognition : Are Corticosteroids Good or Bad Guys ? », *Trends in Neurosciences* 22, n° 10, 1999, p. 422–426, https://doi:10.1016/s0166- 2236(99)01438-1.

2. John Bowlby, « The Nature of the Child's Tie to His Mother », *International Journal of Psychoanalysis* 39, n° 5, 1958, p. 350–373.

3. Daniel Siegel, *The Developing Mind : How Relationships and the Brain Interact to Shape Who We Are*, 3e ed., New York : États-Unis, Guilford Press, 2020, p. 7.

4. Louise C. Hawkley et John T. Cacioppo, « Loneliness Matters : A Theoretical and Empirical Review of Consequences and Mechanisms », *Annals of Behavioral Medicine* 40, n° 2, 2010, p. 218–227, https://doi:10.1007/s12160-010-9210-8.

5. Daniel Siegel, *The Developing Mind : How Relationships and the Brain Interact to Shape Who We Are*, 3e ed., New York : États-Unis, Guilford Press, 2020, p. 7.

6. « In Brief : The Science of Early Childhood Development », Center on the Developing Child, Harvard University, https://developingchild.harvard.edu/resources/inbrief-science-of-ecd/.

7. John Horgan, « What God, Quantum Mechanics and Consciousness Have in Common », *Scientific American*, 14 avril, 2021, https://www.scientificamerican.com/article/what-god-quantum-mechanics-and-consciousness-have-in-common/.

8. Daniel Siegel, *The Developing Mind : How Relationships and the Brain Interact to Shape Who We Are*, 3e ed., New York : États-Unis, Guilford Press, 2020, p. 14.

9. Kory Taylor et Elizabeth B. Jones, *Adult Dehydration,* Treasure Island, Floride : États-Unis, StatPearls Publishing, 2022, https://www.ncbi.nlm.nih.gov/books/NBK555956/.

10. Lisa Feldman Barrett, « The Theory of Constructed Emotion : An Active Inference Account of Interoception and Categorization », *Social Cognitive and Affective Neuroscience* 12, n° 1, janvier 2017, p. 1–23, https://doi.org/10.1093/scan/nsw154.

11. Ali M. Alshami, « Pain : Is It All in the Brain or the Heart ? » *Current Pain and Headache Reports* 23, n° 12, novembre 2019, https://doi:10.1007/s11916-019-0827-4.

12. « A Deeper View of Intuition », HeartMath Institute, 26 août, 2019, https://www.heartmath.org/articles-of-the-heart/a-deeper-view-of-intuition/.

13. Rollin McCraty, Mike Atkinson, et Raymond Trevor Bradley, « Electrophysiological Evidence of Intuition: Part 2. A System-wide Process ? », *Journal of Alternative and Complementary Medicine* 10, n° 2, avril 2004, p. 325–336, https://doi:10.1089/107555304323062310.

14. Timothy T. Brown et Terry L. Jernigan, « Brain Development During the Preschool Years », *Neuropsychology Review* 22, n° 4, 2012, p. 313–333, https://doi:10.1007/s11065-012-9214-1.

15. Lena Lim et Chiea Chuen Khor, « Examining the Common and Specific Grey Matter Abnormalities in Childhood Maltreatment and Peer Victimization », *BJPsych Open* 8, n° 4 ,12 juillet 2022, e132, https://doi:10.1192/bjo.2022.531.

16. Marieke J. H. Begemann et al., « Childhood Trauma Is Associated with Reduced Frontal Gray Matter Volume : A Large Transdiagnostic Structural MRI Study », *Psychological Medicine* 53, n° 3, juin 2021, p. 1–9, https://doi:10.1017/S0033291721002087.

17. Zoya Marinova et Andreas Maercker, « Biological Correlates of Complex Posttraumatic Stress Disorder–State of Research and Future Directions », *European Journal of Psychotraumatology* 6, n° 1, avril 2015, p. 2591, https://doi:10.3402/ejpt.v6.25913.

18. Monique C. Pfaltz et al., « Are You Angry at Me ? Negative Interpretations of Neutral Facial Expressions Are Linked to Child Maltreatment but Not to Posttraumatic Stress Disorder »,

European Journal of Psychotraumatology 10, n° 1; novembre 2019, p. 1682929, https://doi:10.1080/20008198 .2019.1682929.

19. Lisa Feldman Barrett, « The Theory of Constructed Emotion : An Active Inference Account of In- teroception and Categorization », *Social Cognitive and Affective Neuroscience* 12, janvier 2017, p. 1–23, https://doi.org/10.1093/scan/nsw154.

20. Ibid.

21. David Q. Stoye et al., « Maternal Cortisol Is Associated with Neonatal Amygdala Microstructure and Connectivity in a Sexually Dimorphic Manner », eLife, 24 novembre 2020, e60729, https:// doi:10.7554/eLife.60729.

22. Wendy Menigoz et al., « Integrative and Lifestyle Medicine Strategies Should Include Earthing (Grounding) : Review of Research Evidence and Clinical Observations », *Explore* 16, n° 3, mai-juin 2020, p. 152–60, https://doi.org/10.1016/j.explore. 2019.10.005.

23. Ibid.

24. « The Connection Between Leaky Gut and Leaky Brain », Mind Foundation, https://mindd.org /connection-leaky-gut-leaky-brain/.

25. Edward Reynolds, « Vitamin B12, Folic Acid, and the Nervous System », *Lancet. Neurology* 5, n° 11 ; novembre 2006, p. 949–960, https://doi:10.1016/S1474-4422(06)70598-1.

26. « Vitamin D and Your Health: Breaking Old Rules, Raising New Hopes », *Harvard Health Publishing*, 13 septembre 2021, https:// www.health.harvard.edu/staying-healthy/vitamin-d-and-your -health-breaking-old-rules-raising-new-hopes.

27. Hércules Rezende Freitas et al., « Fatty Acids, Antioxidants and Physical Activity in Brain Aging », *Nutrients* 9, n° 11, novembre 2017, p. 1263, https://doi:10.3390/nu9111263.

28. Giada De Palma et al., « Effects of a Gluten-Free Diet on Gut Microbiota and Immune Function in Healthy Adult Subjects », *British Journal of Nutrition* 102, n° 8, 2009, p. 1154–1160, https:// doi .org/10.1017/S0007114509371767.

29. Beate Wild et al., « Acupuncture in Persons with an Increased Stress Level–Results from a Randomized-Controlled Pilot Trial »,

PLOS ONE 15, n° 7, juillet 2020, e0236004, https:// doi:10.1371/ journal.pone.0236004.

30. Sarah J. Schubert, Christopher W. Lee, et Peter D. Drummond, « Eye Movements Matter, But Why ? Psychophysiological Correlates of EMDR Therapy to Treat Trauma in Timor-Leste », *Journal of EMDR Practice and Research* 10, n° 2, 2016, p. 70–81, https://doi.org/10.1891/1933-3196.10.2.70

31. « Health Outcome Studies », HeartMath Institute, https://www.heartmath.org/research/science -of-the-heart/health-outcome-studies/.

32. Ibid.

33. John Armour, « Intrinsic Cardiac Neurons », *Journal of Cardiovascular Electrophysiology* 2, n° 4, août 1991, p. 331–341, https://doi.org/10.1111/j.1540-8167.1991.tb01330.x/.

34. Mitchell B. Liester, « Personality Changes Following Heart Transplantation : The Role of Cellular Memory », *Medical Hypotheses* 135, 2020, 109468, https://doi:10.1016/j.mehy.2019.109468.

35. « Energetic Communication », HeartMath Institute, https://www.heartmath.org/researchscience-of-the-heart/energetic-communication/.

36. Ibid.

37. J. A. Armour, « Anatomy and Function of the Intrathoracic Neurons Regulating the Mammalian Heart », Zucker, I.H., Gilmore, J.P., eds. *Reflex Control of the Circulation,* Boca Raton, Floride : États-Unis, CRC Press, 1991, p. 1–37.

38. Rollin McCarty, « The Social Heart : Energy Fields and Consciousness », Pathways to Family Wellness, https://pathwaysto-familywellness.org/new-edge-science/the-social-heart-energy-fields -and-consciousness.html.

39. Rollin McCraty et Maria Zayas, « Intuitive Intelligence, Self-Regulation, and Lifting Con- sciousness », *Global Advances in Health and Medicine* 3, n° 2, 2014, p. 56–65, https://doi:10.7453 / gahmj.2014.013.

40. « A Deeper View of Intuition », HeartMath Institute, 26 août 2019, https://www.heartmath.org/articles-of-the-heart/a-deeper-view-of-intuition/.

41. Saeed Rezaei et al., « Nonlocal Intuition : Replication and Paired-Subjects Enhancement Effects », *Global Advances in Health and Medicine* 3, n° 2, 2014, p. 5–15, https://doi:10.7453 /gahmj. 2014.012.

42. « Intuition Research : Coherence and the Surprising Role of the Heart », HeartMath Institute, https://www.heartmath.org/research/science-of-the-heart/intuition-research/.

43. McCarty et Zayas, « Intuitive Intelligence ».

44. « Coherence », HeartMath Institute, https://www.heartmath.org/research/science-of-the-heart /coherence/.

45. W. A. Tiller, Rollin McCraty, et M. Atkinson, « Cardiac Coherence : A New, Noninvasive Measure of Autonomic Nervous System Order », *Alternative Therapies in Health and Medicine* 2, n° 1, février 1996, p. 52–65.

46. « Energetic Communication », HeartMath Institute.

47. Richard Wiseman et Marilyn Schlitz, « Experimenter Effects and the Remote Detection of Staring », *Journal of Parapsychology* 61, n° 3, 1997, p. 197–208, https://psycnet.apa.org/record/1998 -02543-002.

48. Penney Peirce, *Fréquence : le pouvoir de la vibration personnelle*, Outremont : Québec, Ariane, 2011.

49. Martha G. Welch et al., « Family Nurture Intervention in the NICU Increases Autonomic Regulation in Mothers and Children at 4–5 Years of Age : Follow-up Results from a Randomized Controlled Trial », *PLOS ONE* 15, n° 8, août 2020, e0236930, https://doi:10.1371/journal .pone.0236930.

50. Madalynn Neu et al., « Effect of Holding on Co-Regulation in Preterm Infants : A Randomized Controlled Trial », *Early Human Development* 90, n° 3, mars 2014, p. 141–147, https://doi:10.1016/j .earlhumdev.2014.01.008.

51. « Children's Social and Emotional Development Starts with Co-regulation », National Institute for Children's Health Quality, https://www.nichq.org/insight/childrens-social-and-emotional-development-starts-co-regulation.

52. Read Montague, *Your Brain Is (Almost) Perfect: How We Make Decisions*, New York : États-Unis, Plume, 2007.

53. Ibid.

54. John S. Hagelin et al., « Effects of Group Practice of the "Transcendental Meditation" Program on Preventing Violent Crime in Washington, D.C.: Results of the National Demonstration Project, June–July 1993 », *Social Indicators Research* 47, n° 2, 1999, p. 153–201, http://www.jstor.org /stable/27522387.

55. « Washington Meditation Project Reverses Violent Crime Trend by 23.3% », World Peace Group, https://www.worldpeace-group.org/washington_crime_prevention_full_article.html.

56. « Lebanon Peace Project Reduces War Deaths by 76% », World Peace Group, https://www.world peacegroup.org/lebanon_peace_project_research.html.

57. « Prayer and Healing », *Duke Today*, 30 novembre 2001, https://today.duke.edu/2001/11/mm _prayerand.html.

58. William S. Harris et al., « A Randomized, Controlled Trial of the Effects of Remote, Intercessory Prayer on Outcomes in Patients Admitted to the Coronary Care Unit », *Archives of Internal Medicine* 159, n° 19, octobre 1999, p. 2273–2278, https://doi:10.1001/archinte.159.19.2273.

59. Larry Dossey, « Spirituality, Prayer, and Medicine : What Is the Fuss Really About ? », *Virtual Mentor* 7, n° 5, mai 2005, p. 390–394, https://doi.org/10.1001/virtualmentor.2005.7.5.oped2-0505.

60. R. D. Nelson, « Multiple Field REG/RNG Recordings During a Global Event », *Electronic Journal for Anomalous Phenomena* 98, n° 3, 1997, https://noosphere.princeton.edu/ejap/diana/nelson _eJAP.htm.

61. Peter A. Bancel, « Searching for Global Consciousness : A 17-Year Exploration », *Explore 13*, n° 2, 2017, p. 94–101, https://doi:10.1016/j.explore.2016.12.003.

62. Eliska Prochazkova et Mariska E. Kret, « Connecting Minds and Sharing Emotions Through Mimicry : A Neurocognitive Model of Emotional Contagion », *Neuroscience and Biobehavioral Reviews* 80, 201, p. 99–114, https://doi:10.1016/j.neubiorev.2017.05.013.

63. Carolina Herrando et Efthymios Constantinides, « Emotional Contagion : A Brief Overview and Future Directions », *Frontiers in Psychology* 12, juillet 2021, article 712606, https://doi:10.3389 / fpsyg.2021.712606.

64. Ibid.

65. Adam D. I. Kramer, Jamie E. Guillory, et Jeffrey T. Hancock, « Experimental Evidence of Massive-Scale Emotional Contagion Through Social Networks », *Psychological and Cognitive Sciences* 111, n° 24, juin 2014, p. 8788–8790, https://doi:10.1073/pnas.1320040111.

66. Jamil Zaki, « Kindness Contagion », *Scientific American*, 26 juillet 2016, https://www.scientificamerican.com/article/kindness-contagion/.

67. Takayuki Nozawa et al., « Prefrontal Inter-Brain Synchronization Reflects Convergence and Divergence of Flow Dynamics in Collaborative Learning : A Pilot Study », *Frontiers in Neuroergonomics* 2, 2021, p. 19, https://doi.org/10.3389/fnrgo.2021.686596.

68. Heidi Hoel, Kate Sparks, et Cary L. Cooper, « The Cost of Violence/Stress at Work and the Benefits of a Violence/Stress-Free Working Environment », rapport comandé par l'Organisation internationale du travail, 1er janvier 2001, https://www.ilo.org/wcmsp5/groups/public/—ed_protect/—protrav/—safework/documents/publication/wcms_108532.pdf.

69. Rollin McCraty, « New Frontiers in Heart Rate Variability and Social Coherence Research : Techniques, Technologies, and Implications for Improving Group Dynamics and Outcome », *Frontiers in Public Health* 5, octobre 2017, article 267, https://doi:10.3389/fpubh.2017.00267.

70. « Social Coherence : Outcome Studies in Organizations », Heart Math Institute, https://www.heart math.org/research/science-of-the-heart/social-coherence/.

71. « Schumann Resonance », Administration nationale aéronautique et spatiale, https://www.nasa .gov/mission_pages/sunearth/news/gallery/schumann-resonance.html.

72. « Schumann Resonances and Their Effect on Human Bioregulation », Bioregulatory Medicine Institute, 7 février 2020, https://www.biologicalmedicineinstitute.com/post/2019/09/20/schumann-resonances-and-their-effect-on-human-bioregulation.

73. Viktor Stolc et al., « The Impact of the Schumann Resonances on Human and Mammalian Physiology », livre blanc soumis par l'enquête décennale des sciences biologiques et physiques de la NASA, 31 octobre 2021, http://surveygizmoresponseuploads.s3.amazonaws.com/fileuploads/623127 /6378869/139-39805df8350d398db74a88610c37ca5e_STOLCVIKTOR_.pdf.

74. Rollin McCraty et al., « Synchronization of Human Autonomic Nervous System Rhythms with Geomagnetic Activity in Human Subjects », *International Journal of Environmental Research and Public Health* 14, n° 7, juillet 2017, p. 770, https://doi:10.3390/ijerph14070770.

75. E. Jacobi, O. Richter, et Gertrud Krüskemper, « Simulated VLF-Fields as a Risk Factor of Thrombosis », *International Journal of Biometeorology* 25, n° 2, 1981, p. 133–42, https://doi.org/10.1007 /BF02184461.

76. Yu-Shu Huang et al., « The Subjective and Objective Improvement of Non-invasive Treatment of Schumann Resonance in Insomnia–A Randomized and Double-Blinded Study », *Nature and Science of Sleep* 14, juin 2022, p. 1113–1124, https://doi:10.2147/NSS.S346941.

77. « Global Coherence Research : The Science of Interconnectivity », HeartMath Institute, https:// www.heartmath.org/gci/research/global-coherence/.

78. « Schumann Resonances and Their Effect on Human Bioregulation », Bioregulatory Medicine Institute.

À propos de l'auteure

Le Dr Nicole LePera est l'auteure d'ouvrages au succès international : *Guéris tes blessures* et *Pars à ta rencontre*, ainsi que la créatrice du mouvement *#SelfHealers* : une communauté de personnes qui se regroupent pour prendre leur guérison en main. Le D^r^ LePera a obtenu son diplôme de psychologie clinique à l'université de Cornell et son doctorat à la *New School for Social Research*. Elle a également étudié à l'école de psychanalyse de Philadelphie et a travaillé avec un large panel de patients sur une grande variété de sujets, y compris les thérapies de couple ainsi que le traitement et l'aide contre la consommation de drogues. Ses enseignements redonnent du pouvoir à la personne afin qu'elle se libère des traumatismes intergénérationnels ainsi que des croyances dont elle a hérité, pour recréer un lien avec son Soi authentique et guérir ses relations.

FSC
www.fsc.org
MIXTE
Papier | Pour une gestion forestière responsable
FSC® C022829

Cet ouvrage est composé de matériaux issus de forêts bien gérées certifiées FSC®, de matériaux recyclés et de matériaux issus d'autres sources contrôlées.

Le Forest Stewardship Council® est une organisation internationale non gouvernementale qui encourage une gestion écologiquement adaptée, socialement bénéfique et économiquement viable des forêts de la planète. Pour en savoir plus, consultez le site www.fsc.org

Achevé d'imprimer en janvier 2025
sur les presses de la Nouvelle Imprimerie Laballery
58500 Clamecy
Dépôt légal : février 2025
N° d'impression : 410557

Imprimé en France

La Nouvelle Imprimerie Laballery est titulaire
de la marque Imprim'Vert®